高等职业教育"广告和艺术设计"专业系列教材
广告企业、艺术设计公司系列培训教材

广告与会展

鲁彦娟　主　编

许海钰　梁馨予　王洪瑞　副主编

G

GUANGGAO YU
HUIZHAN

清华大学出版社
北　京

内 容 简 介

　　本书根据广告行业发展的新形势和新特点，结合会展广告和会展经济，针对广告公司对广告人专业素质的实际需求，按照会展广告实战运作的基本流程，系统介绍会展策划、会展营销、会展设计、会展服务、会展企业组织结构与项目管理以及会展相关政策法规等广告与会展的基本理论知识，并把会展广告管理理论与会展广告设计实证案例相结合，启发学生开拓思路，提高企业从业者和学生的应用能力。

　　由于本书具有理论适中、知识系统、案例鲜活、通俗易懂、贴近实际等特点，并依据会展行业对广告人的综合能力需求出发，注重课堂教学与实际应用的紧密结合，因此本书既可作为专升本及高职高专院校广告艺术设计和会展管理等专业的教学用书，也可以作为从事会展和广告公司相关工作的职业教育与岗位培训教材，对于广大社会读者来说也是一本非常有益的读物。

图书在版编目(CIP)数据

广告与会展/鲁彦娟主编；许海钰，梁馨予，王洪瑞副主编. —北京：清华大学出版社，2011.7

(高等职业教育"广告和艺术设计"专业系列教材)

(广告企业、艺术设计公司系列培训教材)

ISBN 978-7-302-25874-2

Ⅰ. 广…　Ⅱ. ①鲁…　②许…　③梁…　④王…　Ⅲ. ①广告学—高等职业教育—教材　②展览会—高等职业教育—教材

Ⅳ. ①F713.80　②G245

中国版本图书馆CIP数据核字(2011)第 110153 号

责任编辑：章忆文　陈立静
装帧设计：山鹰工作室
责任校对：周剑云
责任印制：杨　艳

出版发行：清华大学出版社　　　　　　　　地　　址：北京清华大学学研大厦 A 座
　　　　　http://www.tup.com.cn　　　　邮　　编：100084
　　社　总　机：010-62770175　　　　　邮　　购：010-62786544
　　投稿与读者服务：010-62776969,c-service@tup.tsinghua.edu.cn
　　质　量　反　馈：010-62772015,zhiliang@tup.tsinghua.edu.cn
印　装　者：北京嘉实印刷有限公司
经　　销：全国新华书店
开　　本：190×260　印　张：14　字　数：327 千字
版　　次：2011 年 7 月第 1 版　　　印　　次：2011 年 7 月第 1 次印刷
印　　数：1～4000
定　　价：38.00 元

产品编号：029969-01

随着我国改革开放进程的加快和市场经济的快速发展，各类广告经营业也在迅速发展。1979年中国广告业从零开始，经历了起步、快速发展、高速增长等阶段，2006年全年广告经营额2450亿元人民币，比上年增长了20%以上；2007年全国广告市场经营额收入为3500亿元人民币，比上年又大幅度地增长了40%；全国广告经营单位143 129户、比上年增长了14%，全国广告从业人员超过100万人，比上年增长了10.6%。

商品促销离不开广告、企业形象也需要广告宣传，市场经济发展与广告业密不可分；广告不仅是国民经济发展的"晴雨表"，也是社会精神文明建设的"风向标"，还是构建社会主义和谐社会的"助推器"。广告作为文化创意产业的关键支撑，在国际商务活动交往、丰富社会生活、推动民族品牌创建、促进经济发展、拉动内需、解决就业、构建和谐社会、弘扬古老中华文化等方面发挥着越来越大的作用，已经成为我国服务经济发展重要的"绿色朝阳"产业，在我国经济发展中占有极其重要的位置。

当前，随着世界经济的高度融合和中国经济国际化的发展趋势，我国广告设计业正面临着全球广告市场的激烈竞争，随着发达国家广告设计观念、产品、营销方式、运营方式、管理手段及新媒体和网络广告的出现等巨大变化，我国广告从业者急需更新观念、提高技术应用能力与服务水平、提升业务质量与道德素质，广告行业和企业也在呼唤"有知识、懂管理、会操作、能执行"的专业实用型人才；加强广告经营管理模式的创新、加速广告经营管理专业技能型人才培养已成为当前亟待解决的问题。

由于历史原因，我国广告业起步晚，但是发展却非常快，目前在广告行业中受过正规专业教育的人员不足2%，因此使得中国广告公司及广告实际作品难以在世界上拔得头筹。根据中国广告协会学术委员对北京、上海、广州三个城市不同类型广告公司的调查表明，在各方面综合指标排行中，缺乏广告专业人才居首位，占77.9%，人才问题，已经成为制约中国广告事业发展的重要瓶颈。

针对我国高等职业教育"广告和艺术设计"专业知识老化、教材陈旧、重理论轻实践、缺乏实际操作技能训练等问题，为适应社会就业急需、为满足日益增长的广告市场需求，我们组织多年在一线从事广告和艺术设计教学与创作实践活动的国内知名专家教授及广告设计公司的业务骨干共同精心编撰本套教材，旨在迅速提高大学生和广告设计从业者的专业素质，更好地服务于我国已经形成规模化发展的广告事业。

本套系列教材定位于高等职业教育"广告和艺术设计"专业，兼顾"广告设计"企业职业岗位培训；适用于广告、艺术设计、环境艺术设计、会展、市场营销、工商管理等专业。本套系列教材包括：《广告学概论》、《广告策划与实务》、《广告文案》、《广告心理学》、《广告设计》、《包装设计》、《书籍装帧设计》、《广告设计软件综合运用》、《字体与版式设计》、《企业形象（CI）设计》、《广告道德与法规》、《广告摄影》、《数码摄影》、《广告图形创意与表现》、《中外美术鉴赏》、《色彩》、《素描》、《色彩构成及应用》、《平面构成及应用》、《立体构成及应用》、《广告公司工作流程与管理》、《动漫基础》等24本书。

本套系列教材作为高等职业教育"广告和艺术设计"专业的特色教材，坚持以科学发展观为统领，力求严谨、注重与时俱进；在吸收国内外广告和艺术设计界权威专家学者最新科研成果的基础上，融入了广告设计运营与管理的最新教学理念；依照广告设计活动的基本过程和规律，根据广告业发展的新形势和新特点，全面贯彻国家新颁布实施的广告法律法规和广告业管理规定；按照广告企业对用人的需求模式，结合解决学生就业、加强职业教育的实际要求；注重校企结合，贴近行业企业业务实际，强化理论与实践的紧密结合；注重管理方法、运作能力、实践技能与岗位应用的培养训练，采取通过实证案例解析与知识讲解的写法；严守统一的创新型格式化体例设计，并注重教学内容和教材结构的创新。

　　本系列教材的出版，对帮助学生尽快熟悉广告设计操作规程与业务管理，对帮助学生毕业后能够顺利就业具有特殊意义。

编委会

III

Preface

　　会展作为文化创意产业的关键支撑，在国际商务交往、商品展示交易、经济技术合作、投资融资、丰富社会生活、推动民族品牌创建、促进经济发展、拉动内需、解决就业、构建和谐社会、弘扬古老中华文化等方面发挥着越来越大的作用，已经成为我国服务经济发展重要的"绿色朝阳"产业，在我国经济发展中占有极其重要的位置。

　　随着经济全球化的快速发展，随着国际会展与会展广告激烈的市场竞争，加强会展广告设计创作的不断创新、加速会展广告设计与制作专业人才的培养，已成为当前亟待解决的问题。

　　为了满足日益增长的会展广告设计制作市场需求，为了培养社会新兴会展产业急需的会展广告高素质、高技能应用人才，我们组织多年在一线从事广告与会展教学与创作实践活动的专家、教授共同精心编撰了此教材，旨在迅速提高广告设计专业学生及会展广告设计制作从业者的专业素质和工作技能，更好地服务于我国的广告与会展事业。

　　本书作为高职高专教育广告和艺术设计专业的特色教材，坚持以科学发展观为统领，在借鉴国外优秀教材的基础上，强调将广告与会展的基础理论教学与实践应用相互融合，注重启迪开发学生设计思维的创造性，令学生掌握会展广告在设计制作中应遵循的原则，注重训练和培养学生的动手能力。此教材的出版，对帮助学生尽快熟悉会展广告设计制作与应用操作规程，使其毕业后能够顺利就业具有特殊意义。

　　全书共七章，以学习者应用能力培养为目标，根据广告行业发展的新形势和新特点，结合会展广告和会展经济，针对广告公司对用人专业素质的实际需求，依据著名国际广告公司的运营管理经验，按照会展广告实战运作的基本流程，系统介绍会展与会展广告的关系、会展策划、会展营销、会展设计、会展服务、会展企业组织结构与项目管理以及会展相关政策法规等广告与会展的基本理论知识，并通过会展广告设计实证案例分析，把理论结合实际案例，使学生更易对知识的理解，提高企业从业者和学生的应用能力。

　　由于本书融入广告与会展的最新教学理念，力求严谨，注重与时俱进，具有理论适中、知识系统、案例鲜活、通俗易懂、贴近实际等特点，并依据会展行业对广告人的综合能力需求出发，注重课堂教学与实际应用紧密结合，因此本书既可作为专升本及高职高专院校广告艺术设计和会展管理等专业的教学用书，也可作为会展和广告公司相关从业者的职业教育与岗位培训教材，对于广大社会读者也是一本非常有益的读物。

　　本教材由李大军进行总体方案策划，并具体组织；鲁彦娟任主编并负责统稿，许海钰、梁馨予、王洪瑞任副主编，并由具有丰富教学和实践经验的梁露教授审定。作者编写分工：鲁彦娟(第一章)，梁馨予(第二章、第五章)，喜庆、许海钰(第三章、第六章)，王洪瑞(第七章)，贾京鹏(各章导读案例)，佘怡宁(各章实训课题)，范洁、马瑞奇、周鹏(附录)，华燕萍(全书修改和版式整理)，李晓新(课件制作)。

　　在编著过程中，我们翻阅和参考了大量国内外有关会展广告、会展策划、会展设计、广告公司会展管理方面的书刊资料，收集了近年来我国各类会展中具有实用价值的广告案例，并得到了有关业内专家和教授的具体指导，在此一并致以衷心感谢。为了方便教师教学和学生学习，本书配有教学课件，可以从清华大学出版社网站免费下载使用。因作者水平有限，书中难免存在疏漏和不足，敬请各位专家和广大读者批评指正。

编者

Contents

目　录

目录

Contents

Contents
目 录

第一章

概述

学习要点及目标

- 通过对本章的学习，让同学们了解什么是会展广告及其形式。
- 通过对本章的学习，了解广告与会展的关系。
- 通过对本章的学习，掌握什么是会展及会展经济的特点。

本章导读

会展业集商品展示、商贸交易和经济技术合作为一体，并兼具信息咨询、投资融资、商务服务等配套功能，以其超常的关联影响和经济带动作用，成为近年来经济发展的热点。会展在促进贸易往来、技术交流、信息沟通、经济合作、人员互助和文化交流等方面发挥着重要的作用，成为21世纪的朝阳产业。

会展又被称为立体的广告，本章将从广告与会展、会展经济以及中国会展的发展等方面来引领大家了解广告以及会展广告的基本知识和相互关系。

01

引导案例

特色会展带热区域经济与文化——杭州会展业发展概况

2000年以来，杭州以举办"西博会"为契机，带动会展业发展。"十一五"前两年，展览业处于"上半年冷、下半年热"的状况，全市年展览总面积不足55万平方米。到"十一五"中期，展览业发展趋于基本均衡，展出总面积年均递增20%左右。

2006年杭州市全年共举办会展238个，展出总面积突破100万平方米，办展直接收入1.19亿元，总量位居全省前列，其中面积在1万平方米以上的展览有21个，冠有"国际"名称的30个，外地来杭举办展览有9个。农林业类、加工制造类、服务业类等专业性会展数量明显上升，专业化、国际化水平逐步提高。培育了诸如"浙江国际家用纺织品展"、"中国国际丝绸博览会"、"中国国际妇幼婴童产业博览会"、"杭州国际汽车工作博览会"、"浙江国际自行车、电动车展览会"、"浙江国际家具展览会"、"西湖艺术博览会"等紧密结合浙江优势产业和文化特色的专业性会展。

2008年，会议业进入又一个快速发展期。随着杭州城市的环境改善和经济的快速发展，尤其是实施旅游西进发展战略和西湖综合保护工程后，杭州市办会环境不断优化，先后承办了有重大影响的世界华商大会、世界佛教论坛、中国投资环境论坛、国际茶业大会、国际基因组学大会等一批大型国际性会议。

根据市旅委对来杭游客的抽样调查，2006年我市接待的游客中，商务会议旅游比重已达到23.5%。2006年杭州会展业协会所属7家宾馆饭店(世贸大酒店、黄龙饭店、花港饭店、维景大酒店、新侨饭店、望湖饭店、第一世界大酒店)共承接各类会议4027个,共接待参会代表21.7万人,实现营业收入1.3亿元。

杭州会展产业依托城市文化特色,培育了一批像国际烟花大会、玫瑰婚典、美食节、观潮节、杨梅节、吴山庙会、丝绸时尚节、茶文化博览会等具有浓郁地方特色的旅游与文化节庆活动品牌,其中烟花大会参与人数突破百万。节庆活动快速增长,丰富了群众文化生活,同时也形成杭州的节庆旅游产品。

(资料来源:沈阳展览网,http://www.syfair.com/web/xdsyw/17_25_28_257.htm改写)

点评:

十年来,杭州会展产业随着规模量级的提升,在质量与特色方面也做着不懈的努力,观潮节、杨梅节、吴山庙会等众多特色文化会展形成了集群效应,为杭州的文化发展做出了特殊的贡献。从市场经济的发展史来看,经济发展与文化进步既相辅相成互为依托,又在某种程度上是一个需要悉心把持的天平。在带热和拉动相关产业经济的同时,又能够合理服务于社会文化的稳步发展,仍然是我国会展业需要继续关注的问题。

第一节　关于广告

背景资料

我们的生活现在几乎被各种各样的广告所包围,广告更是无孔不入地渗透在人们生活的方方面面,现代人不能想象没有广告的生活应该是什么样子,其实不是我们离不开广告,而是我们已经习惯通过广告这种形式所传递的各种信息,但是对于广告我们到底了解它多少呢?本节将从广告的概念、组成要素、作用等方面来掀开广告的面纱,走近一种综合广告形式的会展广告。

一、广告的含义

广告是由于商品经济的发展而产生的,随着商品经济的发展,学科体系越来越完善,操作流程越来越成熟,在经济发展和企业营销中的作用也越来越重要。一般认为广告有广义和狭义之分,广义的广告主要是指社会生活中的信息告知,包括政府公告、各类启示、声明以及不同形式的公益广告,例如,中央电视台的"广而告之"节目中播出的广告,就属于社会道德教育广告,西方国家的竞选广告属于政治广告。

1. 广告的定义

日常人们所说的广告,通常是指狭义的广告,即商业广告。商业广告是一种有计划、有目的的付费传播活动。

商业广告是为了推销商品和劳务,获取利益,属于营利性广告,具有投入产出的一般经济活动特征,因而又被称为经济广告,包括电台和电视台播出的广告节目,报纸杂志的广告栏目,以及建筑广告、车体广告、户外广告、橱窗展示和商品陈列等形式。

广告是由商品销售者或服务提供者为了促进商品或服务销售，在付费的基础上，自行或委托专门机构选择和加工商品或服务的信息，通过传播媒介面向目标消费群体进行的信息传播活动。

2. 会展广告

会展广告是由参展商或主办方、赞助商等为了商业目的、品牌推广或者服务销售，通过会展平台向消费者群体进行的信息传播，包括会展招商和会展现场各种形式的广告宣传和信息传播活动。

小贴士

广告的不同定义

美国广告主协会：广告是付费的大众传播，其最终目的为传递情报，改变人们对广告商品的态度，诱发行动而使广告主得到利益。

美国市场营销协会：广告是由明确的广告主在付费的基础上，采用非人际的传播形式对观念、商品或者服务进行介绍、宣传的活动。

辞海：广告是向公众介绍商品、报道服务内容或文娱节目等的一种宣传方式。

中华人民共和国广告法(1995年2月颁布)：广告是指商品经营者或者服务提供者承担费用，通过一定媒介和形式直接或者间接地介绍自己所推销的商品或者所提供的服务的商业广告。

(资料来源：赵国祥. 广告策划实务. 北京：科学出版社，2009)

二、广告的要素

广告作为一个系统工程，其中包括四个要素。

（一）广告主体

广告主体是广告活动的主体。广告主体包括广告客户、广告公司和广告媒介，它们构成广告活动的三个主体。

1. 广告客户

广告客户是指付费购买媒体的版面或者时间，以促进商品销售、树立企业形象或传达消费理念的组织或个人。

《中华人民共和国广告法》(以下简称《广告法》)规定：本法所称广告主，是指为推销商品或者提供服务，自行或者委托他人设计、制作、发布广告的法人、其他经济组织或者个人。《广告管理条例》中称广告主为广告客户。

2. 广告公司

广告公司就是专门从事广告代理与广告经营的商业性服务组织。广告公司按照服务功能与经营业务的不同，可以分为广告代理公司、广告制作公司和媒介购买公司三种类型，而不同类型的公司也相应地具有不同的组织形式和机构设置。

3. 广告媒介

广告媒介就是把广告信息传输给社会大众的工具，媒介又称为媒体。媒介最初的广告经营是集承揽、发布等多种职能于一体。随着广告业的发展、成熟和规范化，媒介广告经营的职能和角色也相应地转变为专门承担广告发布之职。但是由于各个国家和地区的具体情况不同，广告经营运作方式也不同。媒介的广告机构也就根据媒介在广告经营中所实现的具体职能来设置。

《广告法》规定：本法所称广告媒介就是一种能够实现广告主与广告对象之间信息传播的工具。

（二）广告客体

1. 谁是广告客体

广告客体指广告所针对的目标消费者，即广告信息的接受者，包括显在的消费者和潜在的消费者。从表面上看，广告通过大众媒介和非大众媒介传播，能够对所有通过媒介接触到广告的媒介受众发生作用，媒介的所有受众都能够成为广告的客体。但是事实上，按照科学的广告观念，广告的目的是针对特定的目标消费者进行诉求，并对他们发生作用，并不是针对所有的人群进行的，因此，我们可以把广告的客体分为实际客体和目标客体。

广告的目标客体是广告的诉求对象，也就是根据广告的目的要求，来确定广告活动的特定诉求对象。

2. 广告的目标客体的类型

广告的目标客体包括消费者、工商组织成员、商业渠道成员和专业人士。从表面上来看，广告通过大众媒介和非大众媒介传播，能够对所有通过媒体接触到广告的媒介受众发生作用，媒介的所有受众都能够成为广告的客体，但是实际上，按照科学的广告观念，广告目的是针对特定的目标消费者进行诉求，并对他们发生作用，并不是针对所有的人进行的。

(1) 普通消费者：即为满足个人生活需要而购买商品的大众消费者，由个人和家庭组成，是广告活动的主要传播对象。

(2) 工商组织成员：由生产资料的生产企业、社会组织等构成，是区别于一般消费者的大宗货物购买者。

(3) 商业渠道成员：包括零售商、批发商和经销商，他们既是日用产品和服务生产商的受众，又是生产资料生产商的受众。

(4) 专业人员：指医生、律师、会计、教师或者任何接受过特殊培训或持有证书的专业人员，他们构成了广告的特殊目标受众。

（三）广告内容

广告内容是广告宣传的基本信息。也就是说广告主想要发布什么样的信息，这些信息在传播媒介中具体是什么内容。不同的传播媒介在内容表现上是具有不同形式，这和媒介传播的特点是分不开的。

在版面广告中，产品相关的所有信息构成广告的内容，包括图像和文字等，如图1-1和图1-2所示。

图1-1　贵天钻石深圳展销会版面广告　　　　图1-2　贵天钻石在深圳展销会的版面宣传单

(资料来源：价值中国网，http://www.chinavalue.net/Blog/319621.aspx)

（四）广告中介

广告中介是广告主体向广告客体传递信息的纽带，包括传播媒介和促销活动两个方面。广告中介在广告活动中居于重要地位，广告信息只有通过广告中介才有机会接触到广告受众，进而达到树立品牌和销售产品的目的。

三、广告的特征

广告作为公开而广泛地向公众传递信息的宣传手段，或企业占领市场、推销产品、提供劳务的重要形式，广告可以用来增加企业(商品)知名度，提醒顾客产品的存在，用来宣传新产品，用来向顾客传递你想要传达的消息等。

1. 广告要有明确的广告主

商业广告的广告主要是指商品销售者或服务提供者，包括企业、代理商、中间商以及终端商和服务提供者，广告主是广告的发起者、出资者和出资人，是广告活动的源头。

2. 广告是一种经济活动

广告随着商品经济的发展而产生，广告本身也是一种典型的经济活动，具有经济活动投入产出的一般特征。具体来说，广告是企业营销的一种手段，广告属于市场营销系统中的一部分。

3. 广告是一种信息传播活动

广告就是"广而告之"，要将广告主的商品、服务信息传递给目标消费群体，具备信息传播活动的基本特征。

4. 广告具有特定的传播内容和形式

广告作为一种独特的信息传播活动，主要体现在传播内容和形式两个方面，广告的传播内容主要是经过创意构思的广告主信息、商品信息或服务信息。

5. 广告是一种说服的艺术

广告最终是为了将经过选择、加工的信息通过媒介传达给受众者，以说服消费者购买商品或服务。

6. 广告具有特定的传播对象

由于广告是一种有目的的信息传播，广告主主要是通过传播特定信息从而达到获得赢利的目的，必须准确选择目标消费者。广告所面对的目标消费者不一定就是产品或服务的使用者，提议者、影响者、决策者、购买者也包括使用者在内的任意一个角色，都应该是广告的传播对象。

7. 广告是一项系统工程

现代广告是一项科学而系统的活动，包括前期市场调研、市场环境分析、消费者分析、竞争对手分析等，随之确定广告战略和广告策略，进行广告创意和广告表现、安排广告媒体以及促销活动，同时还要有广告预算，经过周密的实施后还要进行广告效果调查和评估。

广告是一项活动，更是一个系统工程，广告公司是组织完成这个系统工程的重要角色，广告公司的成熟与强大是广告发展水平的重要标志。

四、广告的分类

广告分类是根据不同的目的要求将广告划分为不同的类型。合理的广告分类是广告策划的基础，是整个广告策划、进展并取得最佳效果的保障。

（一）按传播媒体分类

传播媒体有印刷品、电子媒体和实体广告，这些传播媒体传播信息具有速度快、范围广、影响大等特点。

1. 印刷品广告

印刷品广告主要包括利用单页、招贴、宣传册等形式发布介绍自己所推销的商品或者服务的一般形式印刷品广告。印刷品广告有报纸广告、杂志广告、图书广告、招贴广告、传单广告、产品目录、组织介绍等。印刷绘制广告有墙壁广告、路牌广告、工具广告、包装广告、挂历广告等。如图1-3所示为户外建筑立面悬挂广告。

图1-3　长春2009汽车展户外建筑悬挂广告

2. 电子媒体广告

电子媒体广告主要有广播广告、电视广告、电影广告、电脑网络广告、电子显示屏幕广告、霓虹灯广告等。如图1-4所示为布置在会展户外广场的电子媒体广告。

图1-4　电子媒体广告

3. 实体广告

实体广告主要包括实物广告、橱窗广告和赠品广告等。实体展示在会展上占有较大比例，观者在会展现场可以直接接触和了解产品，如图1-5和图1-6所示。

图1-5　车展上的实物展示

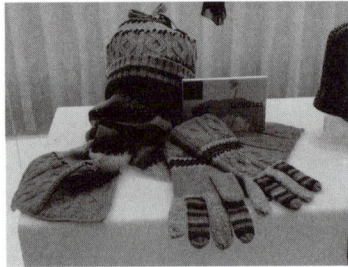

图1-6　服饰博览会上的实物展示

（二）按广告进行的地点分类

广告进行的地点是以商品销售点为核心的分类，分为销售现场和非销售现场两种类型。

1. 销售现场广告

销售现场广告指设置在销售场所内外的广告，主要包括橱窗广告、货架陈列广告、室内外彩旗广告、卡通广告、巨型商品广告、店头广告等。

2. 非销售现场广告

非销售现场广告指存在于销售现场以外的一切广告形式，例如电视广告、电影广告、晚会赞助广告、入户推销、电子邮件、非售卖的会展广告、杂志广告等。

（三）按广告的内容分类

按广告的内容进行分类，有商业广告、文化广告、社会广告和政府公告四种。

1. 商业广告

商业广告是广告中最常见的形式，是广告学理论研究的重点对象。商业广告是以推销商品或服务为目的，以向消费者提供商品或服务信息为主的广告。

2. 文化广告

文化广告是以传播科学、文化、教育、体育、新闻等信息内容的广告。文化广告是由实战派营销专家史光起先生开创的一种受众乐于接受，甚至主动寻找的广告形式，是一种可以润物细无声地将商品信息深刻植入受众意识中并影响深远的广告形式，是一种可将广告内容长期展示甚至长久展示的广告形式。因为该种广告的制作与传播涉及企业文化、发展策略、市场营销、文化艺术等诸多因素，操作复杂，但具有低投入高回报、效果深入持久、受众乐于接受等特点，因此又被称为高级广告。

3. 社会广告

社会广告指提供社会服务的广告，例如社会福利、医疗保健、社会保险、抗灾捐助以及征婚、寻人、招聘工作等。

4. 政府公告

政府公告指政府部门发布的公告，也是广告的一种形式，例如公安、交通、法院、财政、工商、卫生等部门发布的公告性信息。

（四）按广告目的分类

广告目的规定着广告活动的方向，其他广告活动如广告表现方式、媒体选择与组合等，都要围绕广告目的来考虑，下面我们将按照广告活动所需达到的目的或效果对广告进行分类。

1. 产品广告

产品广告是向消费者介绍产品的特性，直接推销产品，用于打开销路、提高市场占用率的广告。如图1-7所示是海康丽系列产品的宣传彩页。

(a)　　　　　　　　　　　　　　　(b)

图1-7　海康丽产品宣传彩页广告正反页

2. 公益广告

公益广告是以树立组织良好社会形象为目的，使社会公众对组织增加信心，以树立组织卓著声誉的广告，例如献血宣传广告、禁止酒后驾车广告等。

（五）按广告形式分类

按照广告表现形式进行分类，广告可以分为图片、文字、表演、说词和综合性几种类型。

1. 图片广告

图片广告主要包括摄影广告和信息广告，表现为写实和创作形式。

2. 文字广告

文字广告以文字创意而表现广告诉诸内容的形式，能够给人以形象和联想的余地。

3. 表演广告

表演广告是利用各种表演艺术形式，通过表演人的艺术化渲染来达到广告目的的广告形式。会展上的模特和身披绶带的礼仪小姐都是表演广告。

4. 说词广告

说词广告是利用语言艺术和技巧来影响社会公众的广告形式。大多数广告形式都需要采用游说性的口号或者语言，重点宣传企业或者产品中某个方面，甚至某一个特性，在特定范围内利用夸张手法进行广告渲染。当你打开收音机，插播在节目间隙的广告都是通过说词传递着商业信息，甚至还会有专门的广告歌曲。

5. 综合性广告

综合性广告是指把几种广告表现形式结合在一起，以弥补单一艺术形式不足的广告。现代媒体技术的发展使我们可以欣赏到很多综合性、制作精美的商业广告。

（六）按广告阶段性分类

通过广告传播信息可以让受众从"不知"到"知道"，在信息传播过程中，广告的重点因阶段不同会有不同侧重。

1. 倡导广告

倡导广告又被称为始创式广告，目的在于向市场开辟某一类新产品的销路或者某种新观念的导入，此类广告的重点在于使消费者知道信息。

2. 竞争广告

竞争广告又称为比较式广告，是通过将自己的商品与他人的商品作比较，从而显出自己商品的优势，引导消费者选择性购买。此种广告的重点在于突出自己商品的与众不同。许多国家在广告立法上对于比较式广告有明确的限制。

3. 提示广告

提示广告又称为提醒广告或备忘式广告，指在商品销售达到一定阶段，商品已经成为大众熟悉的商品之后，经常将商品的名称提示给大众，以促进商品销售。例如，可口可乐早已成为大家熟悉的饮料，但是我们还是经常会看到它的各种形式的广告。

拓展知识

广告的功能

美国全国电台电视广播公司协会会长哈罗德·费罗斯雷(Harold Fellows)在20世纪50年代后期就曾预言，假如广告突然停止，那将使美国2700家电台和400家电视台关闭，许多报纸和杂志社倒闭。还有许多企业将缩小规模，价格上涨，失业人数大幅度增加，更多人会争取进入制造业和运输业，证券交易所倒闭，经济萧条，它摧毁美国的速度比起1千颗原子弹或氢弹更快。

(资料来源：天丽影视，http.www.lookzj.com/newsdetail.asp?nodecode=00050003&id=1462改写)

广告已经成为衡量一个国家或地区经济发展水平的重要标志之一，在我国人均GDP以每年15%左右的速度上升的同时，广告营业额则以30%左右的速度迅速增长，这不仅说明了我国市场经济的迅猛发展，也表明广告业在我国经济发展中起到了越来越重要的作用。

广告具有多重功能，是现代人们获得信息和社会经济发展必不可少的手段之一，针对广告的不同的主体和客体，其功能也有不同，如表1-1所示。

表1-1 广告功能一览表

分类方式	功 能
对于企业	(1) 传递产品信息，沟通所需
	(2) 引导消费，刺激需求
	(3) 说服提示购买，促进销售
	(4) 塑造企业文化，建设品牌形象
对于消费者	(1) 指引做出正确购买决策
	(2) 节约消费成本

(资料来源：赵国祥. 广告策划实务. 北京：科学出版社，2009)

第二节 会展设计与会展经济

背景资料

会展业的发展带动起会展经济，会展业的发展必须依托城市的现实基础，城市发会展展业有其必须具备的客观条件。会展经济为城市带来的显著经济效益和社会效益，使得会展业越来越多地受到人们的重视。

会展和会展经济之间关系密切，因此，我们应该立足城市发展定位会展经济，把会展业的发展和城市发展战略密切相结合，将会展经济与城市结构功能的完善相结合，将会展经济与城市的社会、文化、旅游等方面的发展相结合，将会展经济与城市对外开放相结合，走国际化、品牌化的道路。

一、会展设计与会展经济的概念

国内会展业发展得如火如荼，会展的数量、规模和展馆面积都在以十倍甚至数十倍的速度增长，会展经济对相关产业的拉动作用也愈发显著，在国民经济中的地位也日益凸显，成为许多城市经济发展新的增长点。但与发达国家相比，我国的会展业尚处在初级阶段，特别是会展设计专业人才稀缺，会展设计需要具有展示专业、艺术创造和商业知识的复合型人才，专业人才的多少、专业技术水平的高低、知识的差别直接关系到会展的质量和效益。

1. 会展设计

会展设计就是围绕会展的主题、目标和内容，通过视觉传达设计、空间环境设计、工业设计等手段，人为地创造出人与人、人与物、人与社会之间交流的时空环境。

2. 会展经济

会展经济是一种形象说法，是各种类型交流会、洽谈会、展览会、博览会的总称。它是利用一定的地域优势、经济特色、资源优势，由政府或社会团体组织召集供需双方，按照事先确定的时间和地点，举行专业性或综合性的以产品布展、宣传、交易和服务为内容的特色型经济活动。

会展经济在国外一直得到政府和实业界的重视，对推动经济发展起到了强大的促进作用。在国内，迅速崛起的会展经济成为国民经济发展的推进器和新亮点，并已成为众多城市的新景观。成功的会展实例足以证实会展的"桥梁"作用和它所产生的经济效益。

3. 会展经济的特征

会展经济具有的特征是：它是区别于一般经济活动的特色型经济活动；它有事先确定的时间和地点；它能使产品得到充分的宣传、展示，其直观性、艺术性、宣传力得以充分体现；它能集合众多的供需双方互相进行交流；集中时间，批量购销；既交流了产品，又沟通了信息。

4. 国内会展经济类型

目前国内的会展经济类型有三种，第一为综合型，如广交会、山西省贸易交流暨洽谈会；第二种类型是专业型，如陕西杨陵农业高新科技博览会、武汉国际机电产品博览会；第三种是特种型，如中国艺术博览会、全国人才交流大会。

拓展知识

会展指数——中国排名前20名的城市

会展指数是综合测算出来的，可以看出该城市会展经济的发展空间，详见表1-2列出的城市排名。

表1-2 中国会展指数城市排名

排 名	地 区	会展指数	排 名	地 区	会展指数
1	北京	100.00	11	西安	22.60
2	上海	94.31	12	青岛	21.54
3	深圳	46.75	13	苏州	20.73
4	广州	43.82	14	宁波	19.92
5	天津	41.95	15	郑州	18.86
6	重庆	33.66	16	大连	17.72
7	杭州	30.73	17	沈阳	17.32
8	成都	29.02	18	厦门	17.24
9	南京	26.99	19	贵州	16.26
10	武汉	23.82	20	东莞	15.20

(资料来源：价值中国网，http://www.chinavalue.net/blog/BlogThraad.aspx?EntryId=206070)

01

小贴士

关于世界博览会

世界博览会(World Exhibition or Exposition)又称国际博览会及世界博览会，简称世博会、世博，是一项由主办国政府组织或政府委托有关部门举办的有较大影响和悠久历史的国际性博览活动。参展者向世界各国展示当代的文化、科技和产业上正面影响各种生活范畴的成果。

世博会是一个标志人类和平、进步的平台，它鼓励人类发挥创造性和主动参与性，它更鼓励人类把科学性和情感结合起来，将各种有助于人类发展的新概念、新观念、新技术展现在世人面前。因此，世博会被誉为世界经济、科技、文化的"奥林匹克"盛会。

世博会是一项由主办国政府组织或政府委托有关部门举办的有较大影响和悠久历史的国际性博览活动。它已经历了百余年的历史，最初以美术品和传统工艺品的展示为主，后来逐渐变为荟萃科学技术与产业技术的展览会，成为培育产业人才和进行一般市民的启蒙教育不可多得的场所。世博会的会场不单是展示技术和商品，而且伴以异彩纷呈的表演，富有魅力的壮观景色，设置成日常生活中无法体验的、充满节日气氛的空间，成为一般市民娱乐和消费的理想场所。

(资料来源：百度百科，http://baike.baidu.com/view/140394.htm改写)

小贴士

第一届世界博览会

世界上第一届世界博览会是1851年在英国伦敦海德公园内举办的，它的发起人和组织者是维多利亚女王和她的丈夫阿尔博特亲王。对于博览会最关键的展览大厅的建造方案，委员会曾在世界范围内进行招标，共有245位设计师参与竞争，但是没有一个方案符合委员会的要求，因为他们希望这个建筑在拆除以后还能够重新利用，后来一个在温室种花养草的园艺师约

图1-8 第一届世界博览会的主体建筑——水晶宫

瑟夫·帕克斯顿(Joseph Paxton)(1801—1865年)的设计引起关注。

这个方案不需要砖瓦和木材，建筑更像是一个巨大的玻璃温室，梁柱和屋架采用铸铁制作，玻璃镶嵌形成建筑体面，采用预制现场搭建的方式，既缩短工期，又可以在拆除后重新组装，最终委员会采纳了这个方案，人们称它为"水晶宫"，如图1-8所示。

水晶宫成为运用统一标准构建设计建造的最早的建筑之一，向人们展示了钢结构、玻璃装饰的发展空间，预示着工业化时代的到来。博览会有10个国家参加展览，在160天的展期内，水晶宫共接待来自世界各地约600多万人，英国成功地通过博览会让人们领略了工业革命的成果，同时也见证了建筑史上的奇迹。

(资料来源：百度知道，http://zhidao.baidu.com/question/181959438.html改写)

二、会展活动的要素

会展活动的举办需要帮助会展组织者和参展者达到信息传播的目的，必须要求会展策划明确会展活动的各个要素，即组织者、参展者、观众和场馆。其中，组织者处于会展活动的中心地位；参展者和观众是会展活动的主体，他们参与与否，直接关系到会展活动能否成功；而场馆则是会展活动得以进行的必要条件。

1. 组织者

会展组织者是指会议和展览活动的组织者，他们根据社会(包括参展者和观众)的需求，提出一定的主题，选择相应的展出对象，通过一定时间、空间条件下的直观展示来传递和交流信息，是会展信息的间接传播者。会展组织者由批准单位、主办单位、承办单位、协办单位、支持单位等共同组成。

2. 参展商

参展者是指参加会展活动展出的组织或者个人。这里所指的参展者包括展览活动的参展商、会议活动的演讲者、文艺活动的演出者、运动会的运动员等。他们是会展信息的直接传

播者，是会展活动的主角。同时，在会展活动中，通过与观众和其他参展者的信息交流，他们本身也成为了信息接受者、采集者，拥有双重身份。

3. 观众

观众是指整个会展活动中信息传播的接受者，是会展广告信息的诉求对象。他们可以是专业观众，即与会展内容密切相关的科技人员和营销人员，也可以是普通观众，都是参展者信息传播的目标。而那些可能购买参展者产品、信息、服务的观众，我们称为"目标观众"，会展活动质量的好坏主要取决于目标观众的多少。

4. 场地

场馆是指会展活动的场所，也是会展信息得以传播的舞台，它包括会议中心、展览中心、体育场馆或者同时兼具接待会议和举办会展功能的会展中心。

除了上面所介绍的四个主要构成要素之外，为保证整个会展活动的顺利举行，还需要各类能提供住宿、交通、餐饮、广告、装潢、通信、旅游、海关、商检、商务等服务的组织或个人，他们也是会展活动不可缺少的组成部分。

拓展知识

会展各部门与职责

会展主办单位大多为虚设，一般不参与会展实务。

承办单位是会展活动的实施者，负责会展各项事务工作。

会展组委会要负责会展主题、目标和方针的制定。

会展办公室负责申请和办理相关的各项手续，负责活动的日程安排，并进行宣传、邀请、发函等工作。会展办公室下设招展组织部、广告宣传公关部、设计施工布展部、后勤财务部、安全保卫部、会务接待部等，以分工负责，密切合作。

（资料来源：新浪博客，http://blog.sina.com.cn/s/blog_4d6527490100cuwl.html改写）

小贴士

2010上海世博会吉祥物——海宝（HAIBAO）

2007年12月18日晚8点，万众瞩目的2010年上海世博会吉祥物"海宝(HAIBAO)"终于掀开了神秘面纱，蓝色"人"字的可爱造型让所有人耳目一新。

海宝的设计者：巫永坚。

形象主题：如图1-9所示，海宝以汉字的"人"作为核心创意，既反映了中国文化的特色，又呼应了上海世博会会徽的设计理念。在国际大型活动吉祥物设计中率先使用文字作为吉祥物设计的创意，是一次创新，"海宝"从头到脚都充满了含义。

头发：像翻卷的海浪，显得活泼有个性，点明了吉祥物出生地的区域特征和生命来源。

脸部：卡通化的简约表情，友好而充满自信。

眼睛：大大、圆圆的眼睛，对未来城市充满期待。

蓝色：充满包容性、想象力，象征充满发展希望和潜力的中国。

身体：圆润的身体，展示着和谐生活的美好感受，可爱而俏皮。

拳头：跷起拇指，是对全世界朋友的赞许和欢迎。

大脚：稳固地站立在地面上，成为热情张开的双臂的有力支撑，预示中国有能力、有决心办好世博会。

图1-9 上海世博会吉祥物

嘴巴：永远都是笑着的，总是发出"嗨—嗨"的声音，向四海的人们发出邀请。

名字由来：中国2010年上海世博会吉祥物的名字叫"海宝"，意即"四海之宝"。"海宝"的名字朗朗上口，也和他身体的色彩呼应，符合中国民俗的吉祥称谓原则。"海宝"的名字与吉祥物的形象密不可分，寓意吉祥。

主题体现：吉祥物"海宝"的整体形象结构简洁、信息单纯、便于记忆、宜于传播。虽然本次世博会只有一个吉祥物形象，但通过动作演绎、服装变化，可以千变万化，形态各异，展现多种风采。"上善若水"，水是生命的源泉，吉祥物的主形态是水，他的颜色是海一样的蓝色，表明了中国融入世界、拥抱世界的崭新姿态。

海宝体现了"人"对城市多元文化融合的理想；体现了"人"对经济繁荣、环境可持续发展建设的赞颂；体现了"人"对城市科技创新、对发展的无限可能的期盼；也体现了"人"对城市社区重塑的心愿；还体现着"人"心中城市与乡村共同繁荣的愿景。海宝是对五彩缤纷的生活的向往，对五光十色的生命的祝福，也是中国上海对来自五湖四海朋友的热情邀约。

(资料来源：上海世博会官网，http://www.expo2010.cn/jxw/index.htm)

三、会展活动的分类

会展活动可以划分为不同的类型。不同类型的会展活动对广告设计的要求也不一样，广告设计者要结合会展活动的类型进行设计。

1. 按会展主题分类

会展活动按主题的不同可分为三类，第一类是会议型，如亚洲发展银行年会、"财富"全球论坛等；第二类是展览型，如中国国际地毯交易会、中国商铺展览会等；第三类是会议展览结合型，如中国连锁行业会议暨超市博览会、中国互联网大会暨展示会等。

2. 按会展的目的分类

会展活动按目的的不同可分为四类，第一类是观赏娱乐型，如音乐会、美术展、运动会等；第二类是宣传教育型，如成就展、汇报展和宣讲报告会等；第三类是科普推广型，如科普展、科技交流会、新产品发布会等；第四类是经贸洽谈型，其还可以细分为贸易型、消费型和贸易消费综合型。贸易型会展如2003年跨国采购洽谈会(中国上海)、中国国际公共卫生博览会等；消费型会展如新年迎新商品展销会等；贸易消费综合型会展如中国国际食品博览会等。

3. 按会展参展者和观众所代表的区域分类

会展活动按参展商和观众所代表的区域不同可分为六类，分别是：世界级，如奥运会、世界杯、世界博览会等；国际级，如北京国际博览会、意大利米兰国际博览会等；洲际级，如亚太经合组织系列会议等；国家级，如广交会、全运会等；地区级，如华东出口商品交易会等；地方级，如上海科技博览会、北京汽车展等。

4. 按会展场地分类

会展活动按照场地不同可分为三类，分别是：室内场馆，用于会议活动的有宣传演讲会、文艺演出活动，用于展览活动的有产品展、家用电器展等；露天场馆，多用于大型演出活动，如歌星演唱会、足球比赛，或大型展品的展示，如重型汽车、飞机等；室内外结合型，很多会展活动会采用此类形式，在室内展出产品，室外举行各种庆典、促销等活动。

5. 按会展举办时间分类

会展活动按照举办时间不同可分为四类，分别是：定期型，会展活动相对固定在一个周期举办，如每年一次的中国国家自行车展览会等；不定期型，会展活动没有固定周期，结合市场和信息需要而设定；长期型，会展活动持续时间较长，如长达半年之久的世界博览会；短期型，会展活动在3～5天就结束，许多专业性的会展均为此类型。

6. 按展活动内容分类

会展活动按内容不同可分为两类，第一类是专业型，如世界乒乓球锦标赛、食品展等；第二类是综合型，如亚洲运动会、中国深圳高新技术博览会等。

四、会展的作用与前景

我国自20世纪80年代以来，会展如雨后春笋般迅速发展起来。目前已形成一个新兴的会展产业，因为它显著的功能作用以及目前的水平、前景，被社会称为"朝阳产业"。会展的功能作用是显著的，发展前景是可观的。

（一）会展的作用

会展活动对于促进经济发展必定起到巨大的推动作用，主要表现在以下几个方面。

1. 宣传产品

会展是展示新产品的舞台，借助会展影响力，为宣传产品、打造国优品牌创造了机会，尤其对新产品上市，其作用更为明显。

2. 开拓市场

在会展上，参展商不仅可以等待找上门来的合作者，同时也会有供应商主动寻求合作；会展为生产者提供了广阔的市场空间，参展商根据会展期间签订的合同，获得生产上的主动权。

3. 直观展示

在会展上，展台会有参展商商品的直观展示，为需求方提供更大范围的选择权，看样选货，以质论价，降低了采购成本，提高了采购质量。

4. 贸易双方增进沟通交流

会展贸易双方方便加深感情，沟通信息，促进产品的升级换代，有利于企业管理水平的提高。

5. 创造经济效益

企业参加会展最根本的作用在于创造经济效益，企业创效，国家增收，从而推动经济发展和社会进步。

（二）会展的前景

据中国会展经济研究会提供的数据显示，"十一五"期间，中国会展业呈现快速发展势头，会展业产值年均增长率保持20%以上。目前，中国已有152个地级及以上城市建有会展场馆并每年举办会展活动，其数量占到了全国287个地级及以上城市的53%。中国会展业正朝着"市场化、产业化、法制化、国际化"的目标迈进。

1. 国际会展业

随着经济全球化程度的日益加深，会展业已发展成为新兴的现代服务贸易型产业，成为衡量一个城市国际化程度和经济发展水平的重要标准之一。2004年全世界大型会展总数超过15万个，其中国际会议约7万多个，国际展览超过8万个，全球会展业直接经济收益高达2800亿美元，为世界经济带来的增长总额超过25 000亿美元。

伴随着会展经济的全球扩张，许多国际会展业巨头竞争亚洲、非洲、拉丁美洲的发展中国家市场，国际会展业正在出现重心转移之势。在中国加入世贸组织的背景下，中国市场的广大以及中国成为世界新的制造业中心的潜在发展前景，使得来自国外的专业展市场需求空间较大。

近年来，国际会展项目更加注重展与会的结合，会展内容趋于专业化、品牌化。越来越多的展览公司和会议公司涌现，且呈现集团化趋势。信息技术开始应用在会展方面，与实物展览相结合也是现在国际会展发展的新趋势。

2. 国内会展业

从20世纪80年代以来，我国会展业经历从无到有，从小到大，以年均近20％的速度递增，行业经济效益逐年攀升，场馆建设日臻完善，已成为国民经济的助推器和新亮点。

全国以北京、上海、广州为一级会展中心城市，初步形成三大会展经济产业带，即包括北京、天津、烟台、廊坊等地的环渤海会展经济带，以上海为龙头、沿江沿海为两翼的长江三角洲会展经济带，以广交会和高交会为龙头的珠江三角洲会展经济带。随着会展业市场化程度的提高，会展城市内部场馆之间、会展城市之间的竞争日益明显。法制建设、品牌意识、现代化场馆建设、人才培养成为普遍共识。

拓展知识

会展媒体广告

媒体广告同样适用于会展业，因此会展经营者要充分利用广播、电视、报纸、杂志和户外等媒体开展广告宣传。从2003年10月22日到2003年11月21日的《中国旅游报》、《羊城晚报》和《新民晚报》，合计起来，三份报纸各自的会展广告均在10条以上(不计同一会展的重复刊登)，除《中国旅游报》上刊登的均为旅游和酒店用品展及论坛之外，其他两份报纸刊登的会展内容涉及金属工业、陶瓷工业、服务业、旅游业、教育业、建筑装饰业、电子产品业、传媒业、农业、美容化妆用品业、艺术、动植物生态等各产业、行业的展览会、博览会及高峰论坛和国际会议。

从报纸的广告来看，目前的会展业广告存在以下不足：一方面是广告内容比较单一和形式化，千篇一律的文字介绍会展的举办时间，主办单位，承办单位，或是加上活动程序；另一方面是媒体选择的单一，主要是报纸和专业杂志投放，广播、电视、户外等其他媒体的利用率不高，这或许与会展业的产业特色有关，因为其广告必须完整地告知受众会展的信息，并且信息必须真实，而不能像其他的产品广告那样只集中于产品的某一特性，并将其夸张放大，其实会展广告的开发对广告公司来说也是一块美味的"蛋糕"。

(资料来源：会展365，http://www.cce365.com/kcnews_datail.asp?ID=25758&spage=5改写)

案例1—1

会展业的广告宣传与旅游宣传的整合

据《中国旅游报》2003年11月21日报道，新加坡旅游局最近宣布，将投入1500万新元(约人民币7150万元)开展商务和会展旅游宣传和促销，并从中拨出200万元的广告费在美国、德国、英国、中国、印度、马来西亚、印度尼西亚、泰国和澳大利亚等主要会展客源市场进行宣传，以巩固新加坡作为旅客心目中"亚洲最适合举办世界级会展的城市"的地位，以会展商务旅游提升新加坡的旅游收入。

而香港也拟在全球推出香港"乐在此，爱在此"的香港旅游全球广告宣传活动，这将向世界展示香港多层面、多元化的旅游和文化特色，对于巩固和提升香港形象，促进其旅游和会展业发展意义重大。

点评：

会展与旅游的联系非常密切，两者可以互相借力，在具体实施广告宣传时，第一是真正将某地区的会展与旅游项目结合起来同时进行，宣传上也着重两者的结合，这样两种资源相互吸引，其结果是整体大于局部的总和。第二是分开进行，但会展宣传附带介绍当地旅游资源的丰富和吸引力，而旅游项目宣传也注重营造本地区适宜举办会展的氛围，这样也可以起到相辅相成的效果。当然这些都需要会展与旅游单位或部门的通力合作。

(资料来源：游遍天下，http://www.ym39.com/view_12604_1.html改写)

拓展知识

我国会展业市场开始细分

近些年来国内会展业市场细分的趋势越来越明显，这必将影响到整个行业的发展方向。

首先是展览业专业化程度提高、国际化趋势增强、企业化行为加大、市场化竞争加剧。区域划分表现为全球以德国、美国、法国等主导世界展览业发展；亚太地区尤其是东亚地区继续保持经济稳步发展势头，展览规模与影响持续上升。国内就举办规模和数量而言，大致可分为四个层次，京、沪、穗(是广州的简称、也可以写广州)、大连为第一层次，天津、成都、深圳、昆明、哈尔滨等为第二层次，厦门、南京、武汉为第三层次，杭州、宁波、桂林、南宁为新生代。

其次是会议业，全球市场化伴随旅游奖励的会议业收入接近3000亿美元。现在全球专业从事会议业的机构300多个，其中有4家在我国大陆设立了分支机构。中国专业会议市场化运作尚未普及，一般以行业组织牵头，或自己组织，或委托旅游公司，但中小型商业性会议高速发展与国内经济发展密切相关。

最后是围绕场馆的市场开发开始起步。会展中心的市场经营一般以会议展览业为龙头，以旅游、娱乐、餐饮、酒店、广告、商场等相关行业的经营为配套和依托，在会展中心片区内形成集成化、全方位、多渠道的经营服务体系，产生多层面的经济效益，最终使得会展中心的整体经济效益达到预期。其中，部分项目是可以现在就开始经营的，部分项目尚需再过一定的时间，待条件具备或经分析认证可行后再展开，由此实现会展中心的经济效益综合优势和良性循环。

(资料来源：重庆文理学院，http://cqihm.org/huizhan/UploadFiles/al.htm)

（三）参展者的准备工作

据德国展览协会(AUMA)的分析，企业参展的目标有基本目标、产品目标、价格目标、宣传目标、销售目标。因此，销售是最终的目标，但并不是展览会上最重要的工作。IFO公司的调查也认为，企业参展要达到的目标有宣传企业形象、提高企业声誉、密切与客户的联系、引入新产品、提高产品的知名度、交流信息等目的，而且其目标中有70％的内容是为了结识新客户。

01

企业参展的根本目的是为了销售，展示只是一种手段，但这并不意味着企业参展时签的定单数就等于参展效果。企业参展的目的除了展示新产品、提升企业知名度外，还有了解市场变化的最佳途径，市场上什么样的产品最受欢迎，竞争对手的各种动态等，这些都将是会展带给企业的最有价值的东西，这能让企业及时地对自身的战略进行调整。

明确目的后就要开始针对此次目的采取相应的参展措施。

1. 详细了解会展

1) 工具

会展中需要的工具很多，会展主办方能提供的有哪些，有多少东西是需要自己准备的，这细致到桌椅板凳水电等，不详细了解清楚，在会展时再寻找调配就未免太仓促。

2) 活动

会展主办方一般都会举办多种活动以配合会展造势，这些活动包括一些比赛、技术讲座等。企业如果能参与这些活动，将会得到很多信息和宣传。

3) 会展广告

会展广告指利用会展的会刊和室外场地所进行的广告，此类广告对本次会展和展地情况比较熟悉的企业就会获得良好的宣传效果。

2. 充足准备工作

1) 费用预算

参展企业应提前做好费用预算。参展费用包括展位费、展位装饰装修费、展品运输费、机票火车长途车费、市内交通费、食宿费、设备租赁费、广告宣传费、资料印刷费、礼品制作费、会议室租赁费等。

2) 展览资料

宣传单张或者手册是宣传企业最基本的工具，企业要想获得好的宣传效果，展览资料非常重要，它可以展现一个企业的水平和实力。

3) 参展人员

合适的参展人员，便能得到更佳的参展效果、更好的销售业绩。参展人员应具备以下基本条件：对公司的产品和技术有较深入的专业知识；自信、适应能力强；性格外向、易于与人交谈沟通。

4) 参展服饰

直观形象是最有影响力的，参展人员是公司的代言人，会展期间应穿着正式、统一的服装，一方面代表公司的形象，另一方面也是对参观者的尊重，高雅庄重的服装会给参观者带来良好的印象。

5) 布展

展位就是战场，有利的战场才适合作战。展位的布置很讲究，不是花钱多就一定好，要通过展位突出个性特色，在众多的展位中引人注目，同时能突显企业目的，推出产品或者提升形象。

3. 观察媒体动向

媒体是面向大众的窗口，在会展时应尤其注意媒体动向，哪家媒体会进行专题报道，哪家每天会进行直播，现在是传媒年代，也是主动出击的年代，如何向媒体推销自己是很重要的。

除了以上这些基本事项外，还有一些小细节需要注意，这些细节虽小，却很能体现出整个公司的层次和素质。比如说吃饭，会展人员一般都吃盒饭，但在哪里吃就是个问题，有的企业在这方面非常注意，会在展厅选择一个角落或者遮板后等吃饭，而有些企业就放在展台的桌面上大吃特吃，整个展位高雅、整洁的形象顿时就被破坏了，这虽然不是个大问题，却能使观者直接对企业有一个评判认识。

第三节　会展与广告

背景资料

"会展"是广告的一种形式，然而对会展来说，广告又是会展的核心功能。可谓你中有我，我中有你。从广义上讲，会展活动中各式各样的广告手段应有尽有。小到人的口头广告，大到全方位、多层次的立体广告。如电视、广播、报刊、杂志、网络媒体、文艺演出、体育赛事等都可以为会展活动摇旗呐喊、广而告之。

具体到会展策划设计、展台搭建、开幕礼仪、展场会馆、宾馆饭店以及相关的会展环境等都是会展广告的施展之地。会展现场的各种联板文字、展品广告、POP广告、灯箱广告、影视广告、模型广告以及会场内外的大型电视屏广告、条幅广告、气模广告、旗杆广告、路牌广告、人体卡通广告、航空汽艇或气球广告等都可为会展活动大显身手。真可谓"一方办展、八方广告"。

会展环境是寸金之地，广告更是无孔不入。特别是大型会展活动，对广告的策划，更是多兵种、全方位的联合作战，要求"运筹帷幄，决胜千里"。现代会展对广告的战略策划特别重视，"凡事预则立，不预则废"。对会展广告策划得越缜密，在激烈的市场竞争中获胜的把握就越大，这就是为什么现代会展对广告尤为重视的原因所在。

一、会展广告的特点

会展活动本身就是一个综合广告，在会展上商家会通过各种手段和形式进行宣传和展示，会展广告由于会展的特点也体现出与其他广告不同的特点，其具有时间和空间性、组合性和新奇性。

1. 时间和空间性

会展活动是在特定的时间和限定的空间内进行的。在策划会展广告时，首先要考虑它的时空性，也就是在时间和空间上必须预先约定、界定时空范围和具体尺度，并在规定的时空内进行统一规划、统一设计、统一施工，否则，会展都快要开幕了，你的广告牌还没制作好，条幅还没印制出来，开幕式的礼仪服务还不到位，影视广播节目还不能按时播出等。另外，在空间的把握上，广告媒体的位置及具体空间尺度一定要掌握好，否则，不是大小不合就是放的位置不合适，经常有些条幅长度过大，悬挂后某些主要内容不能全部显示，如果重做，时间又来不及。

2．组合性

会展活动是项社会性群体活动。它涉及社会的方方面面，采用多样的形式，有的声势浩大、铺天盖地；有的变幻莫测、古怪新奇；有的在空中展示，有的在地上群舞；有的静中有动，有的动中有静；有的浓妆淡抹，有的电闪雷鸣。但是，会展活动是一个有组织的群体活动，会展广告是以会展为依托的多种传媒的组合行动，在实际运作中，对不同形式的广告手段要进行有结构、有层次的有机组合，也就是要强调会展广告组合性的重要功能。

现代会展就是广告的立体战场，只有进行科学的、有效的广告组合，才会使会展活动更加生动活泼、事半功倍。如果把握不好，就会造成相互干扰、相互制约，其结果适得其反。如图1-10所示为CHIC2006博览会会展广场的广告。

3．新奇性

会展广告特别追求新奇性。由于会展周期都比较短，广告用词特别追求"语不惊人誓不休"、"一字值千金"的效果。其形式要有创意、易于联想、新奇、不落俗套。如要有独特性，不要雷同；要有差异性，不要老一套；要有可信性，传

图1-10　CHIC2006博览会主场馆前的广告位

达的信息要真实可靠，不要虚假瞒报；要有满意性，要说明产品或服务能给人带来新的利益，让人产生兴趣和满足感。

如果细心的话，你会发现，在众多的会展活动中，很少有人采用多年一贯制的广告形式。相反，一年一个样，各届不重样的广告才会令人耳目一新，这就是会展广告新奇性的表现。

拓展知识

北京主要会展场馆

1．中国国际科技会展中心

联系电话：86-010-84600186	移动电话：
联系传真：86-10-84600187	联系地址：北京市北三环东路6号
邮政编码：100028	电子邮件：zhangjiejing@ciec-expo.com
联　系　人：段晓庆	网　　址：www.ciec-expo.com.cn

2. 中国国际贸易中心

联系电话：010-65052288-8448	移动电话：
联系传真：010-65053260	联系地址：北京建国门外大街1号
邮政编码：100004	电子邮件：cwtced@public3.bta.net.cn
联 系 人：李贺田	网　　址：www.cwtc.com

3. 北京展览馆

联系电话：86-010-68316677	移动电话：
联系传真：86-010-68356605	联系地址：北京西直门外大街135号
邮政编码：100044	电子邮件：bzbgs@bjexpo.com
联 系 人：孙福臣	网　　址：www.bjexpo.com

4. 北京国际会议中心

联系电话：86-010-84985588	移动电话：
联系传真：86-010-84970107	联系地址：北京市朝阳区北四环中路8号北京国际会议中心
邮政编码：100101	电子邮件：chenjmail@sina.com
联系人：陈捷	网址：www.bicc.com.cn

（资料来源：百度百科，http://baike.baidu.com/view/927615.htm改写）

小贴士

中国主要会展城市介绍

1. 北京

京城由于其特殊地位，一直是中国会展城市中的老大，展览总面积居全国之首，会展规模、档次全国领先。预计到2011年，北京展览市场总规模将达近50亿元。北京举办的展览会以经济技术类为主，在全国率先形成了中国会展产业的雏形。但由于现有展馆超负荷运转，设施严重老化，使得京城急需建大展馆的问题日显突出。

北京每年的国际展已达250多个。在具备举办大型国际展览资格的全国近250家展览公司中，北京就占了一半多。近几年，北京会展业依然保持较快的发展势头，成为中国举办会展数量最多的城市。

据中国国际展览中心集团公司副总裁陈若薇介绍，北京的会展业起步早，一些会展已进入国际名牌展览会行列。如机床展、铸造展、纺机展、印刷展、制冷展等均已获得国际展览联盟(UFI)的认证。我国获得UFI认证的6个会展，其中5个在北京，另一个在上海。北京地区中央国家机关、大型国有企业总部、跨国公司在华总部云集，权威机构集中，市场资源集中，具有发会展展业的基础。北京会展业应定位在大型、高档次、国际化的会议展览上。

2. 上海

20世纪90年代，上海的会展业加速发展，全国性或国际性会展数量以每年近20%的速度递增，其中50个已有了相当的国际知名度。上海陆续兴建了国际展览中心、世贸商城、农展中心、光大会展中心等新馆，展览面积都在二三万平方米。

目前，上海正与德国三大展览公司联合投资兴建上海新国际博览中心。在上海，会展市场的竞争已趋于国际化、白热化。APEC余音在耳，世博会又闪亮登场，此起彼伏的国际性会议和展览，使上海日益成为中国乃至世界关注的焦点，并开始显现出国际会展中心的魅力和风采。

3. 广州

开放程度高是广州会展业最大的特点。依托广交会的影响力，广州周边地区出现了百展争雄的格局。广州是华南政治、经济、文化的中心，也是国内会展业发展最早、会展经济最活跃的地区之一,展览的数量、展览面积、会展规模和影响都位居全国前列。据不完全统计，广州地区每年举办各种展览会上百个，其中国际性展览占1/3强，既有"中国第一展"的广交会，也有后起之秀的广州博览会、美容美发博览会。

4. 大连

大连曾是一座重工业城市，产业结构的调整，会展业居功至伟。会展业在这座城市中有着十分重要的战略地位，而十几个如"大连服装节"这样的定型名牌会展，撑起了大连的会展经济。以1996年大连星海会展中心落成为标志，大连展览业开始作为一个行业迅速发展起来。

短短几年内，经贸展览项目由少到多，展览规模从小到大，展览主题由单一到多样，展览性质由综合到专业，以每年20%的速度快速增长，并逐渐成熟起来。目前，大连市在中国内地会展城市排名中，位列北京、上海、广州之后。大连的会展业作为一个新兴行业，从一开始便以起点高、发展快、潜力大、操作规范为特点，迅速成为大连市新的经济增长点，并成为创建国际名城的支柱产业之一。

5. 深圳

在深圳，除了与新经济和高新技术产业发展相呼应的会展，如高交会、国际互联网展以外，大部分是与传统产业相适应的各类展览，如钟表展、家具展。从老国展中心的兴起与倒闭，到深圳高交会出现前夕，深圳会展业一路走来，起起落落。直到1999年以高交会为龙头会展的举办，才将深圳会展业推向一个新的高潮。

随着高交会的成功举办，深圳会展业迎来了发展的春天，展览公司和各种会展如雨后春笋般地冒出来。2000年至2001年两年间，深圳各种商业会展共举办了200多个，并形成了深圳的一些知名品牌会展，如钟表展、礼品展、高交会等。深圳得天独厚的地理位置，四通八达的交通网络，日渐完善的服务体系，使会展业的前景非常广阔。

(资料来源：亚洲泵网，http://www.asiapump.cn/news/news_info.asp)

二、会展广告的管理要求

会展广告是为会展信息传播服务的，它通过各种形式和方法加入社会活动过程中，并产生社会影响。它通过其自身包孕和融渗的文化传统、规范、符号等信息，对人产生活动调节并显示出它的社会效用，最终获得社会的承认和接纳，这种能包容有关社会的价值体系和规范体系，能对人们的精神世界产生巨大的感染和渗透，并传扬着社会文化的精髓。

1. 范围的广泛性

会展广告活动涉及社会的方方面面，这些从会展五花八门的名称上就可以看出来，大到宣传国家实力、科技发展的世博会，展示体育精神的奥运会等综合大型会展，小到婚博会、珠宝展示会等，从官方承办的科博会、文博会，到以销售为主的农副产品展销会等，会展可以说包罗万象，具有广泛性的特点。

2. 措施的强制性

会展广告也是属于广告的范畴，所以不是无章可循，它要依照国家法律、法规、政策和条例等依法管理。如《广告法》等就有强制性的管理功能。

3. 操作的规范性

会展广告的管理集中体现在对相关法律的制定和运用上，对广告行为有明显的法律规范性，违者要受到法律的制裁。所以从事会展广告首先要符合广告的相关法律法规的要求，又要服从所参加会展主办方和组织者的规定，操作按照管理规定执行。

4. 管理的计划性

会展广告是会展活动的一部分，一般会展主办方和组织者都会对参展商发布一个管理计划，包括相关要求、时间流程等。对活动的计划控制、协调过程，就是其计划性的集中表现。

5. 随机的监查性

会展广告活动是不间断的活动过程，在会展上经常会发生各种各样的情况，为保障会展正常进行，在管理上要随机监查，这是经常而又及时的监督检查过程。

对会展广告的管理方法很多，主要有行政方法、法律方法、经济方法、教育方法、社会监督方法、自律方法等。在广告发布上要遵守广告准则，其标准也十分严谨，各项要求都带有明显的规范性，不是任何单位和个人为所欲为，随便发布的。如果大家随心所欲，各唱各的调、各吹各的号，造成广告污染和市场混乱，甚至造成重大事件，将会受到法律制裁。

我国会展业发展迅猛，伴随而生的会展广告也突飞猛进。鉴于有《广告法》的规范，使会展广告在法制化方面有了良好的基础。但从目前情况来看，由于整个会展业尚处在发展的初级阶段，有不少不完善、不规范的地方，因此会展广告出现有法不依、违法操作的不良现象，甚至造成不良后果，应引起高度重视。

本章小结

本章从广告和会展的概念入手，使学生对广告和会展广告有个初步了解，并进一步掌握会展经济的发展情况，为后面章节知识的学习做好准备。

思考题

1. 广告的定义是什么？
2. 广告与会展的关系是什么？
3. 会展广告的特点是什么？
4. 简述会展广告的形式。

实训课堂

调研一个公司在会展上广告的组合应用

项目背景

参加一个会展，可以由老师指定选择一个企业或者小组自己确定一个企业，调研该企业在本次会展上的广告形式和手段的运用，各小组成员进行调研和完成最后的报告，目的是提高学生的观察能力、沟通能力。学生可以在调研中充分发挥主动性和灵活性，把着眼点指向学生的创新意识、问题意识、合作意识和市场意识。

项目要求

将全班同学进行分组，分别组成不同的调研小组，由教师说明本次调研的要求和目标，并提供参考资料。

学生撰写调研报告并进行分享交流。

项目分析

会展广告的调研是直接了解会展广告的手段之一，从会展招展阶段到会展现场，广告以不同的形式出现；选择参展企业时，建议选择具有一定行业影响力或者本次会展广告表现突出的，分析其广告组合表现与企业本次的参展目标之间的关系，会更具有典型性。

第二章

会展企业的组织结构及项目管理

学习要点及目标

- 通过对本章的学习，让同学们了解会展企业组织结构。
- 通过对本章的学习，让同学们认识会展企业组织结构模型。
- 通过对本章的学习，启发学生多角度观察和认识会展企业组织设计。
- 通过对本章的学习，让同学们了解会展企业的项目管理。

02

本章导读

　　会展企业组织结构是表现会展企业各部门排列顺序、空间位置、聚集状态、联系方式以及各要素之间相互关系的一种模式，指的是会展企业组织由哪些部分组成，各部分之间存在怎样的联系，各部分在整个组织中的数量比例关系。

　　通过对会展企业组织结构和组合的分析，了解每个职位上都有权力和责任，掌握会展项目管理的方法和步骤，使学生对会展组织和项目管理具有一个清晰的框架描述。

引导案例

会展企业的股权收购

　　2007年11月，新加坡国际会展策划有限公司(MP International)宣布，已收购上海中贸国际展览有限公司下属展览项目"中国国际电力电工设备和技术展"50%的股份，并由双方共同出资成立一个新的合资公司，名为"上海新中贸国际展览有限公司"。这一展览会并购项目，是中新会展业继沈阳世博会、天津滨海国际会展中心之后，华东地区的首个典型案例，具有一定的代表性。

　　此次成立的上海新中贸国际展览有限公司的管理团队将由投资双方互派人员联合组成，上海中贸国际展览有限公司总经理将出任新公司的总经理。今后中国国际电力电工设备和技术展将成为由中新双方携手共同打造的合资项目。合作目的在于推动该会展进军国际市场，并有望成为全球众多电力展览的佼佼者。

　　新加坡国际会展策划有限公司集团总部在新加坡，成立于1987年，是一家组织过众多会展的专业机构，专长于举办展览会、会议等，受到国际各方的广泛支持。该集团在亚太地区已先后举办了超过250个跨国家、地区的国际性展览会议。

　　上海中贸国际展览有限公司成立于2000年2月，是一家组织大型展览与会议的专业机构，至今已成功举办了设计环保、水工业、电力电工等行业的专业展览，享有极高声誉。富有创新精神的年轻队伍和高素质的专业人才是公司健康快速发展的重要保障。除良好的客户关系外，公司也十分注重与中国各级政府机构和相关国内外贸易机构的联系和协作，主要品牌展览会有中国国际家具展览会、中国国际给排水水处理展览会等。

中国国际电力电工设备和技术展是一个综合性的电力展。2008年的会展展出一系列涉及整个电力电工行业的产品和服务，参展面积达到1.2万平方米。约有400家国内外企业参展，成为一个便于展商和买家、供应商交流的互动平台。会展在上海国际展览中心举办，展览时间是2008年4月22日至24日。作为中国规模最大的电力工业展览会，目前已成为电力市场最理想的展示平台。

(资料来源：胡平. 会展案例. 上海：华东师范大学出版社，2009)

点评：

中国的展览公司还停留在项目合作、联合办展的层面上，而恶性竞争等不规范现象也依然存在。近年来，合作的重要性才逐步被业界所重视，这是一种可喜的进步，但这种合作的迹象仅仅是我国会展业走向有序规范的开端。

新加坡国际会展策划有限公司收购中国国际电力电工设备和技术展的成功意味着国外会展公司进行资本运作的能力已经非常成熟，与经济所有权相对独立的两个经济个体之间的联合相比，这种资本融合使得两个经济个体的目标更加一致，运作效率更高。

第一节　会展企业组织结构概述

背景资料

会展企业组织结构表达的是企业的全体人员以怎样的模式及架构被组织起来，形成一个有机的整体。会展企业组织结构是由一个个职位组合而成的，每个职位上都有权利和责任。从这个意义上讲，会展企业结构也是会展企业的职位系统或权责系统，所以，会展企业组织结构是执行管理任务的体制，在整个会展管理系统中起到"框架"的作用。正是有了稳定的组织结构，会展管理系统中的人流、物流、信息流才能正常流动，从而使管理目标的实现成为可能。

一、会展企业组织结构模型及分析

组织结构模型指组织中相对稳定和规范的工作关系模式，如工作任务如何分工、配合等。受诸多外界与内部因素影响，不同会展企业有不同的组织结构形式。

（一）职能型组织结构

职能型组织结构亦称U型组织，又称为多线型组织结构，职能制结构起源于20世纪初法约尔在其经营的煤矿公司担任总经理时所建立的组织结构形式，故又称"法约尔模型"。它是按职能来组织部门分工，即从企业高层到基层，均把承担相同职能的管理业务及其人员组合在一起，设置相应的管理部门和管理职务。

1. 组织结构

会展企业职能型组织结构是一种通过对管理职能进行分类，然后根据不同的管理职能来设立一些相应的部门，共同承担管理工作的组织结构形式。

职能型组织结构适用于业务类型单一、规模较小的会展企业。

2. 结构特点

职能型组织结构的优点是能够适应现代组织技术比较复杂和管理分工较细的特点，能够发挥职能机构的专业管理作用，减轻上层主管人员的负担。

其缺点也比较明显，那就是会常常出现多头指挥而使执行部门无所适从，不利于建立和健全各级行政负责人和职能科室的责任制，在中间管理层往往会出现"有功大家抢，有过大家推"的现象，在上级领导和职能机构的指导和命令发生矛盾时，下级会无所适从，容易导致出现纪律松散、管理混乱的情况。

（二）事业部制组织结构

事业部制组织结构是指以某个产品、地区或顾客为依据，将相关的研究开发、采购、生产、销售等部门结合成一个相对独立单位的组织结构形式。它表现为，在总公司领导下设立多个事业部，各事业部有各自独立的产品或市场，在经营管理上有很强的自主性，实行独立核算，是一种分权式管理结构。事业部制又称M型组织结构，即多单位企业、分权组织或部门化结构。

1. 组织结构

会展企业事业部制组织结构强调分权管理，是分权型的组织结构形式，这种组织结构形式为大型综合性会展公司所普遍采用，它体现的是"集中决策，分散经营"的指导思想。

2. 结构特点

多产品、多项目经营有助于提高会展企业经营的稳定性，也有利于各部门进行专业化分工协作，提高工作效率。但同时也具有一定的局限性，这种组织形式需要雇用更多的专业人才和员工，经营成本会有所增加，各事业部也可能因为过分强调本部门的利益而影响整个会展经营的统一指挥。因此，现代大型会展集团公司往往在事业部基础上增加一个管理层，对联系比较密切的事业部进行集中分管。事业部制组织结构适用于服务种类多样化的大中型会展企业。

（三）区域型组织结构

区域型也被称为区域结构，其提供较功能结构更多的控制，因为由许多地区性的层级来完成以前由单一集权阶层所执行的工作，公司可以针对地区性经营环境的变化，改进产品的生产和销售方式。

1. 组织结构

在区域型组织结构中，会展企业产品或服务的生产所需要的全部活动都基于地理位置而集中在一起，这种结构的设置一般针对企业主要目标市场的销售区域来建立。

2. 结构特点

会展企业区域型组织结构有较强的灵活性，它将权力和责任授予基层管理层次，能较好地适合各个不同地区的竞争情况，增进区域内营销、组织、财务等活动的协调。但同时该结构也可能增加了企业在保持发展战略一致性上的困难，有些机构的重复设置也可能导致成本的增加。

（四）直线型组织结构

直线型组织结构是最简单和最基础的组织形式，是企业各级单位从上到下实行垂直领导，呈金字塔结构形式，直线型组织结构中，下属部门只接受一个上级的指令，各级主管负责人对所属单位的一切问题负责。

1. 组织结构

直线型组织是一种比较简单和原始的组织结构形式，但又是最基本的组织结构形式。直线型组织结构的特点是组织中的各种职务按垂直系统直线排列，各级主管人员对所属下级拥有直接的一切职权，组织中的每一个人只能向一个直接的上级报告，从最高管理层到最低层管理，上下垂直领导，中间没有专门的参谋职能部门。

2. 结构特点

直线型组织所具有的最大优点是结构比较简单，权力集中，责任分明，命令统一，联系简洁。其缺点是没有参谋，要求企业领导须是全能式人物，在组织规模较大的情况下，所有的管理职能都集中由一个人承担，往往由于个人的知识及能力有限而感到难于应付，顾此失彼，可能会发生较多失误。一般而言，这种组织结构适用于小型的、业务单一的会展企业或会展现场作业管理。

（五）直线参谋型组织结构

直线参谋型组织结构是现代工业中最常见的一种结构形式，而且在大中型组织中尤为普遍，这是一种按经营管理职能划分部门，并由最高经营者直接指挥各职能部门的体制。

1. 组织结构

直线参谋型组织结构是一种从直线型组织发展而来的组织结构形式，它试图综合直线型组织和职能型组织两种结构形式的优点，并力图克服其缺点。在这种模型中，职能部门仅相当于参谋者的角色，为直线指挥部门提供参考建议，只能对下级机构提供建议和业务指导，没有决策、指挥和命令的权力。

2. 结构特点

直线参谋型组织结构的优点是既保证了权力的集中，又实行了职能的分类集中；既有利于统一管理，又有利于发挥职能部门专家组的作用。其缺点是机构庞杂，用人多，协调工作量大，组织缺乏灵活性，适应性较差。这种组织结构形式对中小型会展企业比较适用，但对于规模较大，决策时需要考虑较多因素的会展企业，则可能不太适用。

（六）虚拟型组织结构

虚拟型组织结构是指两个或两个以上的或在法律意义上独立的并且具有核心能力的公司、机构、个人(包括供应商、制作商和客户)，为迅速向市场或用户提供某种产品和服务，组成的一种临时性(非永久性)、非固定化的互相信任、合作的组织联盟，即动态联盟，是那些欲结盟的企业在自愿互利的原则下，出于降低交易费用、减少不确定性，实现最高企业市场竞争力的形式。

1. 组织结构

虚拟型会展企业利用自身的核心能力，通过信息技术与其他企业结成联盟，自身只完成一项或少数几项管理职能，如仅负责营销任务的网上会展公司。这种公司把场馆建设留给场馆拥有者，把会展接待留给旅行社，把展区设计留给专业会展设计公司，把展品运输留给专业运输公司，而自己却没有一套完整的管理机构，没有中央办公室，没有正式的组织图，更别说有多层次组织结构了。

2. 结构特点

虚拟型组织结构员工人数少，结构简单，其优点是有利于会展企业发现和培育自己的核心专长，且雇佣人员少，成本低，见效快。缺点是技术要求比较高。

（七）矩阵型组织结构

矩阵型组织结构与特征矩阵型组织是职能型组织与项目型组织的混合体，矩阵型组织结构适用于同时承担多个项目，而且各个项目的资源具有共享性的企业。

1. 组织结构

矩阵型组织结构也称"规划—目标"结构，这是一种较新的组织结构形式，它既保留了职能型组织的形式，又确立了按项目划分的横向领导系统。其把按职能划分的部门和按项目划分的部门结合起来，组成一个矩阵。矩阵型组织结构适用于按会展主题类别进行项目划分的会展企业。不同主题的会展要求不同行业的专业人才来指导，这种专业指导往往比上下级间的统一更具有实效性。

2. 结构特点

矩阵型组织结构中的成员具有灵活调配的特点，从而可以有效地避免人才的垄断和浪费，提高人才利用率。但这种组织结构也有缺点，即结构较复杂，组织稳定性较差，且双重领导机制会使组织成员的职责模糊性增加，管理者权威有时得不到保障，容易产生短期行为。

会展企业的管理者应根据企业自身的实际情况，对组织结构做出自己的设计。在实现管理目标的前提下，通过对组织结构的设计，处理好集权与分权、直线权利与参谋权利、分散经营与协调控制等各种关系，使这些关系的协调成为组织结构的保证。

二、会展企业的新型组织结构

会展企业的组织结构受到创新的新型管理理念影响，为适应发展和国际化的需求，扁平化组织、学习型组织、网络型组织和虚拟型组织被会展企业所采用。

（一）会展企业扁平化组织

在信息技术高速发展的知识经济时代，传统金字塔状的层级结构组织模式越来越难以适应快速变化的社会要求。会展企业为减少管理层次而增加管理幅度的扁平化组织形式凸显其科学、高效的优越性。

1. 会展企业扁平化组织的概念

会展企业扁平化的组织结构是一种通过减少管理层次、压缩职能机构、裁减人员而建立起来的一种紧凑而富有弹性的新型组织体系。会展企业扁平化组织以工作流程为中心，而不是以部门职能来构建组织结构，公司的机构是围绕有明确目标的几项核心流程建立起来的，而不再是围绕职能部门，职能部门的职责也随之逐渐淡化。

2. 扁平化组织的特点

组织扁平化要求企业的管理幅度增加，简化烦琐的管理层次，取消一些中层管理者的岗位，使企业指挥链条减至最短；企业资源和权力下放于基层，以顾客需求为驱动。基层的员工与顾客直接接触，使他们拥有部分决策权，能够避免顾客信息反馈、向上级传达过程中的信息失真与滞后，大大改善服务质量，快速地响应市场的变化，真正做到让顾客满意。

组织扁平化后企业内部与企业之间通过使用E-mail、办公自动化系统、管理信息系统等现代化网络通信手段进行沟通，大大增加了管理幅度与效率；在下放决策权给员工的同时，实行目标管理，以团队作为基本的工作单位，员工自主做出自己工作中的决策，并为之负责，这样每一个员工都成了企业的主人。

3. 会展企业扁平化组织的优势

会展企业扁平化的组织形式具有高效、灵活、快捷等优点，是一种静态构架下的动态组织结构，能凝缩时空，加速知识的全方位运行，提高组织绩效。会展企业扁平化组织最大的缺点是管理人员要面对较多的下属，如何管理、协调这些下属是每一个管理人员的重要任务。会展企业组织的扁平化是现代会展企业的努力方向之一，正确把握扁平化的程序是会展组织结构模式的关键内容。

（二）会展企业学习型组织

学习型组织是建立在知识经济基础之上的、以学习作为组织的一种管理模式，学习型组织的产生，逐步影响着会展企业的组织，学习型组织在信息化、知识化经济时代，就要及时通过学习曲线调整组织结构，把组织结构与周围环境看成一个系统，经常提高学习型组织的活力。

1. 会展企业学习型组织的概念

会展企业学习型组织强调会展企业组织机构及成员必须不断学习，抛弃旧的思维方式，相互之间坦率真诚，了解企业运行，制订每人都认同的计划与构想，然后共同实现这个构想，从而提升企业的应变能力和发展能力。

2. 会展企业学习型组织的本质

会展企业学习型组织是全体成员全身心投入并有能力负担学习的组织；会展企业学习型组织是让成员体会到工作中生命意义的组织，企业只有解决了他们的温饱、安全及归属的需求，员工才能有更高的追求，因此，管理者要尊重员工，公平对待员工，让员工体验到工作中生命的意义；会展企业学习型组织是通过学习创造自我、扩大未来能量的组织，学习型组织强调把学习转化为创造力。

3. 会展企业学习型组织的特点

1) 组织成员拥有一个共同的愿景

组织的共同愿景来源于员工个人的愿景而又高于个人的愿景，它是组织中所有员工愿景的景象，是他们的共同理想，它能使不同个性的人凝聚在一起，朝着组织共同的目标前进。

2) 强调终生学习

会展企业学习型组织由多个创造性个体组成；善于不断学习，强调终生学习(即组织中的成员均应养成终生学习的习惯，这样才能形成组织良好的学习气氛，促使成员在工作中不断学习)。

3) 强调全员学习

企业组织的决策层、管理层、操作层都要全心投入学习，尤其是经营管理层，他们是决定企业发展方向和命运的重要阶层，因而更需要学习。

4) 强调全过程学习

学习必须贯彻于组织系统运行的整个过程中。

5) 强调团队学习

学习型组织不但重视个人学习和个人智力的开发，更强调组织成员的合作学习和群体智力的开发。

6) 强调兼学别样

组织中的成员不仅要掌握本岗位上的工作技能，而且要学习了解其他岗位的工作技能，只有这样，工作才能顾全大局，相互协调，做到组织精简。

4. 会展企业学习型组织的优越性

会展企业学习型组织的优越性是：拥有终身学习的理念和机制；建有多元回馈和开放的系统；拥有学习共享与互助的学习氛围；具有不断增长的学习能力；工作学习化和学习工作化。

(三) 会展企业网络型组织

网络型组织结构是目前正在流行的一种新形式的组织设计，它使会展企业管理应对新技术、时尚，或者来自海外的低成本竞争能具有更大的适应性和应变能力。

1. 会展企业网络型组织的概念

会展企业网络型组织是会展企业间的一种联盟方式，是通过将拥有不同竞争优势的会展企业组建成实体或虚拟企业，并各尽所能，各扬其长，以充分发挥优势互补的作用，共同发展，谋取更多经济利益。

会展企业网络型组织成员是独立的企业法人，分别承担法律责任，其经营协调不是由行政命令加以实现，而是通过交涉与沟通、指导来进行。

2. 会展企业网络型组织的特点

网络内企业一般不存在核心企业与非核心企业之分，彼此是平等的合作伙伴。会展企业网络型组织创新的具体实现包括战略联盟、连锁经营以及企业集团等多种方式。

3. 会展企业网络型组织的优势

(1) 降低管理成本，提高管理效益。

(2) 实现了企业全世界范围内供应链与销售环节的整合。

(3) 简化了机构和管理层次，实现了企业充分授权式的管理。

（四）会展企业虚拟型组织

会展行业的发展和竞争带来不确定的变化是企业如今必须着手应付的市场现实，虚拟型组织突破了传统的管理模式，其本身不具有法人资格，也没有固定的组织层次和内部命令系统，是一种开放型组织。虚拟组织结构使企业可以利用社会上现有的资源使自己快速发展壮大起来，因而成为目前国际上流行的一种新形式的组织设置。

1. 会展企业虚拟型组织的概念

会展企业虚拟型组织是指两个以上的独立实体，为迅速向市场提供产品和服务，在一定时间内结成的动态联盟。会展企业虚拟型组织是一种开放式的组织结构。组织内各成员之间无上下隶属关系，完全是富有弹性的伙伴关系，主要是通过契约关系共享资源与经济利益、围绕项目而组成的团队性联盟。

2. 会展企业虚拟型组织的优势

会展企业虚拟型组织具有组织成本优势和快速反应能力，内部强调平等、诚信、快速和合作。会展企业虚拟型组织的特征是以现代通信技术、信息存储技术、机器智能产品为依托，实现传统组织结构、职能及目标。在形式上，没有固定的地理空间，也没有时间限制，组织成员通过高度的自律和高度的价值取向共同实现在团队的共同目标。

第二节　会展企业组织设计

背景资料

合理的组织结构是组织效率的保证，而合理的组织结构来源于组织设计。所谓组织设计，就是对构成组织的各个要素、各个部门进行总体的规划，以保证所构成的组织是一个有机整体，能够协调运作。会展企业组织设计原则是指会展企业在构建其组织时的准则和要求，它是评价会展企业组织设计是否合理的必要条件。

一、会展企业组织设计的基本原则

会展企业组织设计是管理学里的一个新问题，会展企业管理组织为了保证完成任务，实现企业的目标，可以采用不同的组织设计原则。

（一）经营目标导向原则

会展企业经营目标不止一个，其中既有经济目标又有非经济目标，既有主要目标又有从属目标。它们之间相互联系，形成一个目标体系。使企业能在一定的时期、一定的范围内适应环境趋势，能使企业的经营活动保持连续性和稳定性。

1. 以经营目标为先导

企业经营目标是在一定时期企业生产经营活动预期要达到的成果，是企业生产经营活动目的性的反映与体现。企业经营目标不止一个，既有经济目标又有非经济目标，既有主要目标又有从属目标，它们之间相互联系，形成一个目标体系。在组织职能运作过程中，每一项工作均应是为总目标服务的。

2. 会展企业组织部门的划分应以企业经营目标为导向

对于任何妨碍目标实现的部门应予以撤销、合并或改造。在总目标下有许多具体的目标或者任务需要完成，组织设计中要求"以任务建机构，以任务设职务，以任务配人员"。同时，考虑到具体工作实践中无法找到与职位要求完全相符的人员，因而在遵循"因事设人"原则的前提下，应根据员工的具体情况，适当调整职务的位置，以利于充分发挥每一个员工的积极性。

（二）组织分工协作原则

组织设计中遵循的传统原则之一，指组织内部既要分工明确，又要互相沟通、协作，以达至共同的目标。

1. 提高劳动生产率

在社会化大生产中，适度的分工能够提高专业化程度，进而达到提高劳动生产率的目的。会展企业的组织分工有利于提高工作人员的工作技能、工作责任心，提高员工的工作服务质量与效率。但是，高度的分工也往往会导致协作的困难。

2. 经济效益

协作劳动不仅提高了个人生产力，而且创造了一种集体生产力；协作劳动所引起的竞争心理与振奋精神可提高个体的工作效率；协作可以缩小生产的空间范围从而节约费用。协作若搞不好，分工再合理也难以取得良好的整体效益。

（三）控制管理幅度原则

管理幅度，又称管理宽度，是指在一个组织结构中，管理人员所能直接管理或控制的部署数目。由于个人能力和精力的限制，每个管理者直接管辖的下属的数量是有限的，因此控制管理幅度原则要求对特定管理者直接管理和控制下属的人员数量范围有一定的限制，也就是管理幅度的大小问题。由于受到个人业务能力、业务的复杂程度、任务量、机构空间以及个性等多方面因素的影响，管理幅度大小的确定并非是一件十分容易的事情。

会展企业管理幅度的具体确定必须综合考虑以上诸多因素，并结合每个管理岗位的职责加以权衡，且需要在实践中根据具体情况不断进行调整。

（四）有效约束监督原则

企业组织作为一个整体，其各项业务的运转离不开各个部门的合理分工与精心协作。分工引发的是彼此之间的牵制与约束，而适当的约束机制则可以确保各部门按计划顺利完成目标任务。如下级对上级的适当约束和监督机制可以使上级的错误及时得以制止，对领导人的约束可以有效避免其独断专行，对财务人员的约束可以避免财务漏洞等。

（五）动态适应原则

现代社会是动态的社会，物质在动，信息在动，人力资源也在不断地流动。对个人来说，有自主择业的权利；对于组织来说，则可以对人的工作进行适时的纵向或横向的调整。

动态适应原则是指以动态的眼光看待环境的变化和组织的调整。对于会展企业而言，动态适应原则，就是要求会展企业的管理者和员工，在企业发展过程中，应根据企业内部环境的变化对组织进行适度调整。当环境发生较大的变化，要求企业的组织结构进行变革时，企业要有能力做出相应反应，组织结构该调整的要尽快进行调整，人员岗位要变动的要合理变动。在这种变动中，企业的反应速度要快，力求及时、合理，否则就难以应对竞争日趋激烈的环境变化。

二、影响会展企业组织设计的因素

组织设计的原则是一般企业都应遵循的普通原则。当涉及具体行业、具体企业时，不但要遵循这些基本原则，还应更深入地考虑一些相关因素，以使组织设计更具有针对性和可操作性。通常而言，影响会展企业组织设计的相关因素主要有以下几个方面。

（一）会展企业战略

战略是指在特定环境下，决策活动中的指导思想以及在这种思想指导下做出的关系到全局发展的重大谋略，它一般由经营优势分析、最终目标选择以及达到目标所采取的战略行动组成。主要有三种类型：低成本经营战略、产品差异化经营战略和集中经营战略。在不同的经营战略决策下，企业往往会形成不同的组织结构。

1. 低成本经营战略

低成本经营战略往往发生在规模庞大、实力雄厚的大型会展企业集团中，实施这种战略主要是为了抢占市场份额，提高市场占有率。由于低成本企业利润来自于组织管理、研发销售等方面的节约和高效、高质量的服务水准的提高，因此组织分工严密，强调集中统一领导和控制，注重正规管理，倾向于以直线职能为基础形成企业组织结构。

2. 产品差异化经营战略

会展企业提供的产品与服务的独特性包含许多方面，如从会展性质方面看，可以是专业展，也可以是综合展；从会展主题方面看，可以是食品类、旅游类、设备交易类、技术贸易类等。

产品差异化经营战略要求企业组织具有很强的研究开发能力，研究人员要有创造性的眼光；企业具有以产品质量或技术领先的声望；企业在这一行业有悠久的历史或吸取其他企业的技能并自成一体；企业具备很强的市场营销能力；研究与开发、产品开发以及市场营销等职能部门之间要有很强的协调性。

一般而言，只有具有实质性差异的产品或服务才是有效的，为了发掘这种实质性差异，会展企业必须建立专门的研发机构，不断寻求创新。运用这种战略的企业，其组织设计不再强调专业化分工，而是更多地关注众人意见，所以组织设计更加灵活，更具民主气氛。

3. 集中经营战略

集中经营战略是指会展企业将自己的经营目标集中于某个或几个特定的细分市场，并在这些细分市场上建立自己的产品差异与成本优势。低成本经营战略和产品差异化经营战略面向全行业，在整个行业范围内进行活动，而集中经营战略则是围绕一个特定的目标进行密集型的生产经营活动，要求能够比竞争对手提供更为有效的服务。

企业一旦选择了目标市场，便可以通过产品差异化或成本领先的方法，形成集中经营战略。集中经营战略结合了以上两种经营战略的特点，因而在组织结构设计上应灵活处理分工的严密程度，以形成控制适中、较为灵活的结构。

（二）会展组织技术

组织技术就是组织把输入转化为产出的整个过程中的技术。组织技术对会展企业组织机构的影响如下。

1. 组织技术影响管理层次

组织技术的复杂程度越高，组织结构的纵向差异程度(即纵向管理层次)也就越高，管理人员与具体作业人员之间的比例也就会随之增加。如技术性会展要求组展企业具备相应的技术知识的专业人士，而这些人员会增加管理的层次。

2. 组织技术直接关系行政人数

复杂技术越多，需要的秘书人员及行政人员数量也就越多，在业务技术含量高的会展企业中，对技术处理和翻译等辅助性工作的需求量也相应增加。

3. 组织技术受现代技术的影响

在现代技术进步条件下，组织的结构在总体上出现了新的特征，比如，组织技术的发展使组织横向的专业化和部门化的差异缩小了，使管理自动化的程度和管理规范化、标准化的程度提高了，使管理宽度增加。

4. 组织技术的适应性

技术对组织结构影响最明显的是小企业。对大企业来说，最下层组织所受的影响较大，所以，现代会展企业组织设计更需要考虑技术的影响，以使所设计的组织结构具有现代化特征和现代适应能力。

（三）会展组织环境

经济、技术、社会、文化、政治、法律和国际方面的因素，是组织的一般环境因素，即所有会展企业都需要面对的共同环境因素。会展企业所处的外部环境包括区域会展业发展水平、政府扶持力度、城市综合环境等诸多因素，可以分为三大类：安定环境、变化环境和动荡环境。

1. 安定环境

安定环境下，会展企业的目标顾客消费偏好相对来说较为固定，很少有新技术突破，企业组织结构相对固定，分工严密，权责分明，强调集权与控制，弹性变化小。

2. 变化环境

变化环境下，市场需求、竞争战略、广告宣传等发生改变时，由于这些改变有一定的持续性，企业组织结构的设计稍加灵活即可。

3. 动荡环境

动荡环境是指未能预期和预测的变动而形成的环境，如新竞争对手的出现、新竞争战略、新技术的突破等，动荡环境具有不确定性和非经常性。

另外，竞争对手、服务对象、可利用资源状况、监督管理部门等是会展企业面对的任务环境。组织成员的精神面貌、人际关系状况、管理人员的工作作风和特点等是组织的内部环境。这些环境因素会以不同的方式和在不同程度上对会展组织发生影响，促使会展企业选择做出何种结构形式安排。

（四）会展发展不同阶段对规模的影响

在组织发展的不同阶段，组织规模是有所不同的，与一般企业类似，会展企业的发展也有一个生命周期，从创立到衰落一般要经历创造期、指导期、授权期、配合期与合作期五个阶段。在不同的发展阶段，企业的组织结构也具有不同特征。

1. 创造期

在会展企业创造期，企业主要精力集中于开发产品与市场，企业规模不大，组织结构简单。

2. 指导期

伴随企业成长，企业开始划分职能部门，但这一时期企业组织结构的设计倾向于集权，有能力的领导人试图集权利于一身。

3. 授权期

成功的企业意识到仅有集权而无分权，不能获得更大的成功，于是分权开始产生。

4. 配合期

分权和集权的矛盾的解决需要中间机构来协调，因此要增设监督协调部门。

02

5. 合作期

合作期主要体现在下层员工参与上层决议的问题，分权与集权得到成功控制。一般来说，组织人员的数量越多，即组织的规模越大，组织的标准化程度和规章制度的健全程度也就应当越高，专业化分工的程度也就应当越细，分权化的程度也就应当越大。

三、设计会展企业组织结构时应注意的事项

会展组织结构在设计构建时要注意以下几点。

1. 与经营规模和业务范围相符合

会展企业组织结构设计应当考虑到会展企业规模和经营范围的大小。如果会展企业规模大，则人员和部门就多；经营范围广泛，则对内部协调和协作的要求就高。因此，会展企业组织结构设计要根据经营规模和经营范围的大小，来对某类部门职能和岗位职能适当进行合并或分拆，以满足公司发展的要求。

2. 与经营性质相符合

对于会展业而言，其产品就是服务。服务质量的高低就是会展公司的核心竞争力，是确保会展公司生存的根本。会展企业必须对客户的需求及需求的变化有迅速而灵敏的反应，因此，设计会展企业组织结构时要考虑如何设置职能层级和工作流程，以解决客户信息的传递问题。

3. 与客户需求相吻合

会展企业组织结构设计必须能够适应客户会展服务的要求，这种要求包括技术、资金和人员等各个方面。例如，若要成功举办一项专业性强的会展，应在展台设计、展台布置等方面有专业的人才进行指导；若要举办国际性的会展，就需要配备不同语种的翻译人员。在设计组织结构时，满足客户需求是重要的考虑因素之一。

4. 与外部环境发展相吻合

会展企业的外部环境包括会展业的发展水平、政府政策导向以及会展人才的供需状况等。与外部环境需求脱离而设计的会展公司组织结构，在实际运行中一定会存在各种问题，最终会影响公司发展目标的实现，因此，会展企业组织结构设计必须满足外部环境发展的要求。

5. 与服务流程相吻合

会展业是一个对于协作要求极高、时间性极强的行业，会展服务的流程繁杂，只要其中任何一个细微的环节出现问题，就会影响整个会展服务按时按质完成。因此，在组织结构设计时应详细了解各个会展服务环节的具体目标、任务，并进行清楚划分，做到对各个流程节点的无缝管理，才能确保会展企业目标的实现和任务的完成。

四、会展企业职能部门的设计

会展企业职能部门的设计主要是依据会展预期的活动流程，会展企业所做出的相应安排。一般来说，会展企业的职能部门主要有策划部、业务部、市场部、信息部、管理部、工程部、财务部、人力资源部、保安部、项目合作部等。

（一）策划部

策划部是会展企业的基础部门，其主要工作包括企业策划和会展项目策划两个部分。企业策划主要是对整个会展企业的形象进行包装、策划，其目的是树立会展企业形象，打造会展企业品牌。会展项目策划是指制定会展工作方案，项目策划是会展公司的基础工作，也是核心工作。

（二）业务部

业务部是会展企业的重要部门之一，企业是否盈利与业务部招展业绩息息相关。会展企业业务部的主要职责是招展，即招徕和联系参展商，说服他们来参展，因此有些企业直接设立招展部。

业务部的具体工作包括招展宣传、选择参展商、组织展览团等。招展宣传包括宣传和联络两种方式，宣传对象是全体潜在参展商，而联系的主要对象是重要的潜在参展商。对申请参展的公司要依据事先约定的参展标准进行公平合理的选择，并召开筹备会，对入选的参展商进行展前培训，签订合同，还要与相关部门联络，谈好合作条件，做好准备工作。除此之外，业务部的其他工作还包括展品运输，展台设计与施工等。

（三）市场部

市场部主要负责新闻宣传、广告策划实施、协调与各社会团体或政府的关系等。宣传工作是展出成功的基础保证，其手段主要是广告与联络，如收发信函、登门拜访、电话联系、媒体广告、印发资料等。公关的主要目的是争取与企业有关单位的理解与支持，特别是争取得到新闻媒体、政府机关等影响力比较大的单位的认可与帮助。

市场部工作的具体内容还包括制订年度场馆销售计划；根据市场变化，对价格政策的制订和修正提出建议并报请企业领导批准后执行；审核参展单位的资质；负责场馆营销，签订场馆出租合同；执行合同收款；负责有关展览会的报批手续等。

（四）信息部

信息部包括对会展企业信息系统的规划、建设与维护，应用软件及办公计算机、耗材的采购与管理。同时还负责会展企业内部的通信系统以及网络的建设与保障工作，促进会展企业信息化建设。另外，还负责展览会期间的通信、网络数据的租赁业务等。

（五）管理部

管理部包括对展台准备工作的管理，展台后续工作的管理以及会展整体评估工作的管理等，有些企业称之为会务部。管理部是会展企业的一个重要部门，是继业务部后的实战工作部门，如果说业务部主要活动于会展前的话，管理部则主要活动于会展中和会展后。其承担的是整个会展项目工作最重要的阶段，即展台工作的组织与安排，因此管理部是整个会展运作中最重要的职能部门。

（六）其他部门

除了以上五个部门外，会展的顺利开展还离不开以下部门的配合与支持。

1. 工程部

工程部负责组织会展企业各项基建工作；企业所属各建筑物、构筑物、道路及各类管线的维修和养护；负责企业机电设备的日常管理工作；保证会展企业经营及会展期间所有服务设施，如展馆内装修和陈设、水电、音响系统、空调系统、电话等正常运行和使用。

2. 财务部

财务部的主要职责是协助会展企业经营者搞好企业经营核算，控制企业经营费用，使企业获得最佳经济效益。

3. 人力资源部

人力资源部是负责企业员工招聘、培训、考核、激励等的部门。确保企业在任何时候、任何地点、任何情况下都能找到合适人选。

4. 保安部

保安部的主要职责是维护会议或展览的良好秩序，确保会展环境安全，也是举办会展活动时不可或缺的部门之一。

5. 项目合作部

项目合作部以合作方式与有关部门共同承担各类型展览会的组织和接待工作，承担单个国家(地区)展览会的接待工作以及国际展览和会议展示会的组织工作，并通过对项目的再策划不断提高管理和服务水平，为参展企业和广大用户提供优质服务。

以上部门是依据一般会展正常运作的需要来设立的，在实际组织结构设计中，会展企业应充分考虑自身情况，名称可有所不同，部门多少也可灵活处理。

拓展知识

着装的TOP原则

TOP是三个英语单词的缩写，它们分别代表时间(Time)、场合(Occasion)和地点(Place)，即着装应该与当时的时间、所处的场合和地点相协调。

1. 时间原则

不同时段的着装规则对女士尤其重要，男士有一套质地上乘的深色西装或中山装足以包打天下，而女士的着装则要随时间而变换。白天工作时，女士应穿着正式套装，以体现专业性；晚上出席鸡尾酒会就须多加一些修饰，如换一双高跟鞋，戴上有光泽的佩饰，围一条漂亮的丝巾；服装的选择还要适合季节气候特点，保持与潮流大势同步。

2. 场合原则

衣着要与场合协调，与顾客会谈、参加正式会议等，衣着应庄重考究；听音乐会或看芭蕾舞，应按惯例穿着正装；出席正式宴会时，则应穿中国的传统旗袍或西方的长裙晚礼服；

而在朋友聚会、郊游等场合，着装应轻便舒适。如果大家都穿便装，你却穿礼服就有些欠轻松；同样的，如果以便装出席正式宴会，不但是对宴会主人的不尊重，也会令自己颇觉尴尬。

3. 地点原则

在自己家里接待客人，可以穿着舒适但整洁的休闲服；如果是去公司或单位拜访，穿职业套装会显得专业；外出时要顾及当地的传统和风俗习惯，如去教堂或寺庙等场所，不能穿过露或过短的服装。

(资料来源：百度空间，http://apps.hi.baidu.com/share/detail/23590408改写)

第三节　会展企业的项目管理

背景资料

随着中国加入世界贸易组织(WTO)，以及奥运会、世博会的成功申办，为中国会展行业的发展提供了新机遇，加快了会展行业的发展步伐。作为国内新兴的、产业关联度极高的高附加值服务业，目前，北京、上海、广州、深圳、大连、南京、成都、郑州、西安等大中型城市已经把会展业作为大力扶持发展的重点产业，而项目管理和营销更加有效地促进了会展业的发展。

一、会展企业中的项目营销

项目营销最早由品托(Pinto JK)和考文(Covin JG)于1992年提出，后来欧洲的一些学者陆续开始研究项目营销理论和方法。最初的项目营销是以产品的市场营销和特定项目为背景提出的，即项目营销是伴随项目管理和市场营销而逐渐发展起来的一门新兴学科。市场营销的发展已有上百年的历史，伴随会展业的发展项目营销也走进了会展。

（一）项目营销的定义

项目营销是指在项目产品生产以前，对项目的构思、策划、设计、实施、性能、特点等全部内容进行描述，并对项目进行定价、投标、谈判，最终签订合同，实施交换以满足顾客需要，实现双赢的过程。

项目营销最早由品托(Pinto.Jk)和考文(Covin JG)于1992年提出，后来欧洲的一些学者陆续开始研究项目营销理论和方法。最初的项目营销是以产品的市场营销和特定项目为背景提出的，即项目营销是伴随项目管理和市场营销而逐渐发展起来的一门新兴学科。市场营销的发展已有上百年的历史，但市场营销成为综合性、边缘性应用科学，并得到广泛应用却是从20世纪70年代开始，项目营销在项目"销售"中发挥着举足轻重的作用。

（二）项目营销的特点

项目营销是对会展项目前期策划的构思、策划、设计、实施、性能、特点等全部内容进行描述，并对项目进行定价、投标、谈判，最终签订合同，达到主办方和参展商双赢的结果。其具有独特性、复杂性、非连续性和运作期长等特点。

1. 独特性

任何项目均非一个标准化的产品，而是根据客户的需求和客户的实际拥有的条件，有目的、有意识地制定集成一套完整的系统。因此，每一个项目都是独特的，同时，其操作平台易随交易而发生变化，仅在特定的时间向客户提供优质服务。

2. 复杂性

项目的运作是一项复杂的过程，其表现如下。

(1) 成本结构的复杂：项目集合中元素的多样性决定了其成本结构的复杂性。

(2) 参与成员的复杂：参与项目运作的成员和机构众多，其不同的认知和利益追求构成复杂的运作环境。

(3) 关系网络的复杂：项目的采购组织深植于社会关系和企业内部关系的网络之中，并相互产生复杂的综合性影响。

3. 非连续性

在项目的交易过程中，供求双方经济关系的非连续性极强，很难通过保持经常性交易来培养项目业务中交易双方之间的关系，这是项目业务与众不同的特征。尽管项目完结时，在供应商与客户之间沉淀了相互的信任和依赖。但是随着时间的流逝，沉淀下来的关系逐渐淡化，例如，客户的关键人物替换，交易方式改变等。由于缺乏连续性供求关系，项目承建期间强烈的相互依赖逐渐减弱，而双方将来能否再次共建项目的不确定因素上升。

4. 运作期长

项目的运作，并非单纯的一买一卖关系，而是一个特定时间的过程，在这个过程中供应商通过专业技术，系统管理整合一系列集成产品服务和劳务，最终向客户提供一套完整的解决方案。因此，项目的运作一开始就赋予了时间的概念，一般来说，项目越大，其执行时间越长。

二、项目营销在企业中的运用原则

项目营销所面临的每个项目都有其独特性和复杂性，项目营销是要企业结合营销环境正确制定公司的战略目标，并通过项目营销管理，在相应的目标市场内进行准确的自我定位，拓展与目标客户的连续性关系，以便能更好地预测未来和控制局面，保持领先于竞争对手，运作原则需注意项目营销目标和营销战略

（一）分析并确定项目目标，制订调研计划

根据企业的战略目标，分析自己的资源、实力和特色，结合政治经济环境，确定项目目标，寻找项目信息，选择营销的目标项目。

项目营销所面临的每个项目都有其独特性和复杂性，同时，项目中还面临与客户在经济关系上的非连续性的特点。项目营销的目的不是就项目而论项目，单纯地把握和跟进某一项目业务机会，而是要企业结合营销环境正确制定公司的战略目标，并通过项目营销管理，在相应的目标市场内进行准确的自我定位，拓展与目标客户的连续性关系，以便能更好地预测未来和控制局面，保持领先于竞争对手。

1. 确定项目目标

营销的目的是什么？要达到什么样的目标？在这个阶段，必须研究公司的战略意图，确定目标市场及市场进入的阶段性目标，如可量化的销售额或市场份额。

2. 制订调研计划

对工作目标有了清晰认识之后，对目标市场和竞争状况需要进行详尽的调研。调研的数据和信息的需求包括定性和定量两个方面，缺一不可。

主要数据采集包括：目标市场的市场容量、市场细分及细分市场的市场容量、消费者消费行为及对质量、外观、耐用等因素的偏好、市场的总体运作方式及主要分销渠道的运作机制、基本消费心理和买家购买行为的决定因素、消费者对价格的敏感度及市场价格结构、支付惯例及信用额、信用期调查等，另外一个重要调查是竞争对手情况调查。

需要调查的主要方面是：谁是潜在的竞争者？他们的长处和缺陷是什么？他们的主要竞争策略是怎样的？谁是市场的领导者？谁是市场跟随者？谁是市场挑战者？如果目标市场是海外市场，还须进行宏观形势及商业环境调查。

需要关注的主要因素是：所在国市场的政治、经济、社会文化、科技发展、环保、法律的变化；当地经销商的价格策略、销售渠道、促销手段；进入市场的产品安全认证、安全标准要求；成立派驻机构费用调查等。

小贴士

市场调研对营销管理的作用

市场调研对营销管理有重要作用，大体上可以归纳为以下四个方面。

(1) 它有助于管理者了解市场状况，发现和利用市场机会。

(2) 它有助于管理者制定正确的营销战略。

(3) 它有助于企业开发新产品，开拓新市场。

(4) 它有助于企业在竞争中占据有利地位。

(资料来源：冯丽云. 数量经济与技术经济研究.《市场调研在企业营销管理中的应用》改写，2001年11月)

（二）做好准备工作，编制营销战略

在选定营销的目标项目后，对即将营销的项目做好人员组织、机构组织和资金组织的准备工作，编制项目营销计划，确定提供的核心服务、创造性服务和个性化服务。

1. 制定市场营销战略

调研完成之后统计及量化处理各种数据，形成定量结果，将各种交叉、重叠的一、二手材料进行归纳、统计处理，得出定性结论；进行SWOT分析，形成正式市场调查报告。确定目标市场，定位细分市场。

以关系为向导，建立长期合作关系，提高对外部资源的深度掌控。

关系开发是企业寻找目标客户以及项目相关的背景角色，并有目的地与其建立商业性交易关系或社交关系，这是项目营销的新趋向。在传统的营销方法中，企业往往是先有项目再接近客户，而这越来越受到挑战，其常被客户"尊称"为"流星公司"，有项目时，一拥而上，平时则悄无声息。

因此，目前越来越多的从事项目营销的企业开始进行目标客户评估与客户关系开发，通过长期和持久的关系维护而获取项目业务的先入优势。

2. 任务分解与日程安排

针对每个工作任务，科学估计出完成时间、所需资源(资金、设备、设施、人员等)，核算出直接和间接的运营成本，并落实任务到具体跟进人员。这项工作可采用甘特图(Gantt Chart)等分析工具以保证工作计划的准确性。另外，此阶段关系到企业各个职能部门的团队协作，所以整个工作都必须有各相关部门的参与，以保证工作计划的可操作性。

3. 根据项目编制价格

根据项目拟提供的服务，选择拟完成项目的技术方法和管理措施，编制项目各子项的价格，最后确定项目的投标报价。

4. 实施项目

根据前期的调查报告，营销部门需配合研发部门和生产部门对现有产品组合的合理性进行审核和重新定位，结合具体项目的生命周期进行合理的调整。

在确立了新的产品战略以后，市场部门要根据市场需求状况，选择合理的定价目标，由会计部门提供准确的成本，并参照目标市场上主要竞争对手的价格水平选择适当的定价模式，建立具有竞争力的价格体系。同时，销售部门要根据项目特性、消费者特点和竞争的激烈程度，慎重选择销售渠道的层次和宽度。对渠道的管理要注意培训和激励。

销售过程管理的一个重要手段，就是销售会议，包括早会、晚会及周会。由于业务主管须随时掌握最新市场信息，所以早会或晚会是每天不可忽视的重点。有些公司的业务员分布于全国各地，无法每日召开早会或晚会时，则应将其拜访报告表以传真或电话联络方式随时向公司反映。

在了解了各个业务员的工作情况后，业务主管要对那些业绩差的业务员、新业务员的工作态度及效率，随时给予指导、纠正和帮助。总之，销售经理若能掌握人(业务员)、事(报表及会议)、地(现象和问题)、物(产品和货款)，销售过程管理也就做好了。

拓展知识

如何开发客户

1) 从被动适应到主动预测

企业通过对宏观环境和客户企业未来发展规划的评估，确定有潜在项目机会的目标客户，并在其非项目阶段，寻机保持同潜在客户的联系以建立某种熟悉程度，通过不断进行社会接触，开展商业交易，培养同客户的关系，这种联系和熟悉度的存在，能使企业拥有进行主动预测的基础。

(1) 关注客户和项目网络中各影响角色的兴趣所在以及他们可能采取的行动，企业可以提前察觉客户意图和探测出某个项目的准备意向。

(2) 企业还可以进一步通过解读事件和分析过去客户项目发展的方式来尽量预测未来项目工程的范围和相关指标，并明确谁是关键角色，发挥什么作用，对发展前景进行扫描，评估这些角色涉入项目的可能性，及发起恰当的相关行动的可能性(可挑选其中一些角色，把他们转化为保持企业同客户之间连续性关系的支点)。

(3) 企业根据准确的预测，充分准备满足客户要求和采购心理的解决方案。毫无疑问，企业通过关系开发，提前预测，提前介入，提前准备，使企业能在今后的项目实际运作阶段得心应手。

现在越来越多的公司抛开具体项目，把重点放在非项目阶段，以便于在真正进行投标前获得优势地位，事实上，抛开具体项目所采取的行动往往导致协定的达成，因为，公司预测程度越深，其控制市场规则的能力就越强，至少也能做更充分的准备。

2) 从被动遵守到主动开发

成功项目营销不应仅仅定位于众所周知的客户需求，而是要把握行业未来的发展趋势，积极创新，创造概念，策划营销事件，来创造需求以达到和保持在项目运作中的先端竞争地位和优势。

(1) 从客户身上挖项目

企业将自身定位于客户问题专家，通过客户关系开发，保持与客户良好的互动和关系，并致力于解决客户尚未加以明确的问题，从而进行项目挖掘，与客户共同开发项目。

(2) 与客户共同制定项目

企业可以与客户一同制定项目框架和各项指标，该框架和指标将保护企业免受客户转而求助于市场上其他竞争对手的威胁，或限制客户对企业主动地位的压迫。通过双方达成的协议，客户将与共同创建该项目的企业进行合作，即使最后，客户为资金的经济性而吸引其他竞争对手，并以一种公正的姿态要求企业重新定位。但由于企业的前期工作，根据客户与企业进行互动的开放程度(条款可能发生变化的接受能力)，企业可以促使客户需求出现新进展，同时企业可以利用其关系与介入项目规划的优势，开发弹性较大的项目外围，以补偿由于竞争而被压缩的利润。

(资料来源：百度文库，http://wenku.baidu.com/view/623730000740bele650e9a3d.html改写)

小贴士

商务活动中男士着装礼仪

在会展商务活动中，请务必在以下一些细节上遵守礼仪规则。

(1) 不要穿着紧身衣。

紧身衣有时和裸露是同义词，紧身衣发展至今虽然更舒展、更具修身效果，但它的最佳用途还是作为内衣，陪衬时装，来达到保暖的功能。

(2) 深色的西服套装是最佳选择。

在众多正式场合，人们都穿着深色的服饰以示沉稳、干练，纯白的套装最好不穿，除非你具有骄人的身材。

(3) 领带的长度适宜。

领带的长度应以领带尖下垂触及裤带扣为宜，身材过高大或过低矮的男士，不妨定制与自己合适的领带，以防因领带过长或过短而造成形象不当。

(4) 口袋中不要放置过多的物品。

西服上衣口袋以及西裤的口袋尽量少放物品，才显得干净利落，风度翩翩，如有随身带的手机、笔、本等物，最好携带一个手包。

(5) 颜色不要过多。

成功男士的打扮不能盲目追求潮流，在商务活动中穿着的套装、衬衫和装饰，色彩选择不要超过三种。

(6) 鞋袜要同色。

不要以为穿着长裤就可以忽略袜子这个细节，当你坐下或者扬起裤脚的时候，袜子就会在不经意之间显露出来。如果你用白色袜子搭配深色西裤，在坐下后，裤子会随着身体动作的变化，裤腿上缩，这时白色的袜子就会非常刺眼地显露在客户面前，这会使你精心塑造的形象大打折扣。

(7) 不刻意使用香水。

香水早就不是女人的专属，男士选择适合自己的香水会提升个人魅力，但是由于中国人对于香水的接受程度与外国人还是存在差异，所以建议不要刻意使用香水，因为香水的选择也有许多的讲究，如果对香水的使用并不了解，在正式的商务场合最好不用香水为宜。

(8) 保持整体干净整洁。

男士可以不使用香水但要保持身体干净没有异味，尤其是头发要整洁，留有淡淡洗发用品的香味会给人留下良好的印象。服装整体形象要干净整洁，包括：衬衫要经过熨烫、裤子保留裤线、外套衣扣没有脱落和松散现象、皮鞋没有灰尘、服装上没有沾粘宠物毛发等。

(资料来源：http://wenku.baidu.com/view/9116ecc79ec3d5bbfd0a7411.html改写)

小贴士

职业女性着装四讲究

(1) 整洁平整

服装并非一定要高档华贵，但须保持清洁，并熨烫平整，穿起来就能大方得体，显得精神焕发。整洁并不完全为了自己，更是尊重他人的需要，这是良好仪态的第一要务。

(2) 色彩技巧

不同色彩会给人不同的感受，如深色或冷色调的服装让人产生视觉上的收缩感，显得庄重严肃；而浅色或暖色调的服装会有扩张感，使人显得轻松活泼。因此，可以根据不同需要进行选择和搭配。

(3) 配套齐全

除了主体衣服之外，鞋袜手套等的搭配也要多加考究。如袜子以透明近似肤色或与服装颜色协调为好，带有大花纹的袜子不能登大雅之堂。正式、庄重的场合不宜穿凉鞋或靴子，黑色皮鞋是适用最广的，可以和任何服装相配。

(4) 饰物点缀

巧妙地佩戴饰品能够起到画龙点睛的作用，给女士们增添色彩。但是佩戴的饰品不宜过多，否则会分散对方的注意力。佩戴饰品时，应尽量选择同一色系。佩戴首饰最重要的就是要与你的整体服饰搭配统一起来。

(资料来源：平阴县政府网站，http://qwb.pingyin.gov.cn/contents/1009/20910.html改写)

5. 项目调整与风险管理

在实际操作中，会展项目调整就是针对会展项目的变化状况所采取的控制项目变更的有效措施，也就是以实现会展项目的既定目标为前提的针对性的应变措施。但调整必须遵循的一个原则就是不能破坏项目的周期和质量。

在项目的实施过程中，对进程需按合理的时间区间进行回顾，对工作绩效和市场表现要按照项目预期进行对照，如果发现偏差，就要采取必要的调整措施。绩效评估最好由专业的外部门人员负责，并定期将结果呈报企业董事会，一旦风险发生，则应执行预先制订的风险管理计划，以避免决策的非科学性。

为了有效地控制项目变更，对会展项目的调整应做好以下工作。

(1) 获得高级管理层对抵制非必要变更的支持。

(2) 会展项目的原始技术规范和范围应该尽可能清楚。

(3) 在一些定义非常清楚的阶段，决不允许进一步的变更，那些对项目成功绝对必要的变更除外。

(4) 采取有效的调整措施，即建立变更控制系统(确认变更协议—制订变更计划—实施变更计划)。

拓展知识

项目风险管理的相关知识

项目风险管理就是对项目中的风险进行管理，是指项目管理人员对可能导致损失的项目的不确定性进行预测、识别、分析、评估和有效地处置，以最低成本为项目的顺利完成提供最大安全保障的科学管理方法。

风险管理的过程主要分为几个环节：风险规划(项目风险管理的计划)、风险识别(①风险来自何方；②有哪几类)、风险估计(①风险事件的后果有多大；②项目哪些部分会遭受到风险；③风险发生的可能性有多大)、风险评价(①确定风险的先后顺序；②评价风险之间的因果关系；③评价风险损害的程度；④评价风险转化的条件；⑤确定项目的整体风险水平)、风险应对(①应对风险的计划；②应对风险的措施策略)、风险监控(①风险监视；②风险控制；③确定循环的时机)。

(资料来源：克里斯·查普曼. 项目风险管理过程、技术和洞察力. 北京：电子工业出版社，2003)

6. 项目终结

项目终结按要求实施完成后的验收、交底、结算过程。

市场部经理需收集全部的市场营销信息并在项目结束时签署项目结束的工作文件，项目的终结应该有明确的最后期限，而不应该以是否达到预期的工作效果作为项目关闭的标准。如工作计划完成日期之后仍强行争取达到预定市场目标，就意味着追加营销投入，保留现有人力资源，并影响下一个市场行为的实施，如开拓新的区域市场，推出新的系列产品，或攻击现有市场上竞争对手的市场份额等。

因此，在这种情况下，项目参与人员须共同回顾项目实施的进程，找出成败的原因，然后将项目生命周期从第一步开始重新虚拟走一遍流程，以决定是否正式关闭项目或继续此项目。

（三）企业在项目营销中存在的问题

项目营销的方式被会展企业所接受，已经成为会展营销战略的重要组成部分，伴随着会展的经营和运作，存在的诸多问题与障碍也显露出来。

1. "反盗版"

随着会展项目宣传力度的加强，项目也会名声在外，有许多不怀好意的小公司便会虎视眈眈，开始冒用项目名称在外招摇撞骗。这会对正牌公司的声誉及招展带来一定影响。

2. 客户维护及更新不够及时

对于往年办展累积下来的客户，更新速度不够及时，有时销售人员联系数据库中的企业时已不是原企业的信息了。

3. 人员的质量和数量不能满足需求

团队人员较少时，会造成工作效率慢，一个适合的团队是项目成功的保障。

（四）针对这些问题所采取的措施

会展企业中的项目营销在推广中带来了许多问题和障碍，针对出现的问题需要做出相应的决策。

1. 注重版权保护

在项目开展招商前，先对项目进行公证、申请版权等一系列保护版权措施。在发现有"盗版"现象以后，对"盗版"企业可采取法律上的措施。

2. 开发新客户，维护老客户

企业的利润客户来源主要有两部分：一类是新客户，即利用传统的市场营销组合4P策略，进行大量的广告宣传和促销活动，吸引潜在客户来初次购买产品；另一类是原有企业的消费者，已经购买过企业的产品，使用后感到满意，没有抱怨和不满，经企业加以维护愿意连续购买产品的消费者。

新客户开发时，首先要对其进行大规模的市场调查，了解客户各个方面的感受，然后对调查结果进行总结分析，根据分析结果制定相应的广告宣传，同时还要不定期地进行大规模促销活动来提醒消费者购买。

3. 团队管理和更新

增加一定的人员，制定更严密的管理制度。

4. 注重培养团队精神

创造优良企业文化，营建员工的归属感，使员工在企业成长的同时获得成就感。

拓展知识

老客户维护的有效途径和方法

会展企业的生存和发展在一定程度上是依靠原有老客户的关系，经过磨合和交往，双方建立起良好的信誉和人际关系。在发展新客户的同时对老客户进行维护，对于企业非常重要，可以参考以下的方法。

(1) 明确客户需求，细分客户，积极满足顾客需求。

(2) 建立客户数据库，和客户建立良好关系。

(3) 深入与客户进行沟通，防止出现误解。

(4) 制造客户离开的障碍。

(5) 培养忠实的员工，不断培训服务人员。

（资料来源：中国企业管理网，http://www.themanage.cn/201004/340396.html改写）

三E管理

对营销人员的控制称为"三E管理"，即管理到每个营销人员(Everyone)每一天(Everyday)的每一件事(Everything)。对营销人员进行全过程管理的"三E管理"，起到了下列五大作用。

(1)"三E管理"使所有营销人员的工作都处于受控状态，使很多企业管理人员常常感叹的营销人员"将在外，君命有所不受"的状态彻底改观。

(2)人都是有惰性的，有些营销人员取得一点小小的成绩后，业绩难以再提高，往往是惰性使然，由于采取"三E管理"，营销人员时时感受到工作的压力，这种压力可以变为动力，可以克服惰性，当然也有助于营销人员提高销售业绩。

(3)"三E管理"通过营销人员记"日清单"，不断反省自己，总结经验教训，从而使营销人员的工作能力大大提高，每天都有进步。

(4)通过"三E管理"，总部掌握了营销人员的销售进展情况，使公司能够在营销人员最需要的时候向他们提供最及时的销售支持。

(5)公司通过分析"日清单"，能够掌握市场总体状况，能够及时调整营销政策和营销思路。

(资料来源：商格里拉，http://www.sellgreat.com/club/146/57475.html改写)

三、会展项目管理中的质量管理

会展项目管理中的质量管理是产品的内在品质与合格程度，其最重要的部分是满足顾客(参展商)需求的内在属性，对项目的质量管理形成制度也是顺应现代企业经营管理的一个明显的发展趋势，就是从原先的职能部门管理向具体业务项目管理方向的战略性转变。

（一）会展项目的质量管理

会展项目的质量管理是指会展项目者根据会展项目运营客观规律的要求，运用系统的观点理论和方法，对执行中的会展项目发展周期中的各个阶段工作进行计划、组织、控制、沟通与激励，以实现其目标。各项活动的总体特征包括：服务目标性、客户广泛性、项目关联性、收益综合性的相关信息。

同其他行业的质量一样，会展项目的质量也是讲求产品的内在与合格程度，其最重要的部分是满足顾客需求的内在属性。

（二）会展业产品管理

会展业产品管理主要有会议组织者与承办者为与会人员提供的各项配套服务，会议所需场地、设备的租用，餐饮娱乐，交通通信之便利条件，及会展参展商为观众特别是专业观众提供的一些产品展示，展台搭建，宣传，导游解说，奖品礼物，表演介绍及展后相关的买卖合同订立所需要的配套便利服务等。

（三）管理项目的运作步骤

管理项目运作根据项目进展的顺序，从前期规划到总结评估可分为七步。

1. 做好整体前期规划

提出总体实施计划，分别阐述该计划的具体实施细则。这其中包括范围计划、进度计划、资源计划等。

2. 项目预算

进行项目的具体财务评估，然后最终选择确定拟订的处理方案，并报上级立项和审批。

3. 称职的项目负责人

经过实地认真仔细地调查取证，进行综合分析评估后，精心选择项目团队组成人员及负责人。这是组织项目实施计划最重要的一步。人员确定后还要对他们进行全方位、多角度、专业化、针对具体事项的集中，让他们牢固树立坚强的服务理念及团队合作精神，并对当前的具体任务有一种明确深入的清醒认识，形成自己个人的独特看法，在这期间注重激励的作用，尤为重要。

4. 树立良好团队合作精神

在人力资源得到充分合理的调遣与配置后，努力做好对会议、展览承办者、参展商、供应商的筛选工作，保证令客户满意，这是整个计划的重中之重。

5. 具体操作质量中的控制与实施环节

具体抓好控制目标的确定，项目跟踪和信息系统的使用，控制系统的设计及应急调整的后备方案。

6. 把好财务关

注意财务的预测预算、资金筹集和成本控制等方面，这是项目成败与否的关键所在，也是把好质量关的有效途径之一。

7. 评估报告和总结

对管理项目具体内容部分要做详细分条系统论述，这是项目进展的保障。

总之，会展项目中的质量评估是一项复杂且艰巨的工程，需要很好地统筹兼顾，协调平衡，又要抓住核心，突出重点，最重要的一点，就是必须有周密可行的计划并在实践中切实而又灵活、坚定而又务实地去贯彻和实施。

本章小结

本章从会展企业的组织结构的含义、模式和创新等多角度来帮助大家了解和认识会展企业，以及会展企业的项目管理内容的概述，对于会展广告公司如何与会展企业合作和沟通。

本章节内容学习时要理论联系实践，运用体会其深刻含义。

思考题

1. 简述会展企业的特点与分类及类型。
2. 会展企业组织结构类型有哪些？
3. 会展企业可以划分为哪些主要职能部门？
4. 设计一个中型会展企业组织结构图。

实训课堂

会展广告策划提案演练

项目背景

本章实训任务是进行会展广告策划提案演练。一个针对老年人和残疾人辅助用具用品的会展，需要广告公司提供该会展的前期整体广告方案，请同学们演练提案的全过程，也可由本课程任课教师聘请当地会展公司共同参与本活动。

项目要求

将学生分为若干小组，其中一个小组担任会展企业的策划部门，其他小组分别模拟广告公司，依据班级人数确定小组的数量及成员人数，每组建议由3～5名学生组成，以便发挥每一位同学的积极性，同时锻炼学生的团队协作能力，提高职业素质。

担任会展策划小组的同学整理本次广告提案说明会所需要的材料，并向其他小组进行广告竞标说明。其他小组参加广告策划竞标说明会后，编写广告提案，制作PPT演示文稿，参加会展广告策划提案会，进行方案的演示。最终由会展企业人员、指导教师和会展策划小组共同评判各个方案，选定优胜小组。

项目分析

广告提案是会展企业选择并确定合作广告公司的最重要的一个环节，广告公司在了解了会展策划的目标和战略基础上，向会展企业说明广告策划、创意以及传播形式等内容的活动，这是会展企业选择广告公司的方式，同时也是广告公司扩展业务的机会。

第三章

会展策划

学习要点及目标

● 通过对本章的学习，让同学们了解会展的操作步骤。

● 通过对本章的学习和训练，为自己将来从事会展业找到适合自己的职位。

● 通过对本章的学习，了解会展组委会的构成以及职能，以便今后在工作中熟悉工作环节，并且通过"绿色会展"这一新理念的学习，增强会展中的环保意识。

本章导读

　　商业展览工作最重要的就是展前的策划，也就是我们这节里所提到的项目策划的概念。如果项目策划工作做得好，项目就成功了一半。策划工作应从4个方面入手：一是选对项目，准确把握市场行情；二是要大力造势，利用各种平面及立体传媒进行广泛的报道和渲染，营造商业氛围，造成浩大声势，并利用各种关系和渠道，建立起庞大的展览营销网络，从而吸引更多的目标客户报名参展；三是要以良好的信誉和优质的服务赢得参展商的支持和信赖；四是要有战略合作伙伴关系。

引导案例

2008年北京奥运会获得赞助项目计划

　　每一届奥运会的组织者都为获得赞助项目做出详尽和周密的计划，其中项目计划书是前期策划工作的重要组成部分。以下是2008年北京奥运会获得赞助项目计划的具体策划书内容。

一、赞助商层次

　　对北京2008年奥运会的赞助包括国际和国内两个方面：国际奥委会第六期全球合作伙伴计划在国际范围内对整个奥林匹克运动提供支持，包括支持北京奥运会。北京2008年奥运会赞助计划在主办国范围内对举办2008年奥运会提供支持。

　　北京2008年奥运会赞助计划包括三个层次：一是北京2008年奥运会合作伙伴；二是北京2008年赞助商；三是北京2008年奥运会供应商。

　　每个层次设定了赞助的基准价位。在同一层次中，不同类别的基准价位也会有所差异，以体现不同行业之间的差别。具体价位将在销售过程中向潜在赞助企业做出说明。

　　北京奥组委的各级赞助商将为奥林匹克运动在全国的发展作出贡献；通过在技术、产品和服务等方面的赞助，支持北京奥组委的筹办工作，支持2008年奥运会的举办，支持中国奥委会以及中国奥运代表团。不同层次的赞助商享有不同的市场营销权。赞助商在主办国地域范围内享受市场开发的排他权。

二、赞助商权益

　　赞助企业向北京奥组委、中国奥委会和中国奥运代表团直接提供有力的资金和实物支持。

作为回报，赞助企业将享有相应的权益。以下是北京奥组委给予赞助企业的主要回报方式。

- 使用北京奥组委或者中国奥委会的徽记和称谓进行广告和市场营销活动。
- 享有特定产品/服务类别的排他权利。
- 获得奥运会的接待权益，包括奥运会期间的住宿、证件、开闭幕式以及比赛门票，使用赞助商接待中心等。
- 享有奥运会期间电视广告以及户外广告的优先购买权。
- 享有赞助文化活动以及火炬接力等主题活动的优先选择权。
- 参加北京奥组委组织的赞助商研讨考察活动。
- 北京奥组委实施赞助商识别计划和鸣谢活动。
- 北京奥组委实施防范隐形市场计划，保护赞助商权益。

根据对奥林匹克运动和北京奥运会贡献的价值不同，合作伙伴、赞助商和供应商享有不同的权益回报。

三、赞助销售

1. 销售方式

坚持公开、透明、公平的原则，根据行业的不同情况采取以下不同的销售方式。

(1) 公开销售：公告销售通知或公开征集企业赞助意向。

(2) 定向销售：向具备技术条件的企业发出征集赞助邀请。

(3) 个案销售：直接与符合技术条件的企业进行销售洽谈。

2. 销售步骤

主要采取以下步骤进行销售。

(1) 北京奥组委将征集情况知会企业或向企业征集赞助意向。

(2) 企业提交赞助意向书。

(3) 北京奥组委销售机构进行企业资格评审。

(4) 北京奥组委销售机构与企业洽谈赞助方案。

(5) 企业提交正式的赞助方案。

(6) 北京奥组委评估机构提出赞助商候选人。

(7) 北京奥组委确定赞助企业，提交国际奥委会批准。

实际操作中，以上步骤可根据需要增加或减少。

3. 销售进度

鉴于不同层次的赞助商对奥运会贡献的价值不同，销售进度也将体现投资差异。首先开始合作伙伴的销售。但根据销售进程，有可能同时进行不同层次的销售。具体安排如下。

(1) 合作伙伴：2003年第四季度~2004年第四季度。

(2) 赞助商：2004年第二季度~2005年第二季度。

(3) 独家供应商/供应商：2004年第四季度~2007年第二季度。

四、赞助商选择标准

选择赞助企业时，主要参照以下标准。

1. 资质因素

赞助企业必须是有实力的企业，是行业内的领先企业，发展前景良好，有充足的资金支付赞助费用。

2. 保障因素

能为举办奥运会提供充足的、先进的、可靠的产品、技术或者服务。

3. 报价因素

企业所报的赞助价格是选择赞助企业最重要的考虑因素之一。

4. 品牌因素

企业具有良好的社会形象和企业信誉，企业的品牌和形象与奥林匹克理想和北京奥运会的理念相得益彰，产品符合环保标准。

5. 推广因素

企业在市场营销和广告推广方面投入足够的资金和做出其他努力，以充分利用奥运会平台进行市场销售，同时宣传和推广北京2008年奥运会。

(资料来源：重庆文理学院，http://cqihm.org/huizhan/UploadFiles/al.htm)

点评：

事实上，2008年奥运会的赞助项目获得了巨大成功，这与项目前期的合理计划是分不开的。本案例中的项目计划在"赞助商层次"、"赞助商权益"、"销售进度"和"赞助商选择标准"四个方面都做了详尽的考虑与计划，内容全面且逻辑性强，其较高的可操作性为项目的顺利进行和风险规避提供了有效的前提保障。

第一节 项目策划

背景资料

一个会展项目策划从会展定位到项目的资金来源以及运作，是一个需要多方合作和协调的工作，作为一个项目其具有商业项目的特点，同时由于会展的特性，会展项目策划受到更复杂的因素的影响。本节将从会展项目如何选择的方法、办展的资源整合到选择合作伙伴几个方面，对会展项目策划进行展开，这也是一个会展策划开始的第一步。

一、会展项目的选择

会展项目的选择要关注会展业发展前景以及促进会展业的因素，会展发展应该采取怎样的措施等成为各方高度关注的焦点，必须全面分析项目影响会展业发展的因素。进行科学合理的预测，才能制定正确的选择对策。

1. 进行市场调研

会展项目的调研内容包括市场热点调研、会展环境调研、参展市场调研、观展市场调研以及办展竞争度调研。在一般情况下，展览项目的选择要适当考虑当地经济水平、产业结构、地理位置、交通状况和展览设施条件等因素。

在产业的选择上，首先要考虑当地的优势产业和主导产业，其次要考虑正在迅速崛起的行业，最后要考虑政府扶植的行业。在行业情况调研中，要具体分析行业的市场结构状况，是买方市场还是卖方市场。

2. 了解同类情况

同行业在当地是否经营过同类的展览项目？其效果如何？这些信息是选择展览项目必须要了解的。

3. 创意展览命题

项目确定后，需要确定展览名称，命题的创意要有新意和亮点，这样才具有市场号召力。

4. 拟订展览时间

时间的确定，原则上要与国内外同类展览项目的举办时间错开，避免直接冲突。如果所选择的项目正好存在着相类似的品牌展览，那么一定要把展览时间错开3个月以上，因为品牌展览的市场号召力与竞争力是非常大的，与这些品牌展览进行正面的竞争是不明智的选择。

案例3—1

2000年汉诺维世界博览会

主题：人类—大自然—科技，一个新世界在诞生

关于汉诺维世界博览会倡导新的生活方式，使地球的明天变得更美好。博览会将展示技术的进步是如何为实现人类与自然和谐相处的新目标而服务的。

占地：170公顷。

博览会内容：主题公园，展馆，全球性项目，文化娱乐项目。

参加成员：173个国家和地区，14个国际组织，其中53个建了展馆。

(资料来源：百度百科，http://baike.baidu.com/view/1312885.htm改写)

二、办展资源的整合

办展的资源包括：人力资源、财力状况、信息资源、社会资源和运营条件。

1. 人力资源

人力资源主要是指主办方的各种人才储备。对举办大型国际展览的举办方来说，最重要和最紧迫的是要有足够的懂技术和管理的国际型复合人才。

2. 财力状况

财力状况是指举办方所能调动的资金规模。这些资金不仅包括自有资金、银行贷款和财政资金，而且还包括企业在债市和股市中的融资资金。

3. 信息资源

信息资源主要是指目标客户的信息、合作单位的信息，以及该项目的行业、产业和产品的相关信息，例如：该行业发展趋势、该行业的热门话题等。

4. 社会资源

社会资源主要是指展览主办方与主管部门、国内外合作伙伴、招展组团代理商之间的关系，以及与各大平面媒体、专业媒体和立体媒体之间的关系。

5. 运营条件

运营条件主要是指举办方所具有的办公和通信等必备的运营手段。

将办展的人力资源、财力资源、信息资源、社会资源和运营条件调动和整合起来，并让这些资源进行有效的配置，使其发挥最大的效率，这是主办单位在办展之前必须做好的"功课"，不然，在展览实施过程中就会出现种种意想不到的"麻烦"。因此，办展之前一定要进行资源的整合。

三、合作伙伴的选择

合作伙伴有三大类：第一类是政府合作伙伴，主要指政府相关主管部门；第二类是企业合作伙伴；第三类是各种平面和立体媒体。

1. 要寻求政府相关主管部门的支持

在任何地方，办展都要经过政府主管部门的审查和许可，这是能否办展的关键环节，如果得不到主管部门的认可，办展是不合法的。

要想取得更大的市场认知度和影响力，举办会展除了做到合理合法外，还必须取得政府相关部门的支持。有了政府主管部门的支持，会展就有了保障，一是可以提高会展的档次、规格和权威性；二是能够扩大展览会的影响力，吸引媒体的广泛关注，便于举办方的宣传和造势；三是更加提高了主办方在业内的地位，有利于企业创品牌，实现可持续发展的目标。举办方有了名气，企业有了品牌，更有利于组织目标客户参展和目标受众参观。

2. 要寻求专业对口的企业合作伙伴

寻求企业合作伙伴，建立完善的营销网络，是展览会招展组团成功的重要环节。寻求专业对口的企业合作伙伴，并将展览的部分业务委托给他们来做，使他们成为举办方的招展组团代理，一是可以提高展览会的效率，加快信息的传播速度；二是可以充分有效地利用资源，使资源配置效率达到最大化；三是能够最大限度地挖掘新客户，壮大参展队伍；四是能够进一步扩大展览会在业界内的影响，提高会展的知名度。

3. 要尽可能多地寻求各种媒体的支持

现在的媒体非常多，有平面媒体，如报刊杂志，也有立体媒体，如广播电视、互联网等，要尽可能多地寻求各种媒体的支持，从而扩大会展的影响。

第二节 组织管理

背景资料

经营的专业化、规模化、国际化趋势已经成为国际会展业发展的主流，具有独特竞争优势的专业化会展公司和一批大型跨国会展集团在国际会展市场的激烈竞争中逐渐形成，并处于优势地位。

随着国际会展市场的竞争日趋激烈和参展厂商多样化需求的发展，会展业本身的分工细化也在快速发展，形成了从会展策划、组织、会议理念、展馆设计、会展运营到各种会展后勤服务的多种专业化会展业务领域，从而大大提高了会展业的经营服务效率，并形成了许多在某一专业领域具有独特优势的专业化会展企业。

与此同时，会展经营的国际化和规模化的国际大型集团，如德国的汉诺威国际会展公司、英国的蒙哥马利会展集团等国际著名的会展企业，在长期发展中形成了各具特色的经营管理模式，使之在激烈的市场竞争中充分发挥自己的优势。

一、会展管理模式

在中国目前的发展阶段，为了扶持会展行业的发展，将中国会展行业做大做强，政府已经加快产业化进程。随着市场经济的完善和市场机制的健全，政府明确自己的功能定位，会展业企业探索顺应行业发展所需的管理模式，切实解决好会展管理的问题。

1. 综合经营管理模式

德国的汉诺威国际展览公司是这一管理模式的代表，该公司通过政府授权管理汉诺威市100万平方米的会展场馆，并以此为依托，开会展展项目的经营。展览公司为参展商在会展期间和展后提供一站式全面服务，从会展策划、组展、展台设计、装修、运输报关、酒店服务等，展商服务中心工作人员负责所有服务中的问题。

会展公司在成功组织会展项目后，将会展的服务委托给各个会展服务公司实施，这些公司根据与会展公司签订的合同，以专业化的服务为参展商提供周到的会展及配套服务，会展公司从中起到组织、协调和对参展商服务的作用。

场馆经营与项目经营相结合的方式构成汉诺威国际会展公司的经营特色，成为集团经营的核心竞争力。

2. 专业化经营管理模式

专业化经营管理模式是根据会展业务进行专业化经营管理，例如在法国，场馆经营管理和会展项目的组织经营是分别由独立的会展公司经营的。法国中央及地方政府投资建设会展设施，然后组成国有场馆公司，负责场馆的经营管理，不进行会展项目的运营。而会展公司则不拥有会展场馆，也不参与场馆经营，主要从事会展项目经营。

这种管理模式，专业化分工明确，可以促进会展公司之间的公平竞争，有利于场馆经营机构、会展公司和会展服务业集中精力做好各自的业务工作，提高经营效率。

中国香港、美国等许多会展公司也都采取这种管理模式。

3. 市场化运作机制

作为会展市场的主体，国际会展企业不管机构大小，股权归谁所有，本身都是按市场化方式运作的。首先，实行企业化经营，例如汉诺威国际会展公司是由德国萨克森州政府和汉诺威市政府分别控股组建的，公司的经营管理按市场化规则进行，即企业有经营自主权，以盈利为目的；其次，参与会展市场的公平竞争，汉诺威国际会展公司每年按照市场导向和自己的优势安排会展计划，根据发展目标寻找合作伙伴，向外投资建设世界经营体系，形成了著名的世界品牌，在市场竞争中不断壮大自己。

会展的发展现状对会展管理提出更高要求的同时，管理理论的发展对会展管理的形成起到了重要的基础理论作用，从理论上丰富了会展管理的内涵。

二、会展组织的目的

会展组织的目的不仅在于完成一个会展预期的总体目标，还在于树立会展品牌，吸引更多客户。

1. 完成会展总体目标

会展组织的目的在于在会展过程中形成整体力量，以完成单独个人力量的简单总和所不能完成的各项展示活动，实现组织总体目标。会展组织存在于会展工作的各个方面，会展组织的核心目的是建立一个结构比较优化的会展组织结构，在尽可能减少组织成员数量的同时，高效完成组织担负的任务。

2. 吸引客户和观众

会展组织的最高追求是能够吸引更多的客户来参加展示活动，并通过优良的服务创造具有一定品牌的会展，实现最高的经济价值和社会价值。

因此，会展组织的目的也必须为实现这个目标而服务，确保组织结构呈现灵活、高效、创新、服务的特点。

三、会展组织的手段

为了完成组织的使命和目标，会展组织需要开展业务活动，如开展市场调研，确定会展主题，招展、布展，开会展展服务活动等，这些活动通过合理的组织设计，实现功能的最大化，达到投入产出的最佳效益。

会展活动离不开人力资源(人员)、物力资源(运输工具、展台)和财力资源(资金)等的运用，否则会展活动就只能成为"无米之炊"。既然一个会展组织需要各种资源去完成作业活动，这些资源是否能够进行良好的协调和配合，直接影响了会展组织的运作过程能否有效而顺利地进行。对会展组织而言，会展管理是伴随着组织的出现而产生的，是保证会展活动实现组织目标的手段，是协作劳动的必然产物。

四、大型国际会展活动的组织机构

鉴于2008年北京奥运会和2010年上海世博会的影响，不少城市已经把会展业列为地方重点扶持的产业，并出台了促进和鼓励会展业发展的政策。

1. 指导委员会

大型国际展览通常牵涉层面较广。需要政府或名家单方面的协调，例如签证及通关事宜，经费筹措等。因此可设置一个指导委员会，由政府相关的指导单位如展览局领导担任名誉主任委员，该单位各相关处室负责人及其他涉及的单位人员担任委员。

2. 筹备委员会

筹备委员会负责决定政策原则，而后交执行委员会执行，并负监督之责。委员会成员可聘请专业领域专家担任。

3. 执行委员会

执行委员会主任委员和副主任委员的主要职责是：筹备进度控制、决定筹备展览议程、召开筹备展览、定期向筹备委员会提交进度报告、召开执行委员会会议、协调各组工作、控制预算等。

4. 组织筹备委员会

决定召开一个国际会展或者争取到一个会展主办权时，会展负责人的首要工作便是组织一个筹备委员会来专职处理会展的相关事宜。组织委员会及任命委员会中的委员通常是理事长或者会长的责任，或者是由理事长指示秘书长去执行。一般大的展览筹备工作最好在展览前两年开始进行，也有些在会展前12～16个月组成一个完整的筹备委员会。

五、会展组织机构及小组分工

会展是会议、展览、节事活动等集体性活动的总称，设置适合的组织机构是保障会展活动的开展，各个组织机构根据工作职责分设不同的工作小组。

筹备委员会下设执行委员会，执行委员会下设大会秘书处及各执行工作小组，如预算许可，最好指定一家专业会展公司协助各项筹备事宜。不管组织机构大或小，有两个基本程序是必需的：一是将筹备期间所有的责任、签约事宜及经费支出等集中在秘书处进行，以便筹备工作的统筹；二是保持主任委员与筹备组负责的委员及秘书处之间的密切的关系。

执行委员会各小组工作说明执行委员会下设各工作小组根据具体的工作职责大致可分成注册小组；文书小组；设计、印刷小组；翻译服务小组；总务小组；财务小组；现场管理小组；报道小组；节目小组；住宿、旅游、餐饮小组。

1. 注册小组

注册小组的主要工作如下：签到报名流程与规划、报名资料处理、报名人数统计、票务管理。

2. 文书小组

文书小组的主要工作如下：文书事务工作处理；会展资料统筹、建档；公函、信件往返的处理；会展记录整理、分送。

3. 设计、印刷小组

设计、印刷小组的主要工作如下：各项印刷、已编辑的印刷资料付印安排、印刷文字校对、各项印刷进度及质量控制。

4. 翻译服务小组

翻译小组的主要工作如下：翻译人员的遴选、联络与协调；翻译设备器材安排、联络。

5. 总务小组

总务小组的主要工作如下：会场安排协调、场地签约事宜；各会展室座位安排；纪念品、奖牌、资料袋制作统筹。会展资料运送至会场及运回的安排、会场办公室及办公设备用品安排等。

6. 财务组

1) 筹款小组

筹款小组的主要工作如下：赞助企划书的制作、接洽赞助厂商；协调、联络赞助厂商；收取赞助款项等。

2) 会计小组

会计小组的主要工作如下：收入支出各项的预算编制、各组预算审核、财务结算等。

3) 出纳小组

出纳小组的主要工作如下：筹备期间的收支管理、规划费用申请程序、各项发包事宜处理、登账及定期制作报表等。

7. 现场管理小组

1) 接待小组

接待小组的主要工作如下：贵宾的接待事宜规则；现场工作，接待人员安排招聘、训练协调；接送事宜安排；贵宾参加旅游展览安排；记者招待会和司仪的统筹安排管理等工作。

2) 报到小组

报到小组的主要工作如下：报到处规划、报道相关事宜处理、报到处工作人员训练、报到人数及相关报到资料用品统计。

3) 器材小组

器材小组的主要工作如下：视听设备使用规则、视听设备租用联络及协调、工程人员的沟通协调、现场设备使用状况掌控。

4) 展览日程小组

展览日程小组的主要工作如下：展览规划安排协调；厂商参展招标、收款；厂商进展和撤展协调；厂商代表参加大会节目的安排。

5) 会场布置小组

会场布置小组的主要工作如下：会展布置事宜规则；协作商网络、议价、协调；现场布置时间及相关事宜协调安排；布置物检视、验收；布置物撤出检视。

8. 报道小组

报道小组的主要工作如下：国内外新闻发布、新闻稿拟定、新闻媒体及刊物报道的接洽；电视、广播采访报道的安排；记者会安排；拟定推广策划，以协助增加与会人数、大会公关展览安排；大会相关报道及新闻资料建档留存等工作。

9. 节目小组

节目小组的主要工作如下：大会社交节目规划，如开闭幕式、酒会、晚宴等；表演团体接洽、议价；表演现场相关事宜协调安排等。

10. 住宿、旅游、餐饮小组

1) 住宿小组

住宿小组的主要工作如下：大会旅馆洽商、议价、签约，大会贵宾、演讲者、工作人员住宿房间安排、旅馆住房事宜协调。

2) 旅游小组

旅游小组的主要工作如下：参加会展旅游安排协调、旅行社洽谈、旅游人数统计等工作。

3) 交通小组

交通小组的主要工作如下：会场接送安排、机场接送安排、社交活动的交通安排、相关活动的交通安排等。

4) 餐饮小组

餐饮小组的主要工作如下：晚宴酒会安排、午餐安排、茶点安排、餐饮安排协调等。

小贴士

北京会展业现阶段评析

会展业在当前全球经济一体化的形势下越来越显得重要，它最重要的作用至少有三方面:首先是会展对所在产业提供了支持和帮助；其次，会展业会给所在城市带来直接和间接的经济贡献；最后，会展业在发展过程当中特别会给一个城市的综合影响力和城市的"营销"带来重要的机会和帮助。

从举办会展的供给角度和需求角度这两个方面来看，北京已经具备成为中国乃至亚太地区重要的会展中心城市。

从举办会展的供给角度来说，北京有四个方面的条件值得注意。

第一，是北京会展组织者力量优势明显。得益于首都的优势，北京拥有大量的全国性机构和重要的行业协会。除去中央部委之外，五百多个全国性行业协会有一半以上在北京。

第二，从会展发展的信息和思想的支持者角度来看，北京也确有优势条件。由于北京是中央决策机构的所在地，同时由于北京聚集了大量中央级科学技术研究机构和研究组织，集中了大量的思想者、很多产业领域的前沿研究者，因此北京能够为会展业理念和信息的交流提供重要的支持条件。

第三，从会展业专业化合作、分工的角度看，北京目前已经形成了一定的支持会展业基础。

第四，北京具备了支撑成为我国乃至亚太地区会展中心城市的基础设施条件，尽管这方面还有很多的问题和不足，并有待进一步改善。

从需求角度看，北京有两个重要的特点值得大家注意。

第一个特点是从会展业的非移动性观众的层次、结构和特点来看，北京会展非移动的专业观众的影响力、分析能力和传播能力比较强。这是会展业在一个城市举办能否带来更大范围影响的重要条件。

第二个特点是北京在城市经济方面的重要特点。这样描述有五点理由：第一个理由，北京的市场有着足够大的社会需求总量和交易活动总量；第二个理由，北京的市场信息高度密集；第三个理由，北京的市场位置存在着地理意义上的向西北、东北、华北及内陆地区辐射的作用；第四个理由，北京的普通消费产品对我国大陆地区有一定的消费示范作用；第五个理由，北京在我国服务贸易结汇以及服务贸易格局中占有重要的基础地位。从以上五个理由看，北京市场中心的地位从需求角度支持了会展业的发展，为会展业在北京发展带来了非常宝贵的重要基础和条件。

北京会展业的发展既有上述很好的条件和基础，也有新的机遇和挑战。机遇应该说是非常宝贵的，2008年奥运会有着对北京城市总体地位的带动作用，如何抓好这样的机遇确实值得认真思考。

(资料来源：《北京青年报》北京市副市长陆昊中国会展经济论坛上的讲话摘要)

第三节　市场宣传

背景资料

　　会展的市场宣传和推广工作对于会展的成功具有至关重要的意义。会展宣传是会展前期工作的重头戏。招展是会展工作正式开始的第一步，招展的首要条件是充分宣传。

　　会展宣传的目的是将展出情况告知现有的和潜在的客户，宣传并欢迎他们参展或前往参观。这种宣传推广同时也是吸引目标观众的重要手段。会展宣传工作在会展之前、之中、之后都要做。展出者必须明白，观众不会仅仅因为被邀请而参观展览会，他们只有在认为可能有实际收获的情况下才会参观展览会。

一、会展市场宣传推广

　　会展市场上的宣传推广可以分为显露型、认知型、促销型、竞争型和形象型五种类型。

1. 显露型宣传推广

以迅速提高会展的知名度为主要目的，宣传推广的重点是会展的名称、办展时间和办展地点等简单明了、便于记忆的会展信息，让人知道有这么一个会展。至于内容不要过多介绍，重在造势，这种推广多在会展初期，或者在会展有了一定名气后，起到对客户进行定期提醒作用。

2. 认知型宣传推广

认知型宣传推广的主要目的是使受众全面深入地了解会展，增加受众对会展的认知度，宣传推广的重点是会展的特点、优势等较详细内容。这种宣传推广多在行业对会展已经有了初步了解之后，作进一步的招展和招商时使用。

3. 促销型宣传推广

促销型宣传推广的目的主要是为了在短期内推动展位的销售或者招揽更多的观众到会展参观，宣传推广的关键是参展商和目标观众所关心的主要问题。这种宣传多在会展招展和招商时使用。

4. 竞争型宣传推广

竞争型宣传推广的主要目的是与竞争对手展开竞争或进行防御，宣传推广采取与竞争对手针锋相对的措施，是一种针对性很强的广告宣传和推广活动。这种宣传推广多在本会展受到竞争对手威胁，或者本会展意欲与其他会展展开竞争时使用。

03

5. 形象性宣传推广

形象性宣传推广的主要目的是扩大会展的社会影响，建立会展的良好形象，不单纯追求短期销售的增长。宣传推广的重点是追求目标受众对会展定位及形象的认同，积极与他们进行信息和情感的沟通，增加他们对会展的忠诚度和信任感。这种宣传推广要在会展的任何筹备阶段实施。

二、充分发挥招展函、会刊、会展网站的宣传作用

招展函、会刊、会展网站是会展业自身具有的宣传工具，充分利用它们可以把会展宣传做到广而有力度。

1. 招展函

招展函上的信息应明确，尽量突出会展的特色，除了以信件的方式直接寄送给厂家、商家或者相关人员之外，还可采取在网络、杂志、报纸等媒体上发布的形式。在招展函的发布过程中，要注意行业协会及政府相关部门作为组展承办方的重要地位。

2. 会刊

会刊主要是会展的参展商、投资商名录及对其产品的介绍，当然也会有对未参展的供应商的介绍，还会辟出专门的版面来给商家做广告，一般是在会展前后免费向参展或观展人员发放，以便于日后的联络，因此会刊对于体现会展的实力作用很大，需要予以重视。现在会刊的电子光盘版是一种更便捷、更先进的信息承载方式。

3. 会展网站

会展网站是外界了解会展的最主要的宣传工具，其主要特点是信息容量大，传播范围广，更新快，所有关于会展的信息基本上都可以在会展网站上找到，因此，注重会展网站的建设，增强其吸引力和权威性对于会展业发展大有裨益，一方面会展要完善自身网站的宣传工作，另一方面可以加大在相关网站的宣传力度或采取友情链接的方式。

案例3—2

Reed展览公司利用会展活动策划增强传播效果

Reed展览公司的集团总裁布鲁斯·格德威茨在介绍其成功举办的体育展和汽车展时说到，他们在举行汽车展时加入了一场高中生技术竞赛，让专业人士在汽车上设置了一些小故障，然后让学生们比赛谁能最先找到问题在哪里，获胜者奖励一次旅游并有机会参加全国竞赛。

位于美国南部的夏洛特展览公司介绍其在杰克逊维尔市举办的妇女用品展时，与当地电视台合作，策划了一次为无家可归者捐赠服装的活动，凡是到会展购买西装用来捐赠的观众都可以免费入场，电视台在展前、展中及展后都对此作了大量的报道，这些是花钱也买不到的广告，而这些活动对于强化会展的生命力，提高其影响力意义重大。

点评：

策划有特色的会展活动，可以用较小的成本取得较大的宣传功效，从而提高会展的效益和知名度。这些活动应该与特定的会展项目主题联系起来，同时还可以结合会展举办地的文化习俗、风尚礼仪以及会展参加者的生活与消费形态。

(资料来源：供求网，http://www.gongqiu.com.cn/news/Detail_84399.shtml改写)

拓展知识

会展宣传利用新闻效应

会展业是为交流信息和达成贸易服务的，自身具有很强的社会功能性，再加上它的直接性和集中性以及参加会展人员的广泛性，很容易附加产生"事件性"，因此也就能吸引众多的新闻媒体，对其进行报道。

我们日常所接触的报纸、电台、电视台中有许多对会展起宣传作用的新闻报道，我国一些大型的国际性会展诸如"广交会"、"高交会"、昆明"世博会"、宁波"国际服装博览会"、义乌"小商品博览会"等，还有一些行业性的如"汽车展"、"房产展"等会展，报纸都会对其进行跟踪报道或者发表评论。

我们的会展业如果能够在提升自己水平的同时，注重新闻效应，适时进行新闻发布，对于会展业来说，无疑是免费作了极佳的广告。

(资料来源：中国礼品网，http://www.chinagift.org.cn/articla/articlacontent.asp?q_ChannelId_104&Id=874)

三、展览会在市场宣传中的效应

专业会展是绝对能够为企业带来综合收益的，它不但可以满足顾客以及潜在客户的需求，同时也为行业的决策者及业内知名记者搭建了交流平台。展览会不仅能让展商们展示自身产品的技术诀窍和质量，同时还与行业协会有着千丝万缕的联系，如日本的会展多由行业处进会承办，中国的展览会多由行业协会或展览公司承办。

1. 维护或树立企业的形象

参展对于任何一家企业树立形象来说是既省时又省力的方法。对于新企业来说，参展可以帮助企业在短时间内建立客户关系，进入市场，被同行业所接受。而对老企业来说，经常固定参加一些有影响力、有规模的专业展，便于定时与客户交流与联络。

2. 增加对市场的了解

尤其是专业的展览，参展商很容易了解到其他企业的发展、产品状况，甚至是科技秘密。另外，在与观众的交流中了解市场的需要和潜力。这些了解比日常的市场调研要直观和准确。

3. 宣传产品和服务

展览会是一种立体的广告，为参展商提供了一个充分展示自己产品的机会，使客户增进了对产品、服务的了解，便于接受。

4. 销售与成交

展览会的时间虽然短，但便于客户直接与商家交流，大多数参展者都希望在展览会上达成一些协议或意向，企业认为这是它们在展览会的最大收获。

案例3—3

"红了网络饭饭"红了谁

在2005年秋季糖酒会上，近一百个穿着"网游形象服装"的礼仪小姐在糖酒会各大酒店间来回穿梭，派发资料。与其他礼仪小姐不同，她们身穿铠甲，披着红色斗篷，更像是游戏世界里的侠客。随着宣传品的发放，以及一幅幅"红了网络饭饭"的大型广告，产品立即引起了参会经销商的注意，广告如图3-1所示。

这是一个由李冰冰作为形象代言人的饼干广告。但与其他商家不同的是这次广告并没有把宣传主题放在产品本身，而是把宣传焦点放在了"网络食品"产品概念上，而这种概念在开展第二天，就使其签下70位经销商；第三天，签下近100位经销商，收回现金900余万⋯⋯到招商会结束，"红了网络饭饭"网络饼干的经销商数量已经从零上升为250多位，订货金额达2个多亿，回收首批现款达2000余万。巨额的订货金直接使"美福莱"一个名不见经传的散糖企业，瞬间成为饼干市场的新贵。

在此次成功的品牌营销之后，人们不禁要问是什么原因促使广告公司策划出了这则广告，很快人们找到了它的答案：网络快速食品市场的空缺。在"网络饭饭饼干"策划之前，通过调查发现中国的饼干市场呈现为"三足鼎立"的格局：以达能、纳贝斯克、康师傅为代表的一线品牌垄断了绝大部分高端市场份额。

营养型饼干有达能王子夹心加铁饼干、达能牛奶加钙饼干、达能阳光营养早餐饼干；功能型饼干有纤姿瘦身饼干、各种补充维生素饼干、咸菜饼干(大型菜颗粒)、肉纤维饼干、素食饼干(少油脂、纯植物)。要在主流饼干概念中创新，是难上加难。

但在网络快速食品方面，饼干市场还存在空白，我国第16次CNNIC调查结果显示，截止到2005年6月30日，我国的上网用户总人数为10 300万人，上网基数极大。2005年，中国有5000万青少年玩家玩网络游戏，网络游戏玩家总数居世界第一。

在此基础上广告公司策划出了"网络饼干"这一概念，并请演员李冰冰化身为网络剑客，身

图3-1　李冰冰作为形象代言人的网络饼干广告

穿铠甲，背插长剑，英姿飒爽，把"网游"这个创意概念表现得淋漓尽致。借助名人效应，使缺乏品牌知名度的"美福莱"一夜成名。

(资料来源：西祠胡同社区，http://www.xici.net/d36630720.htm改写)

点评：

2005年《魔兽世界》风靡神州，而可口可乐也改变了以往支持体育赛事的广告做法，做出了可口可乐+魔兽=最富时尚感的饮料，使可口可乐饮料迅速成为网络食品的新宠，而随后的百事可乐+传奇游戏=最年轻的饮料，也获得了巨额利润。

广告公司借鉴了国外饮料公司的成功经验，开发了"网络快速食品"新产品——"红了网络饭饭"饼干。并且针对的是一级代理商，而不是个体消费者，就商业炒作而言是成功的。代理商的大量订金使企业可以用于扩大生产，以及产品研发。但由于广告策划者对网络游戏玩家的生活方式调查不足，也为这个产品的销售留下了隐患，它的弱点主要表现如下。

(1) 与《魔兽世界》比，"红了网络饭饭"饼干没有实体网络游戏存在，单纯的概念炒作无法引起网民的兴趣。

(2) 在长期上网后，网民身体热量和水分损失较大，从生理上讲，所需要补充的主要是带有热量的水和快速食品，而饼干类食品在食用时会损失人体中的水分，所以并不适合网民使用。

以上两点原因，使"红了网络饭饭"饼干在零售市场销售不畅，最终使产品淡出了人们的视线。

四、会展宣传的方式

人员推广是一种人际交流，是一种直接的宣传方式，展出者通过与目标观众联络，来告

知其展出情况，邀请其参观展览；会展的人员推广方式主要有发函、打电话、传真、拜访。

（一）直接单向的方式

1. 发函

发函就是将各种资料直接邮寄给潜在的参观者，或者通过电子邮箱发送给参观者，并邀请他们参观展台。这是一种直接的、单向的宣传方式。

直接发函是会展业使用最广泛的宣传方式，也是成本效益最佳的宣传方式。每个展出者都应该安排直接发函工作。直接发函工作要根据需要和预算安排工作量，可以在展出者所在地安排，也可以派人或委托人在展览会所在地安排。

2. 特别方式

可以使用一些特别的方式，比如寄礼品、贵宾卡等。礼品本身可能没有多大价值，但是收到者却更有可能参观展台。还有一种方式是寄奖券，作为凭证在展台索取小礼品，或者用投资的方式发大礼品。需要注意的是，礼品或奖券应当与展出内容有关。

贵宾卡用于最重要的客户，寄送贵宾卡表示当他们前往展台参观时，凭此卡便会立即受到贵宾专享的接待服务。

3. 宣传途径

直接发函可以利用专门的发函公司，这类公司在发达国家已经很普及了。可以委托这类公司办理直接发函业务，但是要注意事先了解发函公司更新邮寄名单的周期。会展组织者也可以从发函公司购买邮寄名单或客户名单自己邮寄。

好的会展组织应建立目标客户和目标观众的数据库，按行业、地区、产品兴趣、公司规模大小等标准分类，参展单位可以无偿或有偿利用。由于现代信息技术的迅速发展和普及，用电子邮件、传真、快递等手段发送邀请函的形式也越来越普遍。

（二）直接双向方式

直接联系工作是一种直接的、双向的宣传方式，是加强宣传效果的一种措施。直接联系工作主要是电话联系和登门拜访。直接联系的覆盖面仍是已知目标观众，而且是最重要的和相对重要的两类观众。

1. 电话邀请

用电话邀请，被邀请人比较难拒绝。商界人士大都讲究信誉，而且被直接邀请心理感觉较好，比较容易答应。

2. 拜访方式

拜访是一种比较特殊的方式，由于成本高，因此只适用于少数最重要的客户。这类客户的参展展项或者有巨大的商业价值，或者有很大的新闻价值。

发函、电话、拜访等工作方式可以结合起来进行，如先发邀请函，继而打电话邀请，最后上门邀请。

小贴士

会展企业成本控制

会展企业成本核算原则是权责发生制，也叫应收应付制或应计制，是指会展企业以应收应付为标准来确定收入和支出的入账时间。

1. 全过程成本控制

全过程成本控制是指从计划预算—采购—领用消耗—报告分析等整个过程进行系统分析，而不是偏重于某一个环节。

2. 全员成本管理

会展企业成本控制仅仅依靠财会人员是不够的，还必须依靠团队中全体人员的积极参与。最熟悉会展企业经营程序中的一切物料消耗及费用开支情况，就最有办法控制成本，控制效果最好的就是员工。

全员成本管理要做好以下几方面工作，首先，树立成本意识，知晓最小投入获得最大产出与保证质量的关系；其次，提高员工素质，既要有较高的业务素质，又要有较高的思想素质，才能使得成本控制有基础；最后，落实岗位责任，如定额管理，以强化会展企业的成本控制效果。

(资料来源：清华大学领导力培训项目网，http://www.thldl.org.cn/news/100130577_2html改写)

第四节 绿色会展

背景资料

目前的会展市场发展得如火如荼，每次大型会展都可谓万商云集、人潮涌动，参展商为吸引客商眼球，在布展和广告创意上各出奇招，从馆内到馆外，从空中到地下，从音视频广告到宣传页再到真人秀，令人眼花缭乱。

装修污染最为突出。展厅内许多参展商布展时，搭建起了形形色色的门楼房厅，固然引人注目，但由于布展匆忙，选用的油漆木料不考究，一些展厅一进去便闻到刺鼻的装修气味，待一会儿后双眼都被熏得睁不开。

这个问题应该引起重视，比如规定布展时统一选取污染小、没有刺激性气味的材料，展馆内多摆放一些吸毒的花草或者其他设施等。噪音污染也不容忽视，有些展商的展位旁音响的音量之大可谓"轰鸣"，音量肯定超标够得上噪音污染，不但让人觉得企业的产品档次低，还会对企业的整体形象带来负面影响。随意丢弃的宣传页，也是让会展不和谐的因素之一，使观众和参展商都会对会展的印象大打折扣。

随着近几年我国经济增长中出现的"资源瓶颈"问题，政府在第十一个五年计划中明确提出要建立资源节约型、环境友好型社会。于是，循环经济模式作为可持续发展战略的最佳发展模式被越来越多的人重视。在这种模式的指引下，"绿色会展"也就应运而生。

一、"绿色会展"的定义与要求

会展业发展到今天，国内外会展有识之士都在探索新的会展发展模式，"绿色会展"无疑是会展未来发展之潮流。在发达国家，会展业本着遵循维护地球、持续经营的理念不断向前迈进。会展产业的未来趋势将是更加重视环保，避免不必要的污染与浪费，还给地球纯净的空间。绿色会展的概念涵盖广泛，涉及采用大众运输、减少纸张印刷、少用纸杯、展览摊位的设施材质可否回收等，这些都是当前备受关注的环保焦点。

（一）"绿色会展"的定义

从循环经济的角度认为，所谓"绿色会展"是指在发展经济的同时，遵循循环经济原则，采取保护环境与合理开发和利用各种会展资源相结合的方针，实现会展经济与环境的协调发展，为人类提供包括适宜的环境质量在内的会展物质与精神文明。同时，还要考虑把会展的局部利益和整体利益、眼前利益和长远利益结合起来。

（二）"绿色会展"的要求

"绿色会展"必须符合三方面的要求。

1. 参展商提供的产品和服务

绿色会展是指那些为参展商提供的产品与服务符合充分利用资源，保护生态环境要求和对人体无害的展览。

2. "绿色装修"理念

"绿色会展"是指采取一系列有效的软硬措施，展览展位设计的过度装修会造成材料浪费，使展览装修对环境产生负面影响，装修提倡节能减耗，降低展览的运营成本，提倡展览材料重复使用，做到环境保护与展览经济效益的和谐统一。

3. 可持续发展"低碳"

"绿色会展"的经营和发展必须既满足当代人的需要，又不对后代构成危害。

"绿色会展"的关键就在于强调发会展展经济不应以对环境的破坏为代价，是"保护性会展"和"可持续发会展展"的结合体。

二、循环经济模式对会展业的影响

循环经济是国际社会推进可持续发展的一种实践模式，以资源的高效利用和循环利用为核心，遵循减量化、再利用和再循环的"3R"原则。循环经济改变了传统的"资源—产品—污染排放"单向流动方式，将经济活动组织成"资源—产品—废弃物—再生资源"封闭反馈式流程。

会展业是一个资源消耗大、涉及面广的行业。在全球资源日益短缺的背景下，将循环经济思想运用于会展业中，是实现其持续、快速发展的必然选择。在会展业中其场馆是发会展展经济的重要设施，其外部一般配有公园式广场和绿地，内部配以商务、运输、邮政、海

03

关、金融、餐饮、住宿、停车等服务项目。

1. 什么是循环经济

循环经济是以市场驱动为主导的产品工业向以生态规律为准则的绿色工业转变的一次产业革命，它要求运用生态学规律，将人类经济活动组织成为"资源—生产—消费—再生资源"的反馈式流程，实现"低开采、高利用、低排放"，最大限度地利用进入生产和消费系统的物质和能量，提高经济运行的质量和效益，达到经济发展与资源、环境保护相协调并且符合可持续发展战略的目标。

2. 循环经济"6R"原则

循环经济为会展经济的健康发展开辟了开发与保护的途径及解决措施，使环境保护理念运用于会展经济的发展中。在会展活动中，必须遵循新循环经济的"6R"原则，利用智力资源产生的科技和会展活动所带来的资金对会展废弃物和环境资源进行重新规划，实现会展经济的循环利用，因此，发展循环经济是21世纪会展经济可持续发展的战略选择。

1) 尊重原则(Respect)

尊重原则就是一种在展览工作中尊重自然的理念和思维的方式，即在展览工作中尽可能地减少对环境产生负面的影响，包括对场地和人的影响，减少对资源和能源的过度使用。比如说每个展馆面积最好控制在1万平方米左右最为合适；展馆尽量不要设计为透明玻璃建筑物，这样做华而不实，因为制冷、供热及维护等花费金额不菲。

2) 使用可再生材料和新材料(Renew)

在展览施工中尽可能多地使用可再生性材料，鼓励使用新材料、新产品和新技术。

3) 可再利用和可循环利用的材料(Reuse and Recycle)

会展要在确保设施和服务不降低标准的前提下，尽可能地把一次性使用变为多次反复使用或调剂使用。比如说德国展览协会AUMA就建议，尽可能采用可以重复使用的方块叠拼地毯。当物品丧失使用功能之后，将其回收把它重新变成可以利用的物资。

4) 减少废弃物和污染物(Reduce)

强调减少展台施工对环境的负面影响，包括减少使用对人的健康有害的物质，使用无害材料、节能、减少污染和废弃物。

比如在我国会展举办过程中，"促销印刷品满地"的现象是非常普遍的。其实主办方可以劝阻参展方不要带大量的印刷品参加展览，因为这些印刷品参展结束后展览者大都不想将其运回，而参加者为减轻负担也可能将其扔在途中，从而使得大量精美的印刷品最终变成垃圾。取而代之的是参展商可以在展览结束后从办公室向客户邮寄材料或提供网上展览服务等方式，这样既可以节省印制昂贵的促销单费用，也可以节省高昂的运输费用。

5) 加强记忆和教育(Remember)

对可持续发展的宣传，包括理念的更新，要有全社会的积极参与和支持。因此首先要在全社会倡导"绿色消费"的观念，使"绿色消费"成为一种受人尊重的社会行为，从而促进"绿色会展"的迅速发展。

在会展业迅速发展的今天，会展业所面临的环境问题也日益突出，我国会展业应该遵循循环经济的"6R"原则，摒弃原来的"先污染，后治理"的老路，通过发展"绿色会展"使得会展经济系统和谐地纳入循环经济的物质循环过程。

三、"绿色会展"的意义和发展途径

自英国2003年在其《我们未来的能源——创建低碳经济》的白皮书中首次提出要建设低碳经济国家后，很多国家进行了实质性的经济社会政策调整，并开始转向低碳经济的发展道路，发展低碳经济已经成为不可逆转的国际潮流。低碳经济作为社会发展的必然趋势已经得到全球业界的认可。2010年中国迈入低碳经济新纪元，在大力倡导"节约型社会"的氛围中，作为起步时间较晚的会展行业，举办方要从观念上倡导低碳经济，更要从行动上切实落实绿色环保的理念。

（一）发展"绿色会展"的意义

低碳经济(Low-Carbon Economy；LCE)是在可持续发展理念的指导下，通过技术和制度创新、产业转型、新能源开发等多种手段，尽可能地减少煤炭石油等高碳能源消耗，减少温室气体排放，减少会展垃圾，达到经济社会发展与生态环保双赢的一种经济发展形态。

1. 有效节约资源降低成本消耗

从国外会展业的成功经验看，"绿色会展"的建设过程中所采用的大部分措施在减少废物排放的同时，降低展览的日常消耗(比如能源消耗，一次性展览用品的节约等)，这样就相应地降低了展览的运营成本，使展览更具有竞争力。

2. 有利于环境保护

"绿色会展"是在满足会展发展的前提下，关注对环境的保护，从事对环境影响较小的会展活动。因此首先"绿色会展"具有限制功能，因为"绿色会展"将会展活动置身于环境和社会可承载的范围内，避免过度会展导致的负面效应；其次从"绿色会展"的内涵来看，保护功能一直是"绿色会展"的核心所在，可以保证会展可持续发展的最佳途径。

3. 倡导绿色消费，树立良好形象

根据调查显示，90%的美国人在消费时更愿意购买绿色产品，66%的美国人甚至愿意支付更高的价格购买绿色产品。在青少年消费群中，也有大多数的消费者更愿意购买倡导绿色环保意识的企业的产品。可见在国际市场上，绿色消费已成为主流。"绿色会展"树立了会展企业具有较高的环境法制观念和环境道德观念以及强烈的社会责任感。这样的企业更能获得政府的支持及消费者的信赖和好感，有助于树立良好的企业形象。

（二）发展"绿色会展"的途径

发展"绿色会展"是一项需要多方位立体操作的系统工程，无论是政府、企业还是社会各个层面都有义务参与"绿色会展"的建设。

1. 政府应大力支持

政府应加强对"绿色会展"的发展进行科学规划和合理布局，政府应该改变各个部门封闭地、分割地明显，分别制定和实施会展政策的做法，提倡用科学原则周密地考虑社会、经济、环境等因素。

03

2. 加强对生态型展馆的建设

随着人们对生态与节能技术的不断开发，"绿色会展"开发商在开发会展相关场所时应该注重对新型节能材料的运用。

案例3—4

澳大利亚凯恩斯会议中心

在美国杂志《Beyond Borders》发布的全球最佳会展中心中，澳大利亚凯恩斯会议中心以其"绿色环保"的建筑被世界各国所关注。

凯恩斯会议中心是澳大利亚第一座严格按照环保标准设计建造的大型公共建筑，曾经多次获得节约能源和环境保护方面的奖项，如图3-2所示。会议中心采用特殊设计的双层褶状顶棚，可以收集大量雨水，直接输入储水箱。这些雨水，可以使会议中心草坪和花园的全部灌溉用水节约50%。

会议中心的所有水龙头都安装了特殊装置，可以节水25%～30%，太阳能热水器满足了会议中心30%～35%的热水需求量。会议中心的建筑旁边安装了特殊的遮阴设备，它能随着阳光照射的角度不同，不断自动调整方向，以最大限度地保持室内阴凉，这项措施据说能节约5%空调用电量。在会议中心的所有制冷设备中，还统一采用了新型制冷剂，不会破坏大气臭氧层。

所有这些绿色环保措施，使凯恩斯会议中心完全突破了人们对会展场馆的传统观念，会展中心也名副其实地成为"公共设施"，这恐怕是凯恩斯会议中心对会展业的最大贡献。

图3-2　澳大利亚凯恩斯会议中心建筑的设计图

(资料来源：筑龙建筑画廊，http://gal.zhulong.com/renwu/myphoto.asp?m)

3. 融入"绿色会展"新理念

引进国外会展业的"6R"理念，发展"绿色会展"，国外会展业在办展过程中遵循的"6R"概念很值得我国的会展从业企业学习和借鉴。

相比较而言，国内会展施工仍延续采用粗放式的运作模式，很多方面暴露出的问题都是值得我们注意的，比如在主张绿色环保的会展上因展台搭建而制造污染，走近"6R"概念，可以让我国的会展行业从硬件开始趋向专业化、国际化方向发展。

当今社会，随着人口的不断增加和工业化的快速发展，地球的负载变得越来越沉重，资源紧缺，压力不断加大，岌岌可危的现实环境问题与我们每个人都息息相关。不少世界知名企业也开始实施环保运动，如施乐公司、IBM都纷纷推出一系列"清洁计划"。实施"绿色会展"举措，有效减少不必要的能源消耗以及资源浪费，将"低碳生活"的理念转化为会务会展行业的切实行动迫在眉睫。

（三）"绿色"会展带来的收益

会展的最后一天我们经常看到的是这样的景象：撒落一地的宣传单，前几天还赏心悦目、争奇斗妍的展台立刻遭遇"土崩瓦解"，所有布展材料转眼间成为一堆堆的"垃圾"。

在应对金融危机的今天，参展企业和会务公司的追求极奢极美的理念应该转变。我们所居住的地球，资源是有限的，随手丢弃的宣传单，本可以成为留给后代的一片树林，在金融逆流中奋战的企业，更应该节约为本，以"绿色会展"带出更有效的资源配置。

1. "绿色会展"可以提升参展商的企业形象

从客户的角度出发，低碳方案，将大大减少会务的花费，并且提升客户企业的高尚格调。将"低碳生活"引入"绿色会展"的创新理念也是各会展的组织者和执行机构要在日常策展、现场执行和布、撤展中需要考虑的实际问题。

例如，在客户认同的前提下尽量选择低碳方案，减少一次性会展材料，运用节能环保的布展材料尽显环保特色，观众赏心悦目，同时体现参展商的匠心独运，更大大降低了成本与布展、撤展的时间，减少了材料的无谓浪费，从而实现多方共赢的良性局面。

2. 利用高科技手段节能减耗

运用电子智能化会务注册系统，不仅减少了纸笔等耗材的使用，还解决了以往因注册时间过长造成拥堵的尴尬场景，从而实现高效而精确的"一分钟注册"；在宣传资料的运用上，建议采用将内容制作成光盘现场发放，这不仅比传统印刷品包含更多图片与文字、视频等大容量资料，同时轻巧易携带；在会议筹备过程中全部使用邮件和网络传输方式替代打印传真等高能源消耗的方式等。

会展经济的形成和发展，是一个不断适应自然环境变化的过程，更离不开特定的社会环境，会展行业可以为环保事业所做的实际改变势在必行。率先实行"绿色会展"方案，将"低碳生活"从细节上运用到各个策划环节以及现场布置等，真正成为"低碳一族"，是未来会展发展的大势所趋，也是建设资源节约型社会和环境友好型社会的有力支撑。

四、会展活动对环境的负面影响

众所周知，会会展给城市发展、城市旅游、地方经济等方面带来积极的影响，同时也带来环境污染、垃圾处理、能源浪费等问题，这些都与现在低碳生活好保护环境等理念相悖。

1. 会展活动对大气和水体的环境质量影响

会展在为参观者创造幽雅舒适的环境的同时，也正在向外界排放大量的废气，因为会展场馆的任何活动都离不开相应的服务设施，其中供热、供能系统的锅炉煤烟、空调的排气等含有大量的二氧化碳、一氧化碳和烟尘，对区域的大气质量影响造成危害。

在会展活动过程中大量未经过适当处理或稍作处理的生活污水流入地下水道，进而进入河流、湖泊等水体，给水体环境带来严重的污染和破坏。有数据显示展览的日用水量平均为

250吨，也就是说一座展览馆一年的排放污水近10万吨，这个数据非常有警世作用。

2. 会展活动的垃圾污染

展览会的性质决定了它制造垃圾的数量。一项由国际展览联盟进行的调查表明，2001年各展览会制造的垃圾从0.6万吨到1.2万吨不等，平均制造垃圾2934吨。此外，2001年由英国823个主要展览会造成的垃圾耗费高达7.3亿美元。

塑料业公司协会对有6.3人参与的每三年举行一次的国际展览进行垃圾回收，2003年举行的NPE100万平方英尺的展览会场清理掉垃圾151吨，所有的这些垃圾存放在36辆卡车用以进一步回收；更令人关注的是，其中一次性展具的消耗问题也十分严重。

3. 会展活动的能源消耗

展览消耗的能源量是很大的，调查表明，展览场馆总的能源费用要占到展览营业收入的8%～16%。展览场馆单位建筑面积的年用电量为100KWh～200KWh每平方米，是一般居民住宅楼用电量的10到20倍。一般展览馆多采用中央空调系统，而空调用电量占全年总用电量的50%～60%，展览的照明用电占到总用电量的25%～30%。

会展经济近几年来在国内发展较快，规模、档次、专业化程度都在不断提升，对经济的拉动作用日趋明显，但服务和管理落后、专业化程度不足等问题依然突出。进一步加强会展经济的服务和管理，更加精细化和以人为本，在红火的同时更加彰显"绿色"主题，将是会展经济上档次、上台阶的重要内容。

本章小结

本章从会展策划、组织、设计理念、会展运营到绿色会展，使学生了解会展组织管理的基本结构，掌握广告在会展策划不同阶段的作用和运用，以及如何在"绿色会展"中借助科技发展和电子技术，开拓会展新的广告宣传的新渠道。

思考题

1. 从哪几个方面进行会展项目选择？应注意什么？
2. 简述"绿色会展"的发展趋势。
3. 分析会展的不同宣传方式的优势和劣势。

实训课堂

进行一次"绿色会展"考察

项目背景

考察是一个很好的学习方式，可以走出课堂步入会展，亲自体会和感受会展。带着问题的考察，更是一次学习的机会，无论你考察会展的表现好还是不好，都为你提供了一个真实的案例。

项目要求

1. 在条件允许的情况下，参加一个会展，会展类型不限；如果条件不允许，老师可以指定一个会展，让学生进行网络调研。

2. 用绿色会展的理念思考此次会展的不足之处，并写出改进议案。

3. 学生个人完成项目。

项目分析

通过对会展的实地考察和参观，巩固本章节的理论知识，强化对"绿色会展"的感性认识，提升学生的观察能力和敏感度。

03

第四章

会展营销

学习要点及目标

- 通过对本章的学习，让同学们了解会展营销包括的内容，掌握会展经济涉及的领域与会展的关系。
- 通过对本章的学习和训练，掌握会展营销中广告宣传的内容和营销策略的运作。
- 通过对本章的学习，启发学生对会展行业的发展趋势的思考，利用新技术、新手段应用到会展广告营销中。

04

本章导读

　　会展业是会议业和展览业的总称，会展市场从理论上说也涵盖了会议和展览两方面的市场份额。现今，会展业已形成一种经济形态——会展经济，即以会展业为支撑，通过举办各种形式的展览会、博览会和国际会议，提供信息交流的平台，促进贸易的达成，并利用会展业的连带效应促进交通运输业、餐饮业、旅游业、酒店业、广告业、印刷业等其他行业发展的一种经济，形成了具有开放化、多样性、年度性和依存性为主要特征的会展市场。

引导案例

贵天钻石深圳展览会的"一石多鸟"营销推广方案

一、项目背景

　　贵天钻石，国内裸钻批发运营商前五强。2009年，贵天钻石股东发生变化。新贵天决定新格局，新老客户如何看贵天的现在和未来？贵天又如何构建新的竞争优势？如何抓住新的机遇和应对市场竞争中的变局？如何利用展览会加强营销推广？项目服务围绕贵天钻石2009年9月13日～17日深圳展览会，做了集"品牌梳理、展览策划、视觉表现、促销活动和宣传推广"为一体的系列综合性工作，取得了"一石多鸟"的最佳营销效果。

　　1. 战略定位：先天下人之忧而忧。

　　2. 本次展览会的宗旨：向"专业化、品牌化、规模化"的营销方向进军！

　　3. 缔造优势：掌控商业话语权。

　　贵天钻石虽然成立的时间不长，但已经拥有了全球顶级的钻石上游资源掌控话语权：全球唯一拥有钻石矿的钻石制造商、L.L.D钻石有限公司中国地区战略合作商、上海钻石交易所会员，如图4-1所示，这是一个公司最核心的品牌竞争优势，我们必须在任何时候都传播和强化的品牌资源。

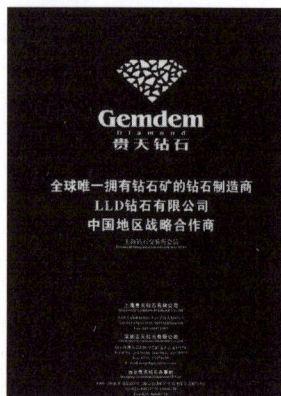

图4-1　贵天钻石获得资质证书

二、贵天本次会展的主要目的

1. 传播"新贵天、新格局"的企业动态信息。

2. 强化"精细分级、个性服务"的竞争优势。

3. 消化库存、降低风险，促销以回馈客户。

三、本次展览会的主题

1. 主题：新贵天新格局。

2. 副题：贵天钻石2009精细分级、个性服务订货会。

3. 内容：1000颗美钻真情回馈。

四、传播媒体整合

本次展览的传播整合了公关、广告、促销三大手段，分两条主线三个层次(两条主线为：新贵天新格局，贵天2009精细分级、个性服务订货会；三个层次：企业、品牌、产品)对本次主题进行整合传播，以求获得媒介相乘的最佳传播效果。

1. 公关方面：邀请行业平面媒体、网络媒体等对活动进行跟踪报道。

2. 主题：新贵天新格局——贵天钻石2009精细分级、个性服务订货会。

3. 内容：

(1) 新贵天、新格局。

(2) 贵天钻石精细分级、个性服务。

(3) 汇聚浩瀚裸钻海洋。

(4) 订货会。

4. 广告方面：杂志广告，展览会现场包装，发邀请函，发宣传单，如图4-2和图4-3所示。

广告主题：新贵天新格局——贵天钻石2009精细分级、个性服务订货会。

图4-2　展位宣传

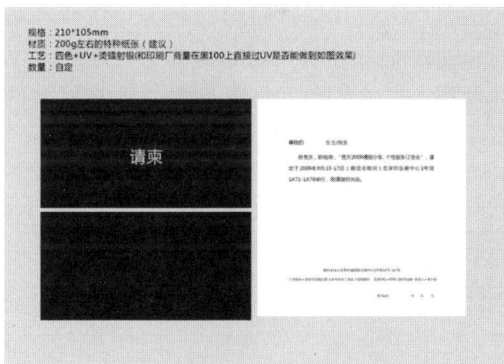

图4-3　邀请函

五、促销方面

1. 促销政策：略，见库存消化促销细则。

2. 人员促销：销售人员带领客户"看、谈、订"。

3. 促销工具：宣传和销售资料。

(资料来源：价值中国，http://www.chinavalue.net/Blog/319621.aspx改写)

点评：

本次展览高度整合了"企业动态、品牌传播、促销活动、顾客关系、库存消化、招商推广"等多重营销手段，既有即期销售目标，又有长远发展效应，一次会展同时达成多项任务目标，对于贵天来讲，投入低、回报却相当的高！

第一节　会展市场

背景资料

自加入世界贸易组织以来，随着国内经济管理体制改革的深化和服务业对外开放的扩大，我国会展行业的管理政策和体制进行了一些调整，开始了一些会展市场对外开放的尝试：2002年11月国务院取消了非涉外经济贸易展览会审批制；出国展览审批交由中国贸促会负责，从国务院政府部门转移到非政府中介机构；中国内地与香港签订的CEPA首开先河，允许香港企业在中国内地组办展览会。

2004年2月颁布实施的《设立外商投资会议展览公司暂行规定》放开了外商进入内地会议展览市场的限制，我国会展行业发展迅速，受到各方面的高度重视。

一、会展与城市发展

我国的会展业起步较晚，从20世纪80年代至今只有一二十年的时间，但发展速度很快，年均增长达到20%。到2002年，会展数量达到2400个，展馆数量达到150多家。2002年全国会展总收入突破70亿，带动的相关经济收入达到700亿到1000亿元。

通过举办会展，可推动城市完善配套设施建设，并向所有参展和观展人员展示城市的经济水平、文化特色和城市形象，提高城市的影响力和国际地位。

1. 宣传城市

城市形象是城市的品牌，良好的城市形象是当今都市重要的潜在的无形资源，会展业被誉为城市的窗口，是人们了解城市的一个最佳途径，也是向外推广城市形象的一个主要手段。衡量城市的一个重要标志就是看这个城市召开国际会议和举办国际展览的数量和规模，一次国际会议或展览不仅可以给举办城市带来可观的经济效益，更能带来无法估价的社会效益。

国际会展是最大、最有特色、最有意义的城市广告，它能向世界各地的参展商、贸易商和观展人员宣传一个国家或地区的科学技术水平、经济发展实力，展示城市的风采和形象，扩大城市影响，提高城市在国际、国内的知名度和美誉度，从而提升城市竞争力。会展成为提升城市整体形象和知名度的有效推动器，国际上的许多城市，像德国的汉诺威、莱比锡，法国的戛纳，瑞士的日内瓦等，都依托会展提高了城市的国际知名度。

拓展知识

2010年上海世博会与上海城市形象

在第20次市长国际企业家咨询会议上，德国西门子公司总裁兼首席执行官罗旭德表示，世博会除了带来经济效益以外，世博会还有三个机会。

第一，可以作为非常有效地进行品牌建设的工具，展示全新上海形象。

第二，选择把"城市，让生活更美好"作为世博会的主题，一定会成为世博会历史上的经典，再次强调了上海在城市发展中的愿景，如图4-4所示。

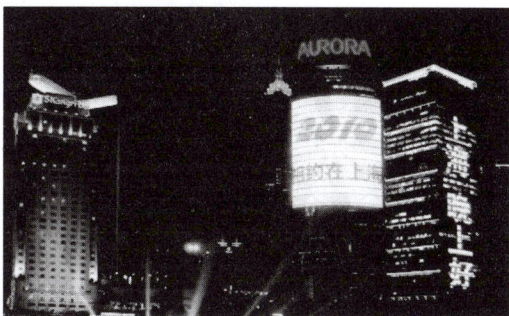

图4-4　2010相约在上海

第三，这是一个跨领域的活动，其中包括上海上一代人的创新，包括特大型城市应对住房、交通、医疗保险方面的解决方案。

(资料来源：http://finance.jrj.com.cn/people/2010/05/0606447411997.shtml改写)

2. 经济效益

会展经济通过其强大的带动效应，促进城市多种相关产业的发展。会展经济不仅可以培育新兴产业群，还给交通、旅游、餐饮、广告、金融等带来巨大商机，并牵动第一、第二产业的发展。据有关资料显示，国际上展览业的产业带动系数大约为1:9(许多发达国家已经达到1:10)。1:9，即展览场馆的收入如果是1，相关的社会收入为9。虽然我国会展业起步较晚，但国内这一比例目前也达到了1:6。

会展经济不仅是一个带动旅游、商业、物流、通信、餐饮、住宿等多方受益的产业，而且能够发展成为带动区域产业聚集的"动力引擎"，提升区域产业的品牌价值。

3. 创造就业机会

作为一种新兴的第三产业，由于其具有很强的行业相关性，会展业可以为社会提供大量的就业机会。从会展行业自身需要的策划、设计、建造、服务人员，直全接待大量国内外客商所需要的酒店、交通、翻译等从业人员。

据英联邦展览业联合会计算得知，每增加1000平方米的展览面积，就可以创造100个就业机会，而在我国，专家预计会展业的带动效应相对弱一些，但无论如何，对于人口密集的中国大城市而言，会展经济的发展无疑为增加城市就业率提供了一条有效的渠道。

大力发会展业，也有利于提高举办地的知名度。像瑞士的日内瓦，德国的汉诺威、慕尼黑，美国的芝加哥，法国的巴黎，英国的伦敦以及新加坡，中国的香港等城市都是著名的"展览城"。会展业的兴盛不仅为这些城市带来了巨额利润，也带来了城市的繁荣，提高了这些城市在国际上的地位。

拓展知识

会展业拉动城市经济增长的"生力军"

会展业不仅能够带来直接经济效益(利润率在20%～30%以上),如门票收入、场地租金等,具有高收入、高盈利的特点,而且能够带动大量相关产业的发展。有的城市(如广东中山市)将会展业与房地产、旅游业当作未来城市发展的三大支柱产业。

专家测算,国际上会展业的产业带动系数为1：9,已成为带动交通、旅游、住宿、餐饮、购物的"第三产业消费链"。

(资料来源：http://www.southcn.com/news/gdnews/hotspot/hzjj/hzjjzgdl/200210210704.htm改写)

案例4—1

会展与就业

据估算,2000年在合肥市举办的"全国农药药械展"就给合肥带来不少于1亿元人民币的经济效益。会展业的"火爆"还有助于解决当前就业难问题,每增加1000平方米展览面积,就大约可以创造近百个就业岗位。如1996年德国汉诺威举办世界博览会,一下子就创造了10万个就业机会。

(资料来源：南方网,根据http://www.southcn.com/news/gdnews/hotspot/hzjj/hzjjzgdl/200210210704.htm改写)

二、北京会展业发展的特点

北京作为首都,会展业发展较快,规模不断扩大,其会展业在全国具有很强的代表性。从发展规模、品牌会展、重点区域和发展方式等角度,北京市会展业的发展特点和趋势都会为今后加快会展业繁荣发展提供指导与建议。

1. 国际会展增长较快

随着世界经济一体化进程的加快和我国对外开放的程度加深,国内会展市场进入快速发展期。从区域分布来讲,北京、上海、广州、大连、武汉、哈尔滨、成都等城市的会展市场已经初具规模,发展态势较好。北京作为全国的政治中心、文化中心和国际交流中心,已成为全国最重要的会展城市之一。据北京市统计局资料显示,2002年北京举办的国际会议5379个,国际展览452个。

2. 会展以经济贸易和科技类为主

2002年在北京13个主要会展场馆中举办的916个展览中,排在前两位的是经济贸易展览304个,科学技术展览228个,北京的"科博会"已成为每年定期举办的国家级大型科技会展活动。

3. 品牌会展得到培育和发展

在全国14个被世界展览业协会(UFI)认可的展览中，在北京举办的国际机床展、制冷展等十个展览均位列其中；加入该协会的会展有助于提升会展的影响力和辐射效果。

4. 政府对会展业发展给予高度重视

对于给城市带来巨大影响力和拉动效应的新兴的会展经济，市政府给予了极大的关注，政府职能逐步从管理型向服务型转化。

5. 会展行业主体行为趋于理性化

会展业的理论研讨、培训逐年增多，通过研讨和培训，关于会展运营和操作也越来越规范和专业，相关会展管理的教育在高等教育中目前也已开设相关专业，中国的会展正在走向规范和理性化管理。

国际会展业的加入也会给我国会展业的竞争和平衡增加了砝码，中国会展业走市场化是必由之路，实现政府作为展场所有者与会展举办单位作为经营者的"政企分开"，这对各个展览公司、咨询公司、传播公司、广告公司既是机遇又是挑战。

三、中国会展与国际水平存在的差距

中国会展业刚刚起步，作为一个新的经济产业，中国会展业从小到大，行业经济效益逐步攀升，成为国民经济新的增长点。近十年来，中国通过展览实现外贸出口成交额达340多亿美元，内贸交易120多亿元人民币，创造了良好的经济和社会效益，在发展的同时还与国际会展强国存在着一定差距，这也是我们要面对和注重的。

1. 我国的会展业存在着严重的不足

主要是会展规模小，重复办展严重，缺乏明确的主题和定位，具有影响力的会展品牌少，管理无序，服务质量差，展览业市场化水平不高，缺乏营销观念，具有综合实力的展览公司少，会展市场巨大的潜力还有待挖掘。

2. 形成独立产业为时尚早

尽管近些年来我国会展行业发展迅速，受到各方面的高度重视，但行业在国民经济中的比重不大，产业化程度很低，尚不足以构成一个国民经济的独立产业，国际上即使一些会展行业比较发达的国家，也大多没有将会展作为国民经济的重要产业对待。

3. 会展市场开放与否对整个市场的开放影响程度有限

中国会展市场已经进行了一些对外开放的尝试，上海浦东的展览场馆建设引进了外资参与，中国内地与香港特别行政区签署的更紧密经济合作安排中，明确规定允许香港公司以独资形式在内地提供会展服务，拉开了内地会展市场开放的序幕。

四、中国会展的发展趋势

我国会展业要发展壮大必须实现产业化经营，使之成为一个真正意义上的产业。提高我国会展业国际竞争力必须实现专业化、规模化和国际化经营，必须具有专业化运作主体、市场化运作方式和专业化运作手段，开放是会展业发展和提高竞争力的必由之路。

（一）会展业呼吁市场化运作

从会展业目前发展的现状来看，我们专业化运作队伍尚处于形成过程之中，队伍很不稳定，专业化程度不高；会展运作主体的专业化运作水平参差不齐，多数会议和展览的运作主体属于临时机构，或商会协会秘书处，没有实行企业化运作，还有一些会展运作主体虽然采取了企业法人形式，但其经营管理模式远没有脱离家族或行会的性质，离现代化企业制度相去甚远，中国会展还缺乏具有国际影响的跨国龙头企业；市场化运作的体制还没有形成，市场竞争机制还有待于完善，市场行为还不够规范，政府、市场、企业三者之间的关系还没有理顺，规范市场的法制建设还有相当长一段路要走；与会展产业发达国家和地区相比，我们专业化运作的技巧和水平都存在很大的差距。

（二）会展业需要加快国际化进程

开放有利于国际竞争力的培育，开放有利于促进积极意义上的保护。

开放国内会展市场，引进国际竞争、国际会展运作主体、运作机制和运作技巧，有利于中国会展整体水平的提高和市场体制的建设，加快市场化、产业化、国际化进程，促进中国会展经济的发展。

会展市场开放，对中国会展行业发展带来的好处不言而喻，肯定会促进整个行业的发展和规范，进而促进中国会展业竞争力的提高。

（三）会展业要注重发展战略

国内市场开放，国际会展企业和会展品牌进来，势必导致会展市场竞争加剧，进而对我国会展业的发展产生重大影响，境内会展企业不得不在家门口迎接挑战，关键在于把握机遇，选择制订正确的发展战略，采取恰当的合作方式，找准自己的市场定位，把自己的事情做好。

1. 合作方式

从合作方式选择方面来看，与境外会展合作，无非可以采取"请进来，走出去"策略，即把国外品牌引进来，走出去参加国际品牌展览和会议；合作经营品牌会议或展览，或建设、经营会展基础设施，或提供会展服务；互为代理，在自己享有影响的地区为对方品牌会展招商。

2. 进入方式

在进入方式上，可以采取"绿茵投资"方式，新增投资设立全新企业，包括外商独资企业、中外合资企业和合资经营企业；可以通过兼并与收购，形成新的会展品牌，或强化原有的品牌；可以加强品牌合作，实现强强联合，扩大品牌影响；后两种合作可以组建股份制企业，也可以通过合同明确合作各方的权限、责任和利益，实行合作经营。

3. 企业合作

从企业层面上看，根据当代国际经济竞争的规律，竞争并不排斥合作，竞争当中有合作，合作之中有竞争已经成为不争的事实，制造业对外开放已经证实了这一点。我们的会展企业现在应尽快找准自己的市场定位，积极营造和形成自己的核心竞争力，在残酷的国际竞争中生存下来、发展自己，任何市场都是多层面的，展览市场也不例外。

各类企业同样具有自己的相对竞争优势，具有较强国际竞争优势的强势企业或品牌，可以加强与国际企业和品牌的合作，在合作中扩大自己的品牌效应，形成自己的独家优势；具有一般竞争优势的企业和品牌，也可以在合作中学习人家的经验，积累优势，待机而发，形成自己的独家品牌，或形成新的、更高层次的竞争局面；不具备竞争优势，或具有很小竞争优势的弱势企业，也可以在竞争中找到自己的定位，通过与强势企业和国际企业的合作，将自己纳入国际展览体系，承担国际会展某些层面或某些环节的工作，不断积累经验，蓄养后发优势。

第二节　营销组合策略

背景资料

会展业作为绿色产业和朝阳产业，具有极强的产业带动效应。会展经济通过其强大的带动效应，促进城市多种相关产业的发展。会展经济不仅可以培育新兴产业群，还给交通、旅游、餐饮、广告、金融等带来巨大商机，并牵动第一、第二产业发展。营销定位与成本控制直接关系到会展的收益，以及会展的长期效应。

在经营会展项目的时候，营销是个普遍关注的问题。

一、营销组合要素

会展营销组合是会展企业依据其营销战略对营销过程中与会展有关的各个要素变量进行优化配置和系统化管理的活动。

营销组合的要素主要包括：产品、定价、渠道、促销、人、有形展示和过程7个方面。

1. 产品(Product)

会展产品是指会展企业向会展参加者提供的用以满足其需求的会展活动及全部服务。要打造成一流的会展产品，必须考虑提供服务范围、服务质量和服务水准，同时还应注意品牌、保证及售后服务等。

会展企业的营销应该注重针对不同行业的特点，实行差异化策略。根据不同行业和企业的市场战略、不同产品的目标消费者和目标市场以及本企业所具备的资源、技术、设施、人员的具体情况制定各自不同的产品和服务差异化策略。

2. 定价(Price)

与有形产品相比，会展服务特征对于服务定价可能具有更重要的影响。由于会展服务的不可贮存性，对于其服务产品的需求波动较大的企业来说，当需求处于低谷时，会展企业往往需要通过使用优惠价或降价的方式，以充分利用剩余的生产能力，因而边际定价策略在包括会展企业在内的服务企业中得到了普遍的应用。例如，航空业中就经常采用这种定价策略。就基本的定价策略而言，会展服务产品的定价也可以采用需求导向定价、竞争导向定价和成本导向定价。

会展企业除了要考虑在需求波动的不同时期采用不同的价格外，还需要考虑是否应该在不同的地理细分市场采用不同的价格策略。一般来说，在全球市场中执行统一的服务价格策略是不现实的。即使是同样的服务项目和服务内容，而且为客户创造的服务价值相同，所支付的费用相同，但在不同的国家，收费可能需要作出巨大的调整。

价格方面要考虑的因素包括价格水平、折扣、折让、佣金、付款方式和信用。在区别一项会展服务和另一项会展服务时，价格是一种识别方式。而价格与质量间的相互关系，即性能价格比，在许多会展服务价格的细部组合中，是重要的考虑对象。

3. 渠道(Place)

提供会展服务者的所在地以及其地缘的可达性在会展营销中都是重要因素。地缘的可达性不仅是指实物上的，还包括传导和接触的其他方式。所以销售渠道的形式(直销与分销)以及会展服务涵盖的地区范围都与会展服务的可达性的问题有密切关系。

针对目标市场对会展服务的特殊需求和偏好，会展企业往往需要采用不同的渠道策略。当会展产品的消费者相对集中、量大，且购买频率低时，会展企业往往采取直销策略，因为消费者要图谋供求关系的相对稳定，取得更加优惠的条件；反之，就采取分销策略。

4. 促销(Promotion)

促销包括广告、人员促销，销售促进和公共关系等市场沟通方式。针对目前会展市场对会展服务的特殊需求和偏好，会展企业应采取不同的促销组合策略。

以上四项是传统的"组合"要素，但会展营销组合要素还要增添更多的要素，如人、有形展示和过程。

5. 人(People)

顾客满意和顾客忠诚取决于会展企业为顾客创造的价值，而会展企业为顾客创造的价值能否让顾客满意，又取决于员工的满意和忠诚。由于会展服务的不可分离性，服务的生产与消费过程往往是紧密交织在一起的，会展人员与顾客间在会展产品或服务的生产和递送过程中的互动关系，直接影响着顾客对会展服务过程质量的感知。因此，会展企业的人员管理应是会展营销的一个基本工具。

会展企业人员管理的关键是不断改善内部服务，提高企业的内部服务质量。企业内部服务即会展企业对内部员工的服务质量，包括一是外在服务质量，即有形的服务质量，如工资收入水平；二是内在服务质量。但员工对企业的满意度主要还是来自于员工对企业内在服务质量的满意度，它不仅包括员工对工作本身的态度，还包括他们对企业内部各个不同部门和同事之间合作的感受。

6. 有形展示(Physical evidence)

一般的实体产品往往通过其产品本身来实现有形展示，但会展产品则不同，由于其产品的无形性，不能实现自我展示，它必须借助一系列有形要素，如品牌载体、实体环境、员工形象等才能向客户传递相关信息，顾客才能据此对会展产品的效用和质量做出评价和判断。

7. 过程(Process)

会展服务的产生和交付顾客的过程是会展营销组合中的一个主要因素，会展企业提供的所有活动都是服务实现过程。加强会展服务过程控制是提高会展服务质量，实现顾客满意的重要保障。因此，规范服务流程、完善服务过程、强化监督制约机制具有十分重要的意义。

二、营销策略

在21世纪初期的很长一段时间内，展览营销将主要表现在会展定位、品牌、注重服务和网络营销等策略，同时还要结合管理理念不断结合，创新营销策略。

1. 市场调查和定位策略

对于举办一个成功的会展，市场调查是必不可少的，在确定会展项目以前，必须进行深入的市场调查。调研主要针对有参展需求的参展商，还有要了解这些会展信息的人群，寻求"买与卖"的结合，并着眼于未满足而竞争对手较弱的市场。

市场调查还要掌握地区经济、地理方面的优势，使之充分为会展服务。在掌握了市场信息的基础上，确定会展的定位，是走综合性的会展道路还是走专业性的会展道路。

综合性的会展是指将各个产业、行业与内外贸结合的交易会、博览会或大型国际会议；专业性会展是指以某一个产业或者行业为依托举办的交易会、博览会或大型会议。前者以"广交会"为例，其宣传口号为"来到'广交会'就可以找到中国大多数的出口商品"，后者以"高交会"和宁波"中国国际男装展"为例，一个是高新技术产品的会展，而另一个的细分更加明确。

2. 打造会展品牌

中国会展业缺乏品牌意识，会展企业鱼龙混杂，竞争无序性带来整个行业的效率低下与恶性循环，行业缺乏品牌企业和品牌会展，缺少领头羊。

以上海为例，国际性会展每年高达300多场，曾经出现暑假期间，面向儿童推出三个卡通展的情况，展期接近，题材重复，各会展规模上不去，效益也打了折扣。参展商面对众多的招展函不知所措，不知道该信赖谁家。

而在国外，多年的市场竞争已经实现了优胜劣汰，打造出不少品牌会展，如汉诺威工业博览会、科隆国际博览会、法兰克福国际博览会等，许多出色的品牌展览公司都有自己独家的领域，例如美国的夏洛特展览公司专门举办针对妇女、家庭用品和草坪、农场用品的会展；Weathersfield展览公司主要从事鲜花、礼品和户外体育活动用品展。

3. 注重服务营销

服务是会展业的生命和根本所在，没有一流的服务就不可能有一流的会展，因此，从立项、招展、办展到会展结束，都必须贯穿良好的服务意识。

要做好展前的信息发布，帮助参展商做好展馆展台的布置工作和展场企业的广告宣传，设置展场的各类咨询服务。有的会展中参展商遇到了金融、法律、会计等方面的问题不知该如何解决，影响了参展效果。举办各种洽谈会、主题研讨会，交流信息，创造商机，"广交会"设立跨国定点采购专区的做法很值得借鉴。设立海关、商检的绿色通道，为参展商提供便利；提供运输、保险、翻译等各方面的服务。

最重要的然而也往往容易被忽略的一点是会展结束后的后续服务问题，这需要我们建立参展商、观展商的资料库，保持会后的联络，了解他们的意见和建议，便于日后改进工作，现在要做到这一点对于我国一些会展经营者来说，有一定的难度，但对于有品牌意识和长远发展打算的公司来说是非常重要的。

4. 制定网络营销策略

电子商务已经发展到相对成熟的阶段，网上展览也已经为众多的会展所采用。会展本身具有集中性和实物性，但这也决定了其时空的有限性，即它是在某段时间在某地集中举行。但是开辟网上会展则可以突破这些限制，除了在会展举办期间作为主场的有利补充之外，它还可以提供全天候、跨地域、跨国的会展环境，为各国贸易商提供一个丰富、开放的信息交流场所。在网上会展中，只要输入自己想要的产品信息，就会有众多相关供应商的资料提供给你。当然这也需要会展经营者从观念到技术都不断更新，并保证网上会展的时效性。

案例4—2

永不落幕的广交会

从2003年的第93届"广交会"开始，加大了电子商务手段的运用，"广交会网站"、"在线广交会"、"在线机电广交会"三大网站，共同承担起服务和促进"广交会"成交的使命，成为现场交易的重要补充，并被誉为"永不落幕的广交会"。

(资料来源：中国质量新闻网，http://www.cqn.com.cn/news/zggmsb/diqi/175847.html改写)

5. 会展营销要注意与旅游资源的联合开发

会展与旅游具有十分紧密的联系，会展参加者向来是旅游业的重要客源。

开发会展地旅游资源对会展的成功也举足轻重。汉诺威世博会旅游与票务处主任沃尔特·克罗姆贝奇(Wollter. Collombage)先生在同上海旅游业世博会考察团谈到汉诺威世博会的赤字原因时说："汉诺威世博会一开始就只把精力集中在办展上，而没有考虑到如何同旅游结合起来，没有考虑如何吸引旅游者，没有把宣传促销和招徕旅游者放在一定的重要位置上，没有用大型的广告把周围景点结合起来向世界展示。"

会展如何实现与旅游资源的结合，利用旅游资源促进会展成功举办是一个很值得思索和实践的问题。

案例4—3

国际著名会展城市主打旅游牌

众所周知新加坡是亚洲著名的会展中心，到新加坡参加展览和会议的商务旅客平均在新逗留4天，人均1200新元的普通休闲旅客较多，商务和会展为新加坡旅游业带来的旅游收益占旅游总收益的20%。在澳大利亚，专用性会展期间，平均每人(来自非会展城市的人)大约在展出城市消费700澳元，89%的观众为专门来参展进行了相应的旅行安排，而公众性会展上，每人大约在展出城市消费346澳元，80%的观众为专门来参展进行了相应的旅行安排。

(资料来源：新浪网，http://finance.sina.com.cn/roll/20030909/1653438998.shtml改写)

三、会展营销的一般手段和误区

会展营销是一项复杂工程，企业在筹备参加时，制订的会展计划在实施中要有弹性，包括对未来变化与竞争的思考，有必要的反馈与调整机制，在这些方面，必须经过周密详细的计划、出奇制胜的推广模式，科学的分工、严谨的执行。会展营销充分发挥其作用，既能创造出好的经济效益，又能使企业的品牌和产品得到有效的宣传和推广。

（一）会展一般营销手段

根据目前中国会展业的状况，如果组展机构对某个展览会的销售额不满意，一般会首先想到以下措施。

1. 扩大有针对性的宣传

加大广告宣传力度，使更多的参展商对展览会产生兴趣，以扩大潜在市场的规模。

2. 降低的参展报价

通过严格控制成本和开展规模经营，降低展览会的报价，以增加有效市场购买者的数量。

（二）会展营销的误区

会展为了吸引客户和盈利，会采用一些会展营销的手段，这些手段造成的后果是影响会展营销的良性发展的不利因素。

1. 增加广告

广告并不是多多益善，广告越多带来的费用预算也会增加，广告发布的渠道要根据不同行业的特殊情况区别对待，有的可以吸引学术界的关注，有的可以靠强大的行业协会推荐，有的则要靠政府的相关部门支持，把力度放在行业最具权威的机构上，必能起到更好的效果。

2. 改动展览会价格

严格控制成本和选择适当的经营模式是每个公司在每个时期都应注意的事情，但为了吸引更多的潜在客户而利用各种可能的方式降低展览会报价是不可取的。

价格是应该在作好市场预测之后就已经决定的，决不能因为没有完成销售额而降低价格，这样会使主办者丧失信誉。合理的成本节约是有限度的，也应是一贯的，一味地追求低成本必将引起行业内价格战的恶性循环。

价格的决定必须慎重，必须建立在详细的、真实的、审慎的市场分析基础之上，一经决定，应不再更改，否则，带来的后患将不仅是公司本身的，也将影响整个行业利益。

3. 降低参展商资格

降低参展商资格的方法在任何时候都断不可取，虽然这种方法可能会吸引到一些原不符合参展资格的客户，但会令绝大多数参展商有上当受骗的感觉，失掉的是更多的客户，影响会展的信誉。

会展应该制订更有竞争力的营销组合方案，而且每个企业各有优势，利用优势横向或纵向强强联合，降低成本，改善服务，提高市场份额，才是解决会展营销的最有效的方式。

第三节　定位与控制

背景资料

会展业作为绿色产业和朝阳产业，具有极强的产业带动效应。会展经济通过其强大的带动效应，促进城市多种相关产业的发展。会展经济不仅可以培育新兴产业群，还给交通、旅游、餐饮、广告、金融等带来巨大商机，并牵动第一、第二产业发展。营销定位与成本控制直接关系到会展的收益，以及会展的长期效应。

一、营销策略定位

社会经济产业一般分为竞争性产业、新兴产业、成熟产业和衰退产业等四种典型的产业类型。会展题材所在产业的环境对会展营销有着重大的影响，处于不同产业环境里的会展应该选择不同的营销策略。

（一）典型的产业类型

典型的产业类型按照产业的发展阶段进行划分，会展业目前被定位在新兴产业，也就是"朝阳产业"。

1. 竞争性产业

竞争性产业是指中小企业数目众多并成为主体的行业。在这些竞争性产业中，没有任何一家或几家企业占有较大的市场份额，也没有任何一家企业能对整个产业的发展产生重大影响，行业里不存在具有左右整个产业活动能力的领袖型企业或垄断型企业。竞争性产业是一种很常见的产业结构形态，它存在于很多产业领域中，如，目前国内的农产品行业、家具制造业和家用纺织品行业等。

2. 新兴产业

新兴产业是随着科学的进步和技术的创新不断涌现出来的，如信息技术、自动化控制、光纤通信、遗传工程、海洋技术等。新兴产业是一个相对的概念，并且还有地域性特点。一个产业初创时是新兴产业，但经过几年或数十年的发展以后，它就逐渐变成了成熟的"老产业"了，曾经的"朝阳产业"就变成了"夕阳产业"；同一个产业在此地为"夕阳产业"，而在另一个地方则为"朝阳产业"。

3. 成熟产业

成熟产业是指从高速增长的新兴产业逐步过渡到平稳增长并处于鼎盛发展时期的产业。在一国经济运行中，新兴产业总是少数，更多的是成熟产业或者是正在走向成熟的产业。在成熟产业里举办会展，办展机构必须根据其产业环境的变化及产业的特点来制定会展的营销策略。

4. 衰退产业

衰退产业是指在一段时间范围内产品的销售量或销售额持续绝对下降的产业。一般而言，在衰退产业里举办会展尽管是一个不明智的选择，但是，产业走向衰退都是渐进的，并非一个产业一夜之间就从"朝阳产业"变成了"夕阳产业"。何况很多会展在举办之初其所依赖的产业本是新兴产业或成熟产业，但经过一段时间的发展后，该产业逐步变成了衰退产业。所以，在衰退产业里举办会展在现实中是经常存在的，我们不能熟视无睹，必须正视。

（二）四种典型的产业环境中的会展营销策略

根据不同的产业环境的特点，需要对会展的营销策略有不同的定位和控制，如表4-1中列出了四种典型的产业环境中会展营销策略的比较。

表4-1 四种典型的产业环境中的会展营销策略比较

	竞争性产业中的会展	新兴产业中的会展	成熟产业中的会展	衰退产业中的会展
产业特点	1.市场准入门槛较低 2.市场需求多样化 3.缺少领袖型企业 4.规模效益不明显	1.市场发展潜力大 2.成本下降快且附加值高 3.新企业多且发展快 4.目标顾客模糊不清	1.产业增长趋于平缓，利润普遍下降 2.市场竞争日趋激烈 3.竞争方式多种多样 4.巩固老客户比吸引新客户更重要 5.产业创新趋缓，产能开始过剩	1.产品的市场销售量绝对下降 2.产品种类逐年萎缩 3.企业的广告投入和研究开发费用逐步减少

续表

	竞争性产业中的会展	新兴产业中的会展	成熟产业中的会展	衰退产业中的会展
营销策略	1.与相关机构联合营销 2.规范办展程序和服务标准 3.广泛推行招展和招商代理制 4.加强区域性会展的整合 5.集中与分散营销相结合	1.大力推行关系营销 2.注重个性化服务营销 3.注意会展定位和主题选择 4.加强整合营销传播	1.广泛运用营销组合策略 2.用足用好用活价格和服务策略 3.重视客户关系管理 4.关注龙头型企业	1.打造行业唯一会展品牌策略 2.打造局部会展品牌策略 3.收割剩余策略 4.全面撤出策略

(资料来源：中国国际贸易促进委员会官网，http://www.ccpit.org/contents/channel_1071/2009.htm)

二、培育品牌会展的定位与策略

1. 制定品牌战略

要培育品牌会展，首要的一点就是要经营者与管理者树立牢固的品牌观念，认识到品牌现代化的发展才是中国会展业持续健康发展的唯一途径，并从场馆的设计、主题的选择、会展的规划、会展的组织与管理等具体方面来实施会展业的品牌化发展。

2. 提升品牌质量

主要从会展的硬件和软件两个方面入手。会展的硬件设施是影响品牌质量的一个重要因素，国际上著名的品牌展览会中所使用的设备也往往是最先进的。因此，要实现会展品牌质的飞跃就要求会展公司加大投入，不失时机地更新会展的硬件设备。会展的软件服务方面，会展企业要加大专业人才的引进力度，积极加入国际性的会展组织，通过这些途径实现会展服务与国际接轨。

3. 拓展品牌空间

会展品牌的拓展空间具有三维性，即时间、空间和价值。时间是指品牌的影响力随着时间的延续而不断发散和扩张。一般来说会展延续时间越长则参展商与参观商之间的交流就越充分，会展的效果就越显著。国外的会展延续时间大约为十天，而我国的会展往往只有三五天时间，这对于会展品牌的拓展是远远不够的。

空间指品牌在地域上的扩张。德国汉诺威展览公司就通过在上海举办的汉诺威办公自动化展(CEBLL)，成功地迈出了世界性扩张的第一步。价值则指品牌作为会展企业的无形资产，其经济价值的含量是可以增加的，品牌价值的提升实际上也是为会展业品牌在时间上和空间上的拓展创造条件。

4. 打造网络品牌

如今，网络已日益成为人们生活中的第二空间，我国会展业应该充分利用网络的信息资源优势，在现实世界之外打造出知名的中国会展网络品牌。网络品牌的建立主要从企业网络形象塑造、网络会展的建设以及开展网络营销等方面进行。借助网络优势开发出形象生动、交互性能良好、功能强大的网络会展平台。

网络品牌的缔造同样离不开对品牌的宣传和推广,在网络世界,品牌的推广可以通过几种渠道实现。比如,将网络资源登录到国内外知名的搜索引擎上,便于人们建立相关的链接,对于专业性比较强的行业来说,该方式可能是较为有效的;与网民展开互动型的公关活动,同样可以达到网络品牌推广的目的。

第四节　新型营销运用

背景资料

21世纪是一个创新的时代,任何事物都要接受新观念、新技术的洗礼。营销观念的创新和新型营销手段的运用是未来会展业发展过程中要面对的重大课题。广告长期以来一直是企业获得直线利益收入、品牌知名度、企业名誉等最直接的投放手段。

随着信息时代的到来,广告投放的媒体也从传统的平面媒体衍生至今日的网络媒体、手机媒体,凡是人们生活所遍及的地方,大到机场,小到便利店,商家新兴的广告渲染方式无处不在。广告新技术的灵活应用,让受众眼前一亮,面对这些别出心裁的产品广告,从前看见广告产生的抵触心理,早已被信息高科技带给我们的高质量便利生活消费的惊喜所替代。

一、切实更新营销观念

任何改革都来自于观念的创新。市场营销学从20世纪初发展到今天,营销理论方法和技术手段都发生了巨大的变革,与此同时,会展市场竞争也愈加激烈。因此,从政府主管部门或行业协会到每一个会展企业,中国会展界必须树立新的营销观。具体而言,主要表现在以下三个方面。

1. 营销主体

以前业界一提到营销就认为只是办展企业的事情,而事实上会展营销的主体包括政府、会展企业、参展商和与会者甚至还有媒体。令人欣慰的是,这种落后的观念正在迅速发生改变。例如,目前国内政府部门和会展界已经达成共识:会展城市也应作为一个产品来经营和推广。显而易见,办展城市也需加强与ICCA(国际大会和会议协会)等会议和展览组织的联系。

2. 营销对象

由于营销主体和营销目的不一样,营销对象及工作重点也应随之变化。举一个非常典型的例子,以前大多数国内展览公司都认为营销的重点是参展商,而现在正逐步倾向于专业观众或者说买家,这种观念的更新既反映了中国展览经理人经营水平的提高,也映射出国内展览市场的日益成熟。随着中国会展经济的进一步发展,城市营销、品牌营销、一对一营销等新的理念在会展业中将得到更广泛的认同和应用。

3. 营销手段

从1894年的德国莱比锡博览会开始，现代会展业已经走过了100多个春秋，所使用的营销手段早已不限于传统的报纸杂志和广播电视，大量的新技术被应用到会展营销活动中来，使得营销竞争更加五彩纷呈。其中，最耀眼的当属网络技术的发展，互联网在会展活动中被广泛运用，使得会展经营中的定制化营销成为可能。

此外，其他一些新的营销手段也不断涌现出来，如直接邮寄、电话销售、的士广告、地铁广告等。近几年，随着展览会之间竞争的加剧，国内展览公司在进一步拓展招商、招展渠道的同时，开始加倍重视最新营销理念及手段的运用。

案例4—4

会展营销的破冰行动——"远特"一站式通信服务

众多会展广告代理机构面临的一个具体营销问题就是：如何联系和通告这些客户，以及挖掘新客户。目前，中小广告代理商所使用的手段原始单一，大部分就是雇几个人打打电话而已，效果不好，效率低下。而大型广告会展公司很多时候就是把业务分包给下级代理机构，无法自己运作。这本身存在成本高，无法第一手了解市场，导致客户服务水平不高，会展效果不能达到最佳效果的缺点。

北京远特通信公司的一站式通信服务为上述问题提出了一个行之有效的解决方案，特别是精准营销(传真营销、短信营销)、400电话、电话会议、呼叫中心等服务。该方案不需要企业架设任何底层的硬件设备，只需要拥有一个"远特"的账户即可解决目前企业在业务开展过程中遇到的上述问题。

1. 精准营销

海特的精准营销具体包括传真营销和短信营销两种手段。

传真营销："远特"的千万级分行业的精准数据能够为该行业以极低的成本扩大企业客户资源及影响。它具备着发送速度快、到达率高的特点。

短信营销："远特"1.5亿全国精准、分地区、分人群的手机数据库是该行业的首选推广方式。它具有成本低、覆盖广、定向准的特点。

2. 加强版400电话(企业总机)

"远特"的加强版400电话不仅大大提升了企业的形象，而且改进了企业营销能力和监管水平。

企业形象提升：使用400电话将让这些企业提升品牌和客户满意度。

企业营销能力和监管水平提升：任何来电都不会占线，都可以查出来电记录，可以对通话录音，对业务人员的外呼电话和接电话进行评价、抽查。如果有分支机构，400电话会根据区域进行定向呼转，既能统一全国品牌和电话，又能兼顾到当地的区域化服务。

3. 电话会议服务

针对该行业普遍存在的沟通手段落后、沟通效率低下的特点，电话会议能够很好解决该问题。通过4008-355-000这个全国接入号，客户、合作伙伴、公司内部员工等都可以随时拨打该号码，随时随地召开电话会议，无需任何预约。会议可以进行录音、远程演示等。每个员工都可以拥有个人专用的、独立的会议号。

加强与客户的沟通是业务拓展的基本保证。与合作伙伴的有效沟通也是保证业务顺利推进的助力。而加强企业内部，特别是与异地员工之间的沟通，经常性的培训，更是企业是否可以生存和发展的基础。"远特"的电话会议服务能够为这三方面的有效沟通提供低成本的工具。

4. 呼叫中心服务

"远特"的网络呼叫中心或人工座席的呼叫中心，都可以让该行业大大提高效率、降低成本。

网络呼叫中心：客户无须任何额外投入，使用目前的电话和人员，就可以实现呼叫中心功能，对这些原参展客户和新意向客户进行一一回访沟通。

人工座席呼叫中心：通过将该业务外包给专业的呼叫中心，"远特"与中国联通合作的人工呼叫中心基地可以利用先进的系统进行海量的客户回访和外呼服务。

(资料来源：北京远特通信公司服务项目简介)

点评：

在会展行业飞速发展的今天，信息搜集与传递成为会展成功营销的重要环节。"远特"的一站式通信解决方案，面对广告会展行业的这几个问题，能够提供有针对性的解决方案，能够切实解决这个行业绝大部分企业所面临的问题和挑战，从而提升了这些企业的核心竞争力，是会展营销方式的一次破冰行动。

二、争取相关组织支持

纵观世界会展业的发展历史，德国、美国、法国、新加坡等会展经济发达国家无一不积极争取国际专业组织的支持，有些国家本身就拥有全球性的行业协会。

换句话说，大到一个国家或城市，小到一家会展企业，拥有相关权威性组织的认可和支持是至关重要的，对于像世博会这样的全球性展览会尤其如此。即使对于单个企业，所主办的会议或展览会若能得到国际性组织认可，对与会者和参展商及专业观众将具有更大的吸引力。从会展营销的角度来讲，相关组织一般包括以下四种类型。

1. 政府有关部门

从中国改革开放的经济发展过程来看，任何一项产业在发展初期都离不开政府的扶持，会展产业同样如此。会议或展览会主办者应该而且完全可以把政府当作一个重要的信息来源，如通过政府有关部门获取国际专业买家信息，甚至将国际重要买家组织到展览会上来，或者协助在不同的国家或地区寻找销售代理商等。对国内展览公司来说，经常打交道的有外经贸系统、各级贸易促进委员会、旅游局等。

2. 各类驻外机构

从会展企业可利用的资源角度看，这里的驻外机构主要指驻外使领馆、各种友好组织的国外联络处以及其他政府机构在国外设立的办事处等。例如，在举办国际旅游交易会时，承办单位(一般是各省、市旅游局)就应该与国家旅游局的驻外办事处合作，充分利用其熟悉当地社会经济情况的优势，选择适当的招展、招商渠道及手段。然而，从目前国内会展业的整体水平来看，会展企业对驻外机构的这些优势开发得还远远不够。

3. 行业协会或学会的海外组织

行业协会或学会的海外组织主要包括两类：一类是国际性或区域性的专业协会，如国际大会和会议协会(ICCA)、国际博览联盟(UFI)、国际展览管理协会(IAEM)等。能够得到这些权威性组织的指导和推荐，无疑会有效提高国内会展企业的美誉度，增强展览会的吸引力；其次是某一个行业的协会，如世界旅游组织(WTO)、中国纺织行业协会、中国汽车工业联合会、中国模具协会等，若能得到这些机构的认可，会展主办单位除了享受技术支持和行业资源优势外，还能够迅速增强展览会的可信度。

4. 国际商业公司

对会展企业尤其是会议或展览会的主办单位而言，这里的国际商业公司主要包括实力雄厚的管理咨询公司、公关公司、市场调查公司和营销咨询公司等。这些公司大都具备很强的获取市场信息的能力，并掌握有一批特定的客户资源，从而为会议或展览会营销甚至是整个城市的宣传推广提供强有力的支持。因此，国内会展企业还应该熟悉国际惯例和法规，积极采取市场化的运作手段，充分发挥国际商业公司的作用。

三、积极开展联合促销

世界上许多国家的会议或展览业之所以能取得巨大成功，并在国际上享有盛誉，在很大程度上得益于整体促销活动的高效、有力。毕竟，开展联合促销既能塑造和推广地区会展业的整体形象，又可有效组织分散的资金、人力和物力，集中力量宣传本地区优良的办展(会)环境以及一批品牌会议或展览会。

1. 与政府合作

在会议方面，可以通过精彩的策划达到共赢，争取由政府有关部门牵头，大力推进目的地整体营销。因为广阔的市场前景和良好的外部环境能够吸引更多的国际会议组织者和公司会议策划人，而这需要依靠精心策划的目的地营销活动完成。何况，一些国际性的会议一般较少固定在某个国家或城市召开，这必将使得国家与国家、城市与城市会议业之间的竞争越来越激烈。

2. 建立联合促销联合体

在展览方面，可借鉴法国专业展览会促进委员会(Promo Salons)的成功模式，本着平等自愿、投资多受益大的原则，成立全国范围内的促销联合体，使得面向全球开展联合促销成为可能。

因为单个的展览公司，哪怕是实力雄厚的展览集团，都没有足够的实力在世界上几十个国家建立属于自己的办事机构网络，但是从属于不同展览公司的几十个展览会把各自的营销经费集中到一起，就能组成一个有效的国际促销网络。

3. 会展与旅游业合作

特别值得一提的是，国外在开会展展活动尤其是全球性会议或世界博览会的整体促销时，会展部门和旅游业往往能精诚合作，而国内会展界(如行业协会和会展公司)在这方面做得还十分欠缺。可以尝试与旅游机构在联合促销方面进行一些大胆的尝试，因为，会展活动和旅游活动存在许多共性，这决定了城市在进行目的地整体促销时，会展部门完全可以和旅游部门协作。即使是会展企业单独开展营销推广活动，也应将会议和展览会与城市及周边的旅游景点和旅游接待设施结合起来。

四、推进营销技术创新

对于行业协会或企业而言，应尽快建立先进的客户关系管理(CRM)系统，完善市场统计制度和客户数据库，对参展商或主要贸易观众开展一对一营销；利用互联网与参展商和专业观众进行互动式交流，以便及时改进产品和调整营销计划。与营销技术创新相辅相成的是积极拓展营销渠道，后者既是直接销售展览会的有效补充，也是新的营销技术得以迅速推广的主要途径。在国内会展企业的整体实力还比较弱的状况下，拓展营销渠道不失为一条发展的捷径。

（一）营销手段的创新

营销手段的创新是更新会展营销理念的重要内容之一。从营销主体的角度，可以将营销技术创新分为两类，即会展城市层面和会展企业层面。

1. 会展城市层面

对于会展城市而言，行业主管机构可以与旅游、城建、媒体等部门联合，以积极建设目的地作为手段加强各行业之间的协作，切实提高对大型会展活动的综合接待能力。

2. 会展企业层面

对于行业协会或企业而言，可以建立先进的客户关系管理(CRM)系统，完善市场统计制度和客户数据库，对参展商或主要贸易观众开展一对一营销；利用互联网与参展商和专业观众进行互动式交流，以便及时改进产品和调整营销计划。

与营销技术创新相辅相成的是积极拓展营销渠道，后者既是直接销售展览会的有效补充，也是新的营销技术得以迅速推广的主要途径。在国内会展企业的整体实力还比较弱的状况下，拓展营销渠道不失为一条发展的捷径。

例如，出国展的传统目标市场和推广渠道是外贸进出口公司和贸促会系统(这主要是由我国过去的外贸体制和出国展审批制所造成的)，而这一情况在近几年发生了很大的变化。尽管渠道推广仍然占有举足轻重的地位，但现在大部分出国展组展单位都以直接的客户销售作为招展的主要手段。

（二）无线营销

无线营销是高科技时代的产物，移动环境下营销变得无处不在了。无线营销也称作互动营销或移动营销，直接向"分众目标受众"定向和精确地传递个性化即时信息，通过与消费者的信息互动达到市场沟通的目标。

1. 基本概念

"无线营销"(Wireless Marketing)是一个既涉及无线通信，又与市场营销有关的跨领域交叉学科，虽然看似复杂高深和神秘，但我们可以从以下两个方面来了解和理解"无线营销"的概念：固定电话和移动电话是人们非常熟悉的两种常用的通信手段，它们的功能有一些不同，但最根本的区别在于固定电话是有线通信，而移动电话则是无线通信。从技术层面考虑，移动电话与固定电话的根本区别主要是接入方式的不同，而通信网络本身却没有本质上的不同。

"无线营销"也可以理解成是"网络营销"的一个技术性延伸，而"网络营销"已经是一个为大众所熟悉的领域，无论是以因特网为平台的电子商务网站(B2B或B2C)，还是通过电子邮件开展的邮件推广，或者是企业网站宣传，它们的理论基础都是市场营销。

"无线营销"的第一个概念，即"无线营销"是"网络营销"的一个技术性延伸，但它们的基础都是市场营销。

2. "A的立方(A³)"的概念

正是由于"无线营销"对"网络营销"的"无线"延伸，从而带来了"无线营销"可以给市场营销创造"无限"应用的第二个概念，即所谓的"A的立方(A^3)"的概念，具体而言就是"无线营销"使人们可以在任何时间(Any time)、任何地点(Any where)、做任何事情(Any thing)。这也是未来"无线营销"将给人们的学习、生活和工作带来翻天覆地变化的关键之处。

"无线营销"是基于一定的网络平台实现的，这个网络平台既可以是移动通信网络，也可以是无线局域网络，而对应的接入手段或设备包括手机、个人数字助理、便携式电脑或其他专用接入设备等。

3. 3G时代的"移动营销"

随着3G时代的到来，"无线营销"(移动营销)的定义有了新的诠释，"移动营销"更偏向于被理解为基于手机媒体的新的营销模式，互动性成为"移动营销"最辉煌、最突出的特点。

手机媒体化的趋势已经呼之欲出，被称作继互联网媒体之后的"第五媒体"，利用手机媒体开展的营销活动都属于移动营销。"移动营销"在不同的地区有不同的侧重表现形式，而中国作为移动用户最为庞大的国家和地区，手机用户习惯使用短信交流，以及3G时代下的手机上网功能，会有更多形态被消费者使用，比如移动视频、移动邮件、移动多媒体等，这就为"移动营销"带来了更多的应用空间。

当公众越来越习惯这种快捷、随时随地获得信息的途径和方式时，势必会引发更多商业应用，比如定向传播的广告业务；比如大型手机网站的流量宣传；以及移动搜索引擎的开发和应用；当然还会有便利的移动支付等功用的开发等。

未来的会展营销可以充分运用无线营销这一全新的互动形式，为参展商或专业观众发送会展的即时互动信息，收集反馈和进行客户跟踪。

小贴士

传统媒体、网络媒体、手机媒体之间有什么区别

较比于传统媒体，网络媒体与手机媒体都有受众针对性高、消费者信息互动、二十四小时全日在线、投放灵活等特性。

从形式上比较，以网络媒体、手机媒体为主的现代广告有着传统广告不可比拟的优势：全天候和全球性、传播速度快、网络广告与手机广告可以追踪广告的效益、投资回报的优化、实现广告与购买一步完成、互动性。

会展现场商家积极地展示自己的新服务、新产品，推出了新的网络广告投放形式，在原有的广告表现形式上，通过技术的应用，增加了广告视频、音乐、游戏、趣味组合等。比如某款汽车广告，除了展示视频和相关产品信息外，在广告视窗里还有几种颜色的选择框，消费者可以自行更换广告车体展现的颜色，进行随意搭配组合。

(资料来源：新华月报网，http://www.xhyb.net.cn/detail.asp?id=3555改写)

（三）电子邮件广告(E-mail Advertising)

由于互联网的飞速发展，人们对其依赖性也越来越高。人们一打开电脑可能首先要做的事情便是打开自己的邮箱，查看亲朋好友、公司同事发来的电子邮件，这已经成了生活工作中的一种习惯。因此其庞大的网络用户群使得电子邮件广告成为大众营销媒体，电子邮件广告形式被各个企业纷纷采用。

1. 基本概念

电子邮件广告是指通过互联网将广告发到用户电子邮箱的网络广告形式，它针对性强，传播面广，信息量大，其形式类似于直邮广告。电子邮件广告可以直接发送，但有时也通过搭载发送的形式：比如通过用户订阅的电子刊物、新闻邮件和免费软件以及软件升级等其他资料一起附带发送。

也有的网站使用注册会员制，收集忠实读者(网上浏览者)群，将客户广告连同网站提供的每日更新的信息一起，准确送到该网站注册会员的电子信箱中。这种形式的邮件广告容易被接受，具有直接的宣传效应。譬如当你向新浪网站申请一个免费信箱成功时，在你的信箱里，除了一封确认信外，还有一封，就是新浪自己的电子邮件广告。

随着电子邮件使用的越来越普及，电子邮件广告现在已成为使用最广的网络广告形式，越来越多的企业开始采用这种直接而方便的广告形式。

2. 电子邮件广告的特点

电子邮件广告具有针对性强、费用低廉的特点，且广告内容不受限制。其针对性强的特点，可以让企业针对具体某一用户或某一特定用户群发送特定的广告，为其他网上广告方式所不及。

电子邮件是网民最经常使用的因特网工具。30％左右的网民每天上网浏览信息，但却有超过70％的网民每天使用电子邮件，对企业管理人员尤其如此。电子邮件广告分为直邮广告、邮件注脚广告。直邮广告一般采用文本格式或html格式。就是把一段广告性的文字或网页放在E-mail中间，发送给用户，这是最常用的电子邮件广告形式。

电子邮件广告可以作为未来新型营销策略中的一种推广形式，是互联网广告的一种延伸，也为定制化等个性服务提供了新的载体。

案例4—5

不可不"读"的二维码广告

——2007北京ad:tech国际互动多媒体会展上的二维码技术

2007北京ad:tech国际互动多媒体会议，以及10月16日～17日为期两天的无限广告新技术展，就充分地为我们展现了无限广告新技术席卷营销市场爆发的魅力。此次会展有将近50家企业参加，包括腾讯、搜狐、新浪、雅虎中国、阿里巴巴、意锐、亿动传媒、Accoona、Friendster等，会展上来自国内外的商家各显其能，让人们不得不欷歔感叹广告业由广播、电视、报纸、杂志的传统大众媒体风行一时只不过是落日余晖。

在"意锐"的二维码自动售货机旁(见图4-5和图4-6)，有人手持一张印制二维码的卡片，对准自动售货机的二维码识读端口，识读后即获得一听百事可乐。手持相同卡片的围观人群发出惊叹的赞许，原来这是"意锐"与亿动传媒联手为参加会展的每位人员提供的免费礼品，一张小小的卡片上，一个不足卡片十分之一大小的黑白色小方块，带给参会者如此大的惊喜。

"意锐"和亿动传媒以这种娱乐趣味的方式向大家展示了二维码的时尚应用，实际上二维码技术在广告领域也能发挥其意想不到的优势。

作为国际、国内双重标准的二维码——QR码，广泛应用于海关、税务、工商、保险、运输、防伪、传媒等多行业多领域。二维码作为记录信息的新一代条码技术开辟了提供多样而丰富信息的捷径，手机网络作为新兴于广告业的传播媒介，如同一把双刃剑，打破所有媒体界限，把传统媒体和新媒体进行整合的新的营销平台。

图4-5 "意锐"二维码自动售货机

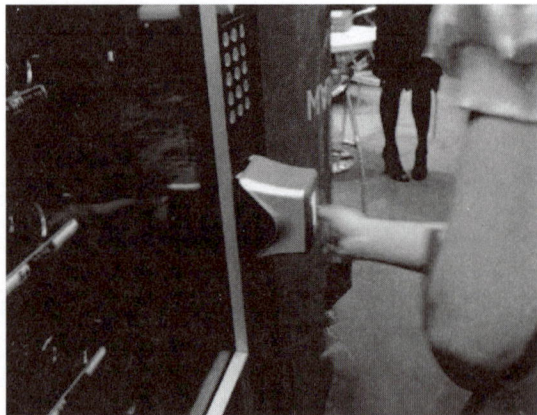

图4-6 扫码获取饮料

二维码成为信息载体功能的媒介和商业终端，二维码技术在广告业的应用涵盖了传统媒体与新媒体的全部特性，它在实现自身基本功能属性的过程中，由于能与最终用户直接接触，因而能够将特定的信息进行最大限度的有效传播，进而达到超过普通媒体传播效果的状态，所谓精准营销。

手机二维码应用最成熟的日本市场，海报、游览手册、传单、折扣券、电子票证，甚至公交车、大厦上都贴着二维码，成为手机用户登录网站以及获得广告商品信息的非常便捷的方式。

在国内，中国占据全球最大的手机市场，由"意锐"领航的手机二维码应用随着与中国移动、手机厂商的共同努力，手机将大量预装二维码的识别软件，这在广告业、传媒业均为实现平面媒体和互联网的内容同时展现在手机上打下坚实的基础。那么，平面媒体就能以多媒体的形式展现自己的内容，手机二维码可以印刷在报纸、杂志、广告、图书、包装以及个人名片上，用户通过手机扫描二维码，或输入二维码下面的号码即可实现手机快速上网的功能，并随时随地下载图文、音乐、视频，获取优惠券，参与抽奖，信息互动，了解企业产品信息等。

这种方式结合了平面媒体和手机的传播优势，不仅能为平面媒体的读者提供更多的资讯，用多媒体的形式展现其内容，而且还可以解决当前平面媒体缺乏读者互动的难题，读者能够在阅读的同时通过手机实现即时互动，比如参加读者调查、有奖竞猜等。

手机二维码技术在中国的诞生源自于意锐多年的技术研发与商业应用探索。意锐早在2002年就涉足二维码技术的研发，并积累了意锐的核心技术；2005年，为国家物品编码中心研发了中国的"汉信码"，2007年正式颁布为中国国家标准，成为中国第一个自主知识产权的二维码标准；2006年意锐与中国移动联合制定了中国移动的手机条码行业应用规范，自主研发了二维码编码解码的软件。

手机二维码作为一种基于平面媒体又超越平面媒体的新媒体形式，通过将二维码印刷在平面载体上，实现传统纸媒体与网络媒体的链接，使得传统媒体能够突破平面的界限，在手机上真正实现多媒体融合，从而充分发挥这两种媒体的优势，增加受众精准定位，提升广告效率。意锐的二维码技术为中国广告业新技术的腾飞做出了积极的贡献，相信二维码技术在广告业的应用必将有不可估量的前景。

（资料来源：163网，http://new.163.com/07/1022/16/3RE1OETB0001125P.html改写）

本章小结

本章从会展营销的概念入手，使学生初步了解会展经济与会展广告之间的关系，掌握会展广告宣传如何与会展营销相结合，以及如何在"绿色会展"中借助科技发展和电子技术，开拓会展新的营销渠道。

思考题

1. 什么是会展营销？
2. 会展城市如何利用会展发展旅游业？
3. 简述"绿色会展"与信息技术发展的关系。
4. 举例阐述会展对城市宣传的影响。

实训课堂

针对一个环保主题的会展的前期调研

项目背景

环保一直是人们关注的热点，从地球大环境到人们生活品质，环保是一个关乎所有地球人的问题，在会展中环保设计：会展主题、商品、设计、装修等多个方面，如何探索人与环境的良性共生将值得我们深入研究。

项目要求

1. 确定调查方案：调研的目标、调研内容和官方政府和市民对环保的意向等。
2. 制定出调研进度与费用预算明细。
3. 执行调研过程并提交调研相关方案、问卷、数据等。
4. 提交调研报告。

项目分析

计划在你所在的城市举办一个关于环保主题的会展，该会展需要进行一次调查，以便客观了解该城市的发展定位、环保相关经济情况、环保产品企业、市民对环保的态度等，为该会展最后的定位和主题确定提供资料支持。

第五章

展示设计

学习要点及目标

- 通过对本章的学习，让同学们了解展示设计的基本概念。
- 通过对本章的学习，让同学们掌握展示空间的类型和设计。
- 通过对本章的学习，让同学们了解并认识展示照明的作用和设计要点。
- 通过对本章的学习，让同学们熟悉展示工程的实施过程。
- 通过对本章的学习，让同学们掌握展示中的平面设计。

05

本章导读

展示设计是一门综合性艺术设计，它的主体为商品。展示空间是伴随着人类社会政治、经济的阶段性发展而逐渐形成的。在既定的时间和空间范围内，运用艺术设计语言，通过对空间与平面的精心创作，使其产生独特的空间氛围，不仅含有解释展品宣传主题的意图，还使观众能参与其中，达到完美沟通的目的，这样的空间形式，我们一般称之为展示空间。对展示空间的创作过程，我们称之为展示设计。

引导案例

"蓝色星球"VI与展台设计

客户名称： 康泰氟化工-蓝色星球

项目名称： 展台设计

所属行业： 化工

江苏康泰氟化工有限公司隶属于江苏康泰化学集团，是专门从事新型环保制冷剂、发泡剂以及三氟系列产品研发和生产的高新技术企业，其中新型环保制冷剂产能居亚洲之首，也是全球最大的三氟系列产品生产基地，其中三氟乙醇、甲基丙烯酸三氟乙脂产能居全球第一。公司自有品牌"蓝色星球"商标已遍布国外50多个国家和国内20多个省市，其中"蓝色星球"牌HFC-134a先后被认定为江苏省名牌产品、高新技术产品和中国名牌产品。图5-1为康泰氟化工-蓝色星球品牌VI设计图。

图5-1 康泰氟化工-蓝色星球品牌VI设计图

蓝色星球VI设计理念：

核心要素： 环保品质信誉基本要素：时代感-科技不断进步，国际化。

标准字： 展现制造业稳重中有活力的风格，"星球"元素与标志形成呼应，统一VI设计风格。

标志设计： "蓝色星球"标志运用了图案中的母形——圆形，并进行了生动、有机并简练的组合，形成了简洁、醒目、直观并带有三度空间的理想标识性构成，具有广泛的内涵和外延，现代感强。标志以"蓝色星球"的意象为主体，直接对应了品牌名称；以工业蓝为底色，象征着健康、现代的品牌宗旨；主体为白色的群星，象征着蓝色星球是靠所有人同心同德才能够实现的追求。

标准色：稳重的工业蓝，配合年轻、健康、现代的天然橙。

辅助形：蓝橙组合的肩章，象征管理严格、言而有信的企业风格。

根据VI设计理念与风格，形成了康泰氟化工-蓝色星球的会展展台设计。图5-2为蓝色星球展台设计三维效果图，图5-3为展台实拍照片。

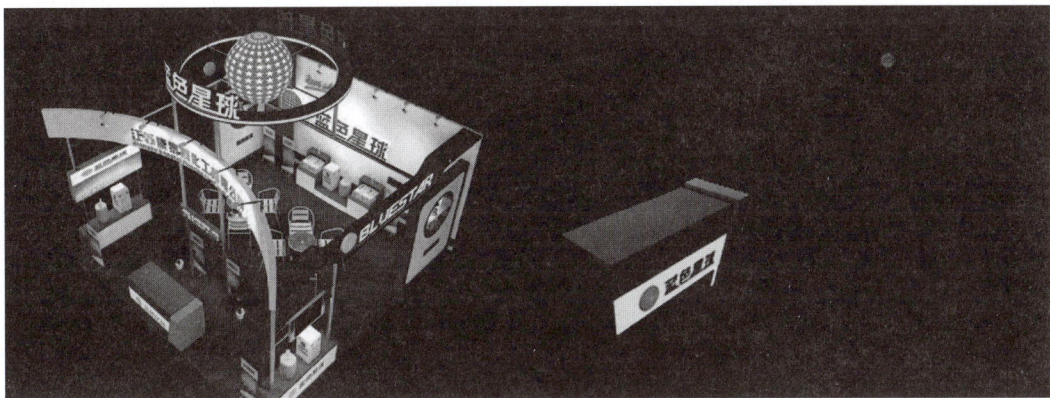

图5-2 蓝色星球展台设计三维效果图

图5-3 蓝色星球展台实拍照片

(资料来源：千贺广告，http://www.tradho.com/case12.htm改写)

点评：

企业VI设计在各种企业宣传途径中都发挥着至关重要的作用，为会展的展台设计风格也提供着指导。蓝色星球展台设计延续了VI的蓝色主色调，企业Logo与背景墙壁的配色合理，有效突出了主要视觉元素和体现了企业所属行业的气质与特色。展台整体设计不但在视觉方面承袭了VI设计大方、简洁、专业的品质，而且在空间利用方面也做到了合理实用。

第一节 关于展示设计

背景资料

设计教育导入中国已有20余年的历史，形成黎明期、发展期、理性期和差异期四个时期，中国的商业设计随着中国的商业化进程经历了黎明期和发展期，正在走进后两个阶段。随着会展业的兴起，展示设计也逐渐从工业设计、环境艺术等专业中分离出来，成为独立的一门专业，正由于有此背景，展示设计体现出的综合性和跨学科的特性也更加凸显。

一、展示设计的基本概念

展示设计的基本概念，包括展示设计的含义和分类两部分内容。

（一）展示设计的含义

展示设计是以展具为标志物的设计，更广泛地说，是以文字说明展板、展具和灯光照明为间接的标识物，来烘托出展品这个主角的一种设计。

展示设计是指所有展览和陈列的视觉艺术，包括各类会展、商场、商店、饭店和宾馆等商业销售空间和服务空间的室内外环境规划、美化等设计工作，还包括室内商品陈列和提供大众销售空间、展示商品，以及促销品的摆设等展览工作。

（二）展示设计分类

会展展示设计按照会展的类型和特点进行划分。

1. 依照内容和功能划分

展示设计按照内容和功能可划分为会展设计、公共商业环境的展示与设施设计和公共服务性场所的展示与设施设计。

2. 依照时间长短划分

展示设计按照时间长短可划分为长期或永久型的展示与设施、临时的公共商业环境和场所的展示与设施设计、短期的会展和展台设计。

二、对展示设计的理解

对展示设计的理解，包括以下几方面的内容。

（一）展示规模

展示设计规模从范围上可以大到博览会场、博物馆、美术馆，中到商场、卖场、临时庆典会场，小到橱窗及展示柜台(样品柜)，不过都以具有说服力的展示为主要概念。

（二）展示内容

就展示设计所处理的内容而言，主要有展示物的规划、展示主题的发展、展具、灯光、说明、标指示及附属空间(如大型展示空间就该包括典藏、消毒、厕所、茶水和休息等空间)。展示设计的展示内容规划，展示主题的发展往往就定位成告知性、贩卖性、庆典性、游艺娱乐性和教育性等分类。

（三）会展展示设计师

会展展示设计师是运用现代设计理念，从事大、中、小型会展及节事活动空间环境的展示设计、施工并提供具有创造性和艺术感染力的视觉化表现服务的人员。

1. 展示设计师需要的能力

作为一个合格的展示设计师需要具备：推销物品或理念的调查与企划的能力、立体造型(审美、建材与构造)的能力、灯光与临时机电设备的知识以及吸引人群安排人潮动线的能力等。

2. 清晰理解展示设计的作用和地位

展示设计是一种"配合演出"的设计，展示设计在设计时要首先了解被展示的物件或概念后，找出要表达的主题，然后将这一主题以展示装置加以渲染、诠释，来完成这次设计。设计时，所设计的展示装置本身是否精彩并不是重点，反而是这展具、展示装置完成后，被展示的物件或概念是否被充分展示出来才是重点。

05

小贴士

设计师之十诫

第一条：不可抄袭他人之创意，不论有何前提。

第二条：不可过分依赖电脑技术，切记，你是一名设计师，不是一名电脑修图员。

第三条：不可一直追随流行设计风格，现在流行的，必是马上过时的。

第四条：各用10%的精力涉足十门设计学科，不如用100%的精力涉足于一门学科。

第五条：不可将自己都认为有问题的作品向公众发表。

第六条：不可因低价商业项目，而放低对作品的要求。

第七条：不可凭主观意识评价他人作品；不可人云亦云。

第八条：不可闭门造车，了解一些历史、哲学和人文知识，将对你的作品大有好处。

第九条：不论身份高低，需保持谦虚的态度。

第十条：永远坚信：设计可以拯救你的国家，可以改变世界。

（资料来源：展示设计网，http://www.ssxgy.cn/Article.asp?id=1641改写）

第二节　展示空间的设计

背景资料

　　会展设计中的展示空间设计非常重要，展示空间设计包括大到整个会展空间的设计，小到参会企业的展位空间设计，其涉及建筑、室内、展示和平面设计等多个设计专业，空间设计与展示方、展示物和参观者相互之间存在着内在的关系，展示空间设计也是设计的功能性和人性化的体现。会展上的展示空间又是主办方或参展企业的整体视觉形象重要的组成部分。

一、关于空间

　　对人类来说，空间的存在分为两类：一类是物理空间；一类是心理空间。这两类空间之间存在着内在的因果关系。

　　1. 物理空间

　　物理空间具有地域性，是由该地域内的所有物质构成，是人类生存的基础。同时，物理空间只有被人感知才能成为积极的、有意义的空间。人是物理空间中核心的、主观能动的因素，是我们研究的一切行为的主体。

　　2. 心理空间

　　心理空间是人们在对生存的客观世界度量的基础上产生的，它具有人类的共性，同时也因个体的差异而有所不同。心理空间可以等同于物理空间，也可以不等同于物理空间，它掺杂了人的很多知觉经验和心理感受。

　　3. 物理空间与心理空间的关系

　　任何设计活动，本质上都是以人为本，以人的活动为研究对象，以为人类创造合理的生活方式、和谐的生存环境为终极目的的。物体是物理空间的主要载体之一，我们居住和工作的空间、生活中使用的器物都不例外。物体是以不同的材料、结构和形态呈现的，因此可以说，我们的生活是建构在材料和结构的基础上的，而使用的材料可以作为改变和影响我们生活的途径和手段，成为空间设计中最直接的对象，通过对材料和结构的研究，间接的实现通过空间的变化来限定、影响和引导人的活动的目的。

二、展示空间的特征

　　不同的空间有着不同的形式与不同的内涵，作为展示空间有什么与众不同的地方呢？展示活动中的空间实质上是由一种场所、环境或一种物体，与感觉到它的人之间产生的一种相互关系。

　　展示空间具有以下一些基本特征。

1. 整体性

整体性是指由于在同一展场中，有大量的文字、图案、实体和标识以不同的色彩和形态出现，在纷乱的展示空间里，应该注意繁中有序，避免杂乱无章，保持整体的统一。

2. 四维性

四维性是指三维空间与时间的集合。也就是说，离开一定的时间，人们是无法全面认知和感受展示空间的。

3. 组合性

组合性是指在商业展示设计中，展品、道具、灯光和广告装饰等展览手段五彩纷呈。针对不同的展位特点，空间组合力求灵活多变。同时，在有限的空间里需要满足展示、仓储、互动、销售、休息和洽谈等多种功能需求。这些即决定了展示空间是群体空间的组合。

4. 开放性

开放性是指展示本身即是打破封闭、面向公众的开放之举，从而促进了主客双方信息的沟通和意向的统一。展示空间是所有建筑空间中最为开放的空间形式，展示空间的设计，必须最大限度地满足客户方的需求。

如图5-4、图5-5所示为不同开放程度的展示空间。

图5-4　开放的展示空间

图5-5　两边围合的展示空间

空间设计从某种意义上来说，是"无中生有"，缺乏对展示空间的准确把握或缺乏想象力的人，是很难胜任展示空间设计，设计师在进行平面图或立体图设计时，即应想象到展出时的空间效果。

三、展示空间的组成

会展设计是一种实用的、以视觉艺术为主的空间设计。展示空间是由会展空间和参展展位空间组成。

（一）会展空间

会展空间是由会展主办方或组织者负责功能规划或委托会展设计公司设计，主要针对已租给参展商的展位空间以外的空间设计，包括馆围空间、公众空间等。

05

1. 馆围空间

馆围空间是指展馆的上部空间和展馆周围的地域空间两部分。展馆的上部空间是展馆建筑形象的延伸与扩展，尤其在夜间，照明光束的方向伴随色彩，使展馆上部形成一个具有统一感的空间。另外，彩球、热气球等空中广告形式也会给人以深刻的印象，增加馆围的空间感。

2. 公众空间

公众空间是指共享空间，包括展示环境中的通道、过廊和休息间等场所，是供公众使用和活动的区域。公众空间的设计要注意人与展示环境、展品的尺度关系和互动方式。

3. 信息空间

信息空间是指展品陈列的实际空间，是展示空间造型设计的主体部分。能否取得良好的视觉效果、吸引观众的注意力和有效地传达信息，是信息空间设计的关键。

在信息空间的设计中，处理好展品与人、人与空间的关系十分重要。展品的大小、形状、重量、硬度、质感和颜色决定着我们选用何种陈列方式。展区的识别与定位、展示的流线与导向、人际行为与交往空间等都必须满足人机工程学。

4. 演示交流空间

演示交流空间的设计要视具体情况而定。大型演示，如时装表演，应有一专门供表演和观看的大空间；个人的小型演示往往不再另辟演示空间，而多在展品摊位内，选取一隅空间作演示；有些演示，如食品制作、酒的酿造，不便在现场操作表演，则以多媒体的方式在展台某一适合的空间部位上播放。

（二）参展商展位空间

参展商会在会展期间有一个展位，该展位的空间规划和设计由参展商负责并委托设计公司设计施工，一般概括为下列几种。

1. 展示空间

展示空间是参展商展示其产品或服务的空间，会采用多种展示手段结合使用，这个空间也是观众参观游览的主要空间，展示空间会根据其行业特点决定该空间的开放程度，一般情况下都会采用开放程度大的形式，但是，如果是针对代理商的服装服饰品牌的展位，会采用开放程度小的形式，还会限制进入者的身份，以免款式被同行剽窃。

2. 接待空间

接待空间是专供顾客与展商进行交流的空间，在设计中要考虑接待空间在展区中的位置、尺度和私密性，既不能影响参展路线，又要尽量不被其他参观者打扰。

3. 储藏空间

储藏空间是参展商会有大批样本、样品、宣传印刷品带到会展现场派发和演示，所以展览空间中需要储放这些物品的空间。这种空间一般设在较为隐蔽、公众视觉不易注意的地方。以节省空间，不破坏展示的整体视觉效果为设计原则。

4. 维修空间

维修空间指无论是长期陈列还是临时性的展示活动，常有一些诸如仪器、机械、装备、模型以及灯箱、音响、通信、照明等需要消耗能源的设备，这些设备除了自身占一定的空间外，还必须另外留出维修空间。维修空间应同公众空间和信息空间隔离开来，并建立安全措施，以防止噪声、电线或有害气体等对公众造成侵扰和损害。

5. 工作人员空间

工作人员空间是提供给工作人员休息的空间，并不是每个展览中都有，一般在空间比较大的展位上才安设。

四、展示空间的要素

展示空间的要素包括尺度、形状、方位、色彩和界面质感等几方面。

1. 尺度

尺寸是指会展场馆或者展位空间的长、宽、高的三维实际尺寸，是个绝对数值；而尺度是指各部分尺寸的比例关系，是个相对关系。尺度在空间设计中是非常重要的一个要素，关乎是否符合参观者的视觉欣赏习惯和心理感受。

2. 形状

展示空间形状分为两个内容：一个是指参展商租用的展示空间的平面形状，一般都是不同比例关系的方形；另一个指参展展位的设计，主要指针对展位空间功能区域划分的平面形状。分常规形：如方形、长方形和圆形等几何形，还有异形：由自由曲线、曲面的立面围合而成的展位空间。

如图5-6所示，这是一个由曲线和不规则椭圆形为主要形状的展位设计，洽谈区利用曲线接待台巧妙地与展示区域进行了划分，椭圆形的地台和顶部造型使之从视觉上分化出洽谈的功能。

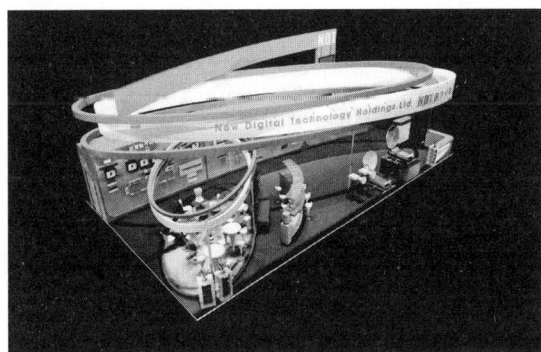 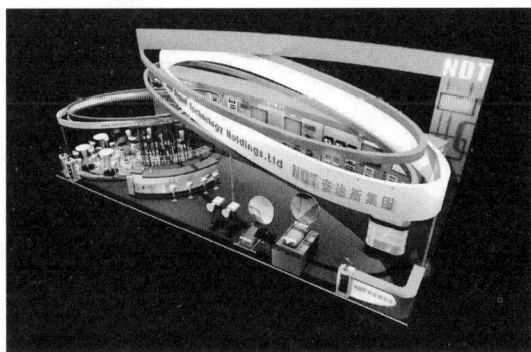

(a) (b)

图5-6 以曲线为主的展位造型设计不同角度的效果展示图

(c)　　　　　　　　　　　　　　　　　(d)

图5-6　以曲线为主的展位造型设计不同角度的效果展示图(续)

3. 方位

方位是指展位及展位周围情况，展位距离展馆入口的远近、与通道的关系以及处于所在场馆的具体方位和位置等。

参加会展都希望能让参观者一进入场馆就能引起关注，所以展位的位置对于参展商参加会展的目的是非常关键的第一步，作为展示设计师则要结合已经确定的展位的方位来进行设计定位分析，位置的优劣是相对的，而一个具有吸引力的设计才是绝对的。

4. 色彩

色彩是指界面色、光照色和展具展品色等总体色调。色彩作为视觉的重要构成因素，我们可以利用VI中的色彩突出展示企业的形象(见图5-7)，也可以通过流行色彩营造时尚感来吸引观众的注意力。人们越来越关注色彩在视觉和营销中的作用，色彩应用也是可以以最少投入获得最大回报的一个设计手段。

如图5-8所示红色是具有视觉高关注度的色彩，可以很容易把人们的视线吸引过来。

图5-7　中国船舶工业公司的展示设计利用蓝色和白色
　　　　突出其行业特色　　　　　　**图5-8　利用红色和白色增强了视觉吸引力**

5. 界面质感

说完了"形"和"色"之后，自然要提到"质"，界面质感也就是涉及展位围合面所用的材料及其展示方式。

质感与材料密切相关，不同的材料都具有其特有的质感，而质感也是视觉中会直接影响人们心理反应的因素，同时也是表达设计主题理念重要的手段之一。木质会给人以自然和怀旧的感觉，而不锈钢和玻璃的材质更容易让人感受到现代和时尚。

五、展示空间的布局与造型

由于展览的性质和目标不同，对展示空间的设计的具体要求一定也会各有差异。但是，作为展示空间，同戏剧舞台空间或体育竞技空间相比，其独特的设计要求还是明显的，这主要表现在功能、心理、效益和审美四个方面。

1. 空间功能设计

空间功能设计是满足陈列、演示、交流、销售与人流组织等多种实际功能的需要。这不仅仅是将展馆平面作简单的区划与分配，还要兼顾空间利用的合理性、空间组合的科学性及摊位空间的适用性等。展示空间、商务会谈空间、过渡空间等的尺度、方位、色彩和走向等都需与之相适应。

2. 空间心理设计

空间心理设计是达到功能要求的心理与情绪效果。例如，适合于儿童玩具陈列的空间可以设计成有趣的、活泼的和充满幻想的异形展示空间；严谨的、静谧的和暴露结构的展示空间，则有利于为科技展览营造凝思遐想的心理环境与现代感。

3. 空间效益设计

空间效益设计是指既要注意充分有效地利用展示空间，又要符合经济的原则，尽量利用现成的、标准化的道具，不轻易"大兴土木"。

4. 空间审美设计

空间审美设计是有效的空间功能设计和适当的空间心理设计，是空间美感的基本内涵。而空间的形象感、节奏感及其他形式美感，则是空间审美的要素和形式。展览空间的审美设计，不在于追求过多的变化，而在于追求变化中；不在于追求繁杂，而在于追求简练。如图5-9、图5-10所示，空间与造型元素相结合的展示设计。

图5-9 综合元素在展示空间设计中的结合

图5-10 具有独特视觉效果的设计

六、展示空间的平面布局与造型

展示空间的平面布局与造型主要包括以下几个方面。

（一）区域划分和展示空间配置

在展示空间中，首先要合理地划分区域，以此作为后续各项工作的主要依据。

一般来讲，在配置展区平面时，应主要考虑各空间之间的比例关系。如通道、休息场所等空间的比例。

区域划分以总平面图形式呈现。在图面上要标出展览建筑或各区位的外形、部分标识牌位置、方向指示牌、通道宽度、电源位置、电线、水管、煤气管线走向、绿化与休息区的分布、出入口及参观路线的设计等。另外，在图面上还应画上指北针和地面标高符号。

（二）参观线路的制定

小型、中型展位一般对参观线路的要求并不严格，参观线路的制定主要是针对大型的展览设计而言的。参观线路要考虑整个展览的功能设计，让参观者轻松有效地完成整个参观过程。

1. 人流参观线路设计要求

人流参观线路的设计主要应遵循四个基本要求，即清晰、有序、便捷和灵活。清晰有序的线路比较适合博物馆、纪念馆等展览陈列场地，这种线路往往会按照展馆参观内容的顺序来设计。

2. 人流动线线路

人流动线是设计者在空间设计规划时，根据参观者的习惯和心理，模拟制定的线路图，并以人流动线为布置展位的空间和展示的位置依据。

参观线路大概分为直线人流线路和环线人流线路两种。

1) 直线人流线路

直线人流线路的展区分为对称式布局和不对称式布局。对称式布局流线明确，但略显呆板；不对称式布局人流动线较模糊，但空间有些变化，显得错落有致。

2) 环线人流线路

环线人流线路是在一些三面围合的空间里因入口和出口在同一侧，观众进入展区，经过环线流动后，又从同一侧出口离开。环线流动的展区，布局比较复杂，理想的参观路线，应能使观众按顺序遍观全场，尽可能避免观众相互对流或重复穿行。

（三）平面空间的构成形式

平面空间的构成形式应根据展示面积、周边环境条件以及人流、通道和各展位的位置、展品陈列形式等情况来进行综合考虑。

平面空间的构成形式可分为以下几种类型。

1. 单向型和双向型空间

单向型空间是指展示围合空间只有一面向观众敞开的展位。展品陈列多为临墙布置或线形布置。展品以平面、半立体方式为主要陈列方式。

双向型空间是指展示围合空间有两面或直角向两边观众通道敞开的，适宜于通道转弯拐角或十字形、丁字形通道交汇处的展位。

在通道两面都摆放展品的形式也属于双向型空间类型，通过在甬道中的行走，人们可同时观看到两边的展品。

2. 环岛型和半岛型空间

环岛型空间是指四面敞开，观众可环绕参观的展示空间，适宜于展场中央的展位。其结构可以是双层或多层，常常同比邻的展示形式形成对比、竞争之势，以吸引参观者。

半岛型空间是指围合空间三面向通道敞开，适宜于三面或周围都有空间的展位。该形式容易构成某种舞台景观，并形成视觉中心，如凸出上面的立体舞台。

3. 内向型和外向型空间

内向型空间大多由展板围合构成。该形式的精彩之处不在于围合的外观，而在于其内部，有一种"难识庐山真面目"和"曲径通幽"的神秘感。这种空间形式比较容易管理或监控，但关键的问题是如何吸引观众进入其中。

外向型空间是一种敞开式空间，它的各个界面都向外敞开、淡化私密性和封闭感，强调空间的流动和渗透，观众从远处、近处、整体和局部都能接收到信息，使人产生自由、宽松、随意的观看心理，拉近了观展者与参展者的距离。

（四）平面空间的布置方法

平面空间的布置方法通常分为以下几种。

1. 中心布置法

中心布置法是指展品的布置是以展厅的中心为基础进行的。这种布置方法适合于比较大型的空间，参观者能在短时间内从四周不同的角度参观展示的具体内容，并起到传达信息的直接作用。

2. 散点布置法

散点布置法是指在中心布置法的基础上，将多个或多组可四周观看的展示内容分散布置在同一个展厅里，展示的布置比较灵活多变，有利于创造展示空间轻松活泼的气氛。

3. 网格布置法

网格布置法是以标准的摊位形式出现，适合较大的展示空间。这种展示的方式一般是标准化、通用化的组合道具，优点是能很快地开展和撤展。

4. 临墙布置法

临墙布置法也称线形布置法，是沿着展示空间的周边界面不断延续布展的方法，可以产生单纯且清晰的观看线路。一般在专题性展览中比较常用此方法。

(1) 甬道布置法。

甬道布置法是在通道两边依次布置展品的一种方法，这种方法占用大量的地面面积。因为通道是人流量最大的地方，所以一般在甬道比较宽敞的情况下才可采用此方法。

(2) 悬浮布置法。

悬浮布置是在展示空间比较高的情况下，通过悬吊结构来展示内容具有新颖的、通透的感觉，这种平面空间的布置方法称为悬浮布置法。

(3) 混合布置法。

混合布置法是一种综合布置的方法。一般情况下，一个展览单独运用一种方法进行布置的情况很少见，多数情况是以一种类型为主，兼用其他类型做补充的混合布置方法。

七、展示空间的立面布局与造型

空间中需要有视线阻隔，这样才会令人明显地感到其存在。立面空间是相对于平面空间而言的，在展示空间的设计中平面图反映的是空间分布的位置、比例和疏密关系。而参观者看到的是展示空间的各个立面，感受到的是立面空间的造型、轮廓、层次和视线的通畅与否。这些因素在平面图中都无法表达，但作为设计师一定要有三维空间的概念，从平面和立面等多个角度考虑方案。

1. 横向式空间造型

人的视线习惯于从一个点沿着一定的方向移动到另一个点。横向式空间造型是横向陈列展品，同参观的"流向"运动相吻合，使观众有序地得到信息。横向空间强调水平线的延伸，将展品陈设于人站立行走时的最佳视觉区域，给人以亲和、自然和舒适的视觉感受。展柜、展板、展墙以及展架是构成横向空间的最常用的道具。

2. 纵向式空间造型

纵向式空间造型强化由上至下垂直的感觉，往往会利用顶部来宣传形象、制作立体字、立体标志以及标志标语悬挂等形式都是对这种空间的利用。纵向式空间多用于中心布置形式的平面布局中，给人以高大、刚直、庄严之感。

3. 三角形式空间造型

在展示现场，所有的空间结构必须互相支撑，自行稳定站立。所以，立面造型中常见三角形式空间造型。三角形是最稳定的形状，具有活泼向上的感觉；三角形又是多变的，如果是等边三角形，由于三条边长度相等显得很稳定；如果是等腰三角形会产生向上的势向；如果倒置三角形，则给人以生动、异样的感受；若由数个三角形板块，从小到大渐序拼合起来的金字塔，则构成节律感。

4. 圆形式空间造型

圆形饱满、亲切、柔和，在表现形式上也可很丰富。它既可以是实心盘状，也可以是空心的圆环；可以是整球状，也可以是半球状；可以是平面的，也可以是立体的。

5. 曲线式空间造型

曲线是富有柔性和弹性的线，具有运动、变化的特征，运用在展示立面空间的造型中，可产生活泼、轻快、自由、生动的势向，给人以轻盈、优美的感觉。

在具体的展示设计中，立面空间的展示并不止于上面归纳的这五个方面，而是综合地运用各种立体的空间形式来处理的。立面空间造型结合立体造型的形式美感来构成展示中的空间形象。

第三节　展示照明的设计

背景资料

光伴随人类伊始至今，人们已习惯于在有光线的空间区域中活动，人们在生理和心理上都对光产生了依赖性——天然本能的向光性。光让整个世界生动起来，让人感觉到希望与温暖，空间照明设计的重要性不言而喻，它对完善空间功能、营造空间氛围、强化环境特色和定位场所性质等都起到至关重要的作用。

照明在会展展示空间中的作用比在其他任何类型的建筑空间中都要重要。展示空间的照明不仅是用来照亮展品，良好的照明设计还对于确定整个展示空间的设计风格与特色、塑造展示主体形象等方面都至关重要，而照明设计丰富了会展展示空间并推动了展示设计的发展。

随着人们需求的变化，近些年在展示空间中，有些照明设计开始考虑到其对展示风格与特色的创造，并以此来展示品牌，也就是强调照明设计辅助整个展位整体营销策略。

展示空间中的每一个灯具，从其空间自身的外观造型风格、照明方式、所在的空间位置以及在空间环境中所扮演的角色等都要考虑到商业展示的整体策划需要。除对照明设计美学上的愉悦感和整体感的表现之外，还有一个主要问题在于照明设计的环保与节能，随着世界环保意识的加强，"低碳"和"节能"的呼声越来越高，这也成为其发展的一个主要趋势。

一、展示空间中的照明设计

展示空间中的照明设计包括以下几方面内容。

（一）会展展示空间及其照明设计的要求

会展主要是以招徕顾客、诠释展品和宣传主题为主要目的，它的主体是展品，从广义上说这个展品不单指展示的实物，还包含了展示空间本身。由于展示空间需要表达展品的形象特色，所以其整个展位设计包括照明设计都需要有个性化、风格化的特色手法。

1. 突出展品

突出展品指由于会展展示空间目的很明确，所以其照明设计最重要的作用之一是吸引视线。照明系统产生的明亮夺目的光线本来就有这种效果，但如果很多展示空间争放光芒的时候，这种效果就会减弱，只有更特别一些的照明效果(比如动态灯光、彩色灯光以及造型独特的灯具等)，才能再次把顾客的注意力吸引过来。

展示空间中狭义的展品即展品是表达的关键所在，所以对空间内所有的展品都能提供有效的照明是首要部分，在此基础上再针对一些重点展品(如文字宣传、产品或装饰等)设计出特色的展示性照明，使得整个照明效果在整体感中不乏层次感。

2. 基础照明

基础照明是其间的照明设计应为参观者的参观路线负有导引和照明的作用，可以通过照明的强弱对比增加空间的层次感，形成主次分明的展示空间。

3. 会展展示空间照明与其他类型建筑照明的主要区别

展示展品主要是针对垂直面来进行考虑，而不是通常所考虑的水平面。因此，在照明设计上要避免那种很集中的下射光，如紧凑型荧光灯或是HID灯(高强度气体放电灯)的下射式照明，这样光束很容易集中在水平面上；而普通的下照式荧光灯能形成足够多的漫反射光，产生良好的垂直面照明效果。

以上分析可以看出，会展展示空间由于其自身的功能与特点，决定了它的照明设计除了需要考虑功能性以外，更需要突出照明设计的艺术性表达，以此来强化突出展位，塑造展示主体形象，从而达到吸引参观者的目的。

（二）照明设计的艺术性表达手法

以展示为目的的照明设计时，要求观察对象的亮度对比和色彩能尽量理想地表现，需要展品比背景更为明亮而突出，但又不能因过于强调而失去展品和背景的协调。照明设计是照明技术和照明视觉艺术高度结合的视觉效果。

1. 分层次照明的设计原则

分层次照明的设计原则能让人更好地理解照明设计，并实现照明所需要的整体性和美学效果。

(1) 环境光层次。

环境照明的任务是为室内空间提供整体照明，它不针对特定的目标，而是提供空间中的光线，使人能在空间中活动，满足基本的视觉识别要求。对于商业展示空间来说，为强调展示空间本身的设计风格与特色，其环境照明一般采用隐蔽式的灯槽或镶嵌灯具，而荧光灯和紧凑型荧光灯也因其较高的光效和几近完美的显色性能成为其首选。有些展示空间(如首饰展示空间)为获得一种戏剧性效果，则有意加大环境光照与重点照明的对比度，以此来强调商品、营造氛围。

(2) 重点照明层次。

重点照明是起强调、突出作用的，其主要目的是为了照亮物品和展示物，如艺术品、装饰细部、商品展示和标识等。多数情况下，它具有可调性，轨道灯可能是其最常见的形式：具有可调性的照明能适应不断变化的展示要求，比如说展品空间位置上的变化、装饰的变化等。另外，洗墙灯、聚光灯等也是常用的重点照明灯具。

(3) 作业照明层次。

作业照明是为了满足空间场所的视觉作业要求而做的照明，因环境场所、工作性质的不同而对灯具和照度水平有不同的要求，如专业画室要求照度水平较高而柔和，不能产生眩光，对灯具的显色性能也有较高的要求；而停车场、仓库库房等场所，则对照明的光色要求均不高，其基本的原则是在满足作业要求的前提下，尽可能减少能耗。

就商业展示空间来说，其作业照明主要是考虑商品货物的存储、清洁工作和销售结算收款等作业的顺利进行。在很多此类空间的设计中，经常是在接待台的上方设置造型特点鲜明的吊灯，既便于作业，又配合了展示空间的特点，同时也为顾客提供了一定的引导作用。

(4) 装饰照明层次。

装饰照明，是以吸引视线和炫耀风格或财富为目的的，主要意图就是为空间提供装饰，并在室内设计和为环境赋予主题等方面扮演重要角色。

关于商业展示空间的装饰照明，主要体现在以下几个方面：一是灯具本身的空间造型及其照明方式；二是灯光本身的色彩及光影变化所产生的装饰效果；三是灯光与空间和材质表面配合所产生的装饰效果；四是一些特殊的、新颖的先进照明技术的应用所带来的与众不同的装饰效果。装饰照明对于表现空间风格与特色举足轻重，是商业展示空间照明设计中需重点考虑的部分。

2. 装饰照明的表现形式

(1) 灯具本身外观造型及其照明方式的装饰性。

具有鲜明造型风格的灯具，能有效地强化环境特色。

一种是传统的装饰灯具，因为历史的积淀而有了较为明确的寓意和稳定的风格，如水晶吊灯代表了豪华、典雅、端庄的西方风格；而纸质木格纹的落地灯则有着典型的含蓄、宁静、灵性的东方风格。

另一种是现代科技产生的装饰灯具，如LED灯(发光二极管)、霓虹灯等，它们体积小，可以制成任何形状，产生任何颜色的光，大大地提高了设计制作的弹性空间和发挥余地，新的经典灯具设计也层出不穷。灯具的发光方式也由传统的手动调节到可以由电脑程序自动指挥，产生色彩、照度等有规律地动态变化、变幻的神奇装饰效果。

(2) 灯光本身的色彩与光斑、光晕的装饰性。

色彩能产生出丰富的装饰效果，使用得当能对人产生积极的心理影响；而灯光在平面上形成的光斑、光晕及其排列组合形成的节奏感、韵律感都具有极强的装饰效果。可以把它们投影在室内空间界面上作一幅"光绘画"，由于灯光本身鲜明夺目、形式新颖，若再加上动态的效果，往往可以构成一个区域的视觉中心，既吸引视线、招徕顾客，也利于商业展示空间的广告宣传。

(3) 光影变化、变幻的装饰性。

多重光投射加上照度的变化所产生的光影变化可以制作出更为复杂的三维"光雕塑"效果。它可以应用于整个展示空间，也可以针对单个需重点表达的展品。如对展品的轮廓用光进行强化，或是从不同角度投射不同照度的光束以加强立体感等。

除此之外，灯光与空间和材质表面配合，一些高新照明技术的应用都可以产生出意想不到的神奇效果，关键是这些装饰手法的运用都需要考虑到商业展示空间的整体性，它们应该服从和服务于需要表达的整体风格与商品品牌形象，表达出一种整体感。同时，应用分层次照明的原则，让空间呈现出丰富的层次感(不是有多少照明层次就要用多少灯具，一个灯具可以具有两个或更多的照明层次。否则，你的照明层次就会显得混乱)，在此基础上，再追求细节的完美。

拓展知识

展示照明的显色性

物体之所以有颜色，是因为物体表面吸收入射光中某些波长的光，同时反射其余波长的光，反射光波的颜色就是物体的颜色。由于光源的光谱分布不同，同一个物体在不同光源下呈现的色彩不完全一样。太阳光中包含所有波长的可见光，是一个全光谱光源，因此物体的色彩在自然光线下最真实。人工光源的光谱分布绝大多数都是不完整或不连续的，因此人工光源对物体色彩的表现有明显差别。

光源对物体真实色彩的显现能力被称之为显色性，光源所包含的光谱越完整，它的显色性就越好，对物体色彩的还原能力就越好。

人工照明光源的显色性一般以普通显色指数Ra衡量。显色指数的值介于0~100之间，显色指数高的光源对颜色表现较好，所看到的颜色接近自然光条件下的颜色；显色指数低的光源对颜色的表现较差，所看到颜色与自然光条件下的颜色相比偏差较大。一般为Ra>80时，光源的显色性优良；80>Ra>50时，光源的显色性一般；Ra<50时，光源的显色性较差。展示设计对光源的显色性要求很高，一般都要求指数在80以上，博物馆要求指数在90以上。

(资料来源：深圳市昌宁盛科技，http://www.szcns.cn/shownews.asp?id=186改写)

拓展知识

什么是眩光

由于光线在视野中的分布不合理、亮度范围不适宜或存在极端的亮度对比，而引起的视觉不舒适感和观察能力的降低，这类现象统称为眩光。眩光是影响照明质量和光环境舒适性的重要因素之一，对人的生理与心理皆有十分明显的影响。如何避免有害的眩光，对展示光效设计来说具有非常重要的意义。

按眩光产生的方式，可分为直射眩光、反射眩光和光幕反射眩光。直接眩光指在正常视野范围内出现亮度过高的由光源直接发出的光线。反射眩光指光源发出的光线经过镜子、玻璃或其他光滑表面的反射后集聚成亮度过高的光线进入视野。光幕反射眩光指反射眩光像覆盖在物体上的一层幕布，朦朦胧胧的，让人看不清物体的细节。

按眩光对视觉影响程度的不同，可分为不舒适眩光和失能眩光。不舒适眩光使视觉产生不舒服的感觉，但并不影响视觉对象的可见度。失能眩光降低视觉对象的可见度，但并不一定使视觉产生不舒服的感觉。

(资料来源：百度知道，http://zhidao.baidu.com/question/2386158/html改写)

二、数字化时代展示照明设计的新趋势

数字化时代展示照明设计的新趋势主要有以下几种。

（一）理查德·凯利的照明理论

20世纪50年代美国照明设计师理查德·凯利(Richard Kelly)受舞台灯光设计的启发所提出的分层次照明设计理论对今天的照明设计模式具有决定性的影响。

1. 理查德·凯利的照明层次

理查德·凯利将照明诠释为环境照明(Ambient light)、焦点照明(Focal glow)和戏剧化照明(Play of brilliance)三个基本层次。

环境照明为空间提供整体性的基本亮度，使人们可以在其中自由活动(见图5-11)。

焦点照明建立在环境照明的基础之上，通过汇聚于一点的明亮光线将环境中的重点视觉信息强调出来，迅速引起人们的注意(见图5-12)。

戏剧化照明重在通过展现照明自身的表现力塑造戏剧性的气氛。在他的设计理念中，光线不仅具有照亮环境和物体的作用，其本身就是一种设计元素，具有审美价值，有独特的个性和艺术魅力(见图5-13)。

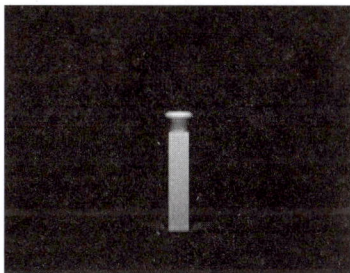

图5-11　环境照明　　　　图5-12　焦点照明　　　　图5-13　戏剧化照明

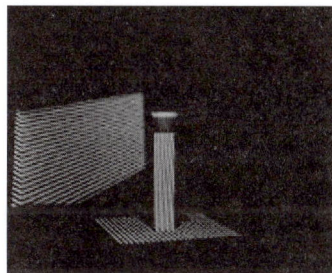

2. 理查德·凯利理论的意义

理查德·凯利看待光的观点对现代展示照明设计具有非常重要的意义，光是一种超越了基本照明功能的视觉艺术，不仅能将展品的形象以更加完美的状态呈现出来，而且光本身所具有的艺术表现力对展示设计来说具有更加重要的价值。

（二）照明趋势

在现代展示设计中，光被看作是与空间、色彩和材料具有同等地位的一种设计元素。照明设计往往围绕展示的主题展开，充分调动光的表现力和艺术创造力，为展示设计的"剧情"和"剧中的演员"服务，给参观者带来非同一般的现场体验。

相比于其他领域的照明设计而言，数字时代的展示照明设计呈现出更富戏剧性、更注重现场感、更艺术感染力的发展趋势，集中体现为更具戏剧性和艺术性两个特点。

1. 戏剧性

为了能够更加有效地吸引参观者的注意，展示中的照明设计往往追求比较强烈的视觉效果。各种各样的照明手法都会出现在展示环境中，变化非常丰富，并且所用的光在亮度、色相和彩度等方面都呈现出强对比状态，这一点可以说是展示照明设计的一个特征。数字时代展示照明设计的这一特征表现得更加鲜明，更加热衷于在视觉上营造强烈的戏剧性效果，偏爱富有动感的照明形式。

案例5—1

意大利速度神话

以"意大利速度神话"为主题的汽车展览中的照明设计就采用了基于数字技术的照明控制技术，场景中的各种照明元素被编辑为不同的单元，配合声音等元素，依照展示活动的主题需要渐次展开，为参观者带来舞台剧般的现场体验，如图5-14所示。

图5-14　汽车展的灯光效果

(资料来源：由考夫曼·泰里格建筑事务所提供)

为了将展品所代表的生活方式和价值观等深层次的意义充分表现出来，现代展示设计多策划具有多重含义的叙事性主题，把展品放置在一个有主题、有剧情的展示情境中，带给参观者全方位的体验。展示中的照明设计一般采用与展示主题相匹配的富有戏剧性色彩的设计理念，以期更加有效地渲染展示气氛、烘托展示主题，使参观者能够更好地体验和领会展示所希望传达出的深层次意义。

案例5—2

夜空下繁忙的都市

奔驰汽车公司以"夜空下繁忙的都市"为主题的汽车展览中，一排排密布的发光二极管感性地模拟了挤满摩天大楼的都市夜间景象，用富有戏剧性色彩的照明设计巧妙地配合了整个展示活动，如图5-15所示。

图5-15　奔驰汽车展的灯光效果

(资料来源：由考夫曼·泰里格建筑事务所提供)

2. 艺术性

对参观者来说，参观展览除了直接观看展品获得有效信息之外，整个参观过程所带来的感受也会影响其对展示活动的认知。现代展示设计非常注重通过照明设计的手法渲染展示情境，增强场景的艺术感染力，使参观过程成为审美体验的过程，令参观者在环境的潜移默化之下自然而然地接受和认同展示所传达的信息。

例如，在一个以海洋生物为创作出发点的玻璃艺术展览中，照明设计配合展示需要追求一种如同浅蓝色海水冲击银白色沙滩的清澈质感。当人们徜徉在这样一个由光所营造的海的意境中时，会不由自主地对展览的主题产生更深刻的认同，深深折服于艺术的魅力。

展示照明设计的这些新的发展趋势在各自不同的展示设计领域都有所体现。以会展空间为例，数字时代的展台设计已经从以展现商品为主的"美术馆"设计模式，转向以全面服务顾客各种感观需要为主的"剧场"设计模式。

案例5—3

东京现代艺术博物馆

数字时代的展示照明设计除了注重真实而完美地表现展品之外，更崇尚富有个性的艺术效果，希望以不拘一格的表现方式将展品所承载的价值观、所代表的生活方式等深层次意义更加清晰地展现出来。

图5-16是东京现代艺术博物馆中的服装展示设计，两块巨大的磨砂玻璃把衣服"夹"中间，灯光从夹缝上方垂直照射下来。服装的形象经过光和玻璃的塑造产生朦胧的层叠效果，显得有点不那么真实，却焕发出独特的艺术魅力。

图5-16　艺术性地塑造展示环境

(资料来源：由考夫曼·泰里格建筑事务所提供)

在"美术馆"模式的展台设计中，展品被陈列得如同艺术品一样美轮美奂，是展示的绝对主角。而在"剧场"模式的展台设计中，参观者才是展示的主角，展示环境被渲染成有剧情的一幕剧，通过展现展品所代表的生活方式和价值观等深层次意义获得参观者的认可，获得商业的合作机会。

综上所述，数字时代的展示照明设计已经揭开了崭新的篇章，照明设计的任务、照明设计的手法和照明设计的目标等各个方面都在发生着剧烈的变革，呈现出新的发展趋势，为现代展示设计提供更有力的支持和更多的设计可能性。

第四节　展示工程的实施

会展设计有临时性的特点，甲方投资一般不会太大，因此，一定要考虑制作成本、施工工艺、组装速度和控制预算等问题。设计师要站在企业和公司的立场上注意降低成本。以工程材料为例，在满足展示效果的前提下，应尽量选择表面质感好且相对价廉的材料，在放样下料中尽量用套料的方式提高板材利用率，并注意材料的适当回收与再利用等因素。企业参展的根本目的在于追求产品利润，而不是刻意追求最完美的艺术，因此任何设计都可以酌情更改，设计师应具备这种弹性控制效果的能力。

一、工程的实施与流程

展示工程的实施和流程包括以下内容。

（一）会展布展及施工相关规则

无论是参展商还是会展设计施工方，在设计施工前都要了解会展布展及施工的相关规定，以保障现场施工的顺利进行。

(1) 搭建物必须建在承办单位划定的范围以内。

(2) 所有搭建物不能封顶，与天花板的距离不少于50cm，与墙的距离不少于60cm。

(3) 不得使用助燃或易燃材料进行搭建和装修，不得将消防器材挪作他用，搭建物及展品不得阻挡消防栓，不得占用消防通道。

(4) 展场内不准生火，如需动火作业(明火、电焊、气焊)，必须通过承办单位事前向保安部申报，经批准领取动火证并做好现场防范工作，方可施工或表演。若不按规程和不带焊工证操作者，予以追究当事人责任。

(5) 所有图纸必须于展前一个星期提交承办单位审阅，展位图纸应包括正、侧、剖面图，标明尺寸、材料，要有文字说明及用电负荷，并附电路图，承办单位有权拒绝设计图，或要求参展商做出修改。

(6) 参展单位聘请私人承建商对展位进行特装工程，需向展馆方支付展场施工管理费。

(7) 所有参展商不得使用万用电源插座及插头。

(8) 展位电力供应将于每日展览会结束后30分钟关闭，若需要24小时电力供应，请提前与承办单位联系并需另付费用。

（二）工程施工流程

会展项目工程施工流程包括设计、工程制作、现场搭建和现场服务四个部分。

1. 设计部分

设计部分指项目经理与客户沟通，听取客户相关设计意见，加以设计师的创作思路绘制出设计图，根据客户意见进行改图直至客户满意。设计图纸确定后交与工程部。

2. 工程制作部分

(1) 全部主体结构部分制作，由展览附属工厂完成，不进行工程转包以保证低价位高质量。

(2) 工程中外发部分(如玻璃、霓虹灯等)，公司派专人进行质量监督，保证品质。

(3) 工程制作严格按照设计图纸标明各项参数(包括尺寸、材料和制作方法)进行，严格考察甲方指定搭建的现场。

(4) 工程制作过程中不擅自替换施工用材。如必须进行替换，将及时通知客户方，在征得客户同意后，协商选取替换材料。

(5) 工厂严格按照制作进度计划表进行施工，保证工程按时完成。

(6) 客户有权监督工程制作过程，施工方负责专车接送赴工厂考察人员。

3. 现场搭建部分

(1) 按时进馆进行搭建，保证绝对不延误开展时间。

(2) 根据搭建需要安排足够的施工人员，进行专业分工。

(3) 现场搭建严格按照场馆、消防等部门的各项要求进行搭建，不进行危险施工。

(4) 严格按照设计图纸和设计创意进行搭建，保证展台效果。

(5) 客户现场提出的合理要求，施工方将尽力帮助解决。

(6) 施工方承担全部安全责任。

4. 现场服务部分

(1) 开展期间，施工方安排专业人员进行现场电路、木结构维护。

(2) 开展过程中客户如有特殊需要，施工方协助解决。

(3) 按时安排人员进行撤展。

（三）项目质量保障及项目实施的优惠措施

项目质量保障及项目实施是会展主办方为保证工程质量采取的措施。

(1) 项目经理对项目设计、信息联络、工程制作、材料采购、租赁服务、外协联络和后勤保障等具有专项调配权力，由项目经理向客户直接负责——提供一站式服务。

(2) 免费提供饮水设备和饮用水1桶。

(3) 主办方为参展商无偿提供展架重复利用部分和仓储服务。

拓展知识

展台的进场与撤场

会展的展架基本上都属于临时搭建，使用时间相对很短的框架模型建筑，一般专业的会展搭建公司都有自己的简易墙和通用龙骨等基本搭建元件。龙骨，看参展商有什么要求，一般以木头和简易钢结构框架为主(现在也不乏使用新兴材料的，例如空气膜结构)，搭建时间一般给的是开展之前3天可以进场搭建。对于撤场，一般情况下是直接找拆迁公司的人来进行"破坏性野蛮拆除"，要是自己对组建元件还有需要的话就是自己拆除，不管哪种方式现场都要拆除完毕让主办方验收后，才能拿到押金，撤展时间大概为1天。

（资料来源：豆丁网，http://www.docin.com/P-248398899.html改写）

二、会展施工材料说明

运用已知的材料工艺，进行特色的构成，表达出你的想法。材料类型包括：木材、石材、金属、玻璃、陶瓷、油漆、塑料、合成材料、黏结剂、五金制品、纺织材料和五金饰品等，详见表5-1。

表5-1　会展装修材料一览表

材料大类	材料细分	材料名称与特性
木材	硬木	柳木、楠木、果树木(花梨)、白蜡、桦木(中性)。特点：花纹明显，易变形受损，宜做家具，做贴面饰材，价格高
	软木	松木(白松、红松)泡桐、白杨。特点：做结构、木方、抗腐性差、抗弯性差，不能做家具
	合成木材料 (展览业以合成板为主)	三合板：三层1mm木板(或叫木皮)交错叠加，常用做家具的侧板及饰面材料(花梨、榉木是如此加工制作而成的。规格，1220×2440mm，价格20~45元)
		合成板：五厘板，九厘板，用来做结构，可弯曲
		大芯板：为克服木材变形而生，两层木板中填小木块，根据中间填充的材料不同，价格不等。常见15~18mm厚，40~60元或120~150元单价
		木方：统一4000mm长，白松1立方米1200~1500元，红松1立方米1400~1600元，榉木1立方米5000~6000元
		压缩板，刨花板(用刨花锯末压缩而成)，密度板(用更大的压力加胶黏剂压缩，承压力大，用于做家具)。不用于钉钉子，怕水泡潮湿
石材	花岗岩	硬度最高，花纹细，常用做饰面
	大理石	硬度不高，花纹大
	其他	青石，毛石，鹅卵石，雨花石

材料大类	材料细分	材料名称与特性
金属材料	铁	板材(铁板)：厚铁2~200mm；薄铁1~2mm。分冷轧黑铁(黑铁皮，角铁，可喷漆)，镀锌白铁皮(防锈，不能喷漆，有花纹)。规格，1200×2400mm
		线材：角钢(三棱、四棱)、工字钢(做大型结构)、槽钢(做大型结构)、方钢、扁铁，长度6000mm
		管材：圆管分为无缝管(成本高)、焊管、薄壁圆管，做装饰用，最小直径16mm。方管，薄壁(2mm厚)，做装饰用最小直径12mm，常用20mm
		型材：钢筋、钢丝；桁架(圆管或方管加上钢筋)
	不锈钢 (特点：不生锈，韧性大，强度大，但是价格高)	板材：白板；钛金板；拉丝板；镜面板；亚光板。 规格:1220×2440mm/1220×3000mm/1200×4000mm，厚度0.3~2.5mm。单价500~600元(1200×2400)
		线材，圆管、方管。都用做装饰，价格高
		不锈钢制品，镜钉，镀镍
	铝材 (比钢用处广，比钢便宜，轻)	板材，很少用，强度低，易氧化变黑
		型材，铝窗，铝门
玻璃	玻璃	白玻璃：也叫青玻璃、无色玻璃，4~5mm厚，用做窗户。 钢化玻璃、毛玻璃、压花玻璃、玻璃砖、中空玻璃、彩色玻璃、镜子，玻璃雕刻
涂料	油漆	硝基漆：硬，质量好，有光泽，干得快，价格高
		醇酸漆：软，分清漆、有色漆，干得慢
		稀料：硝基稀料，醇酸稀料
	乳胶漆	有亮光和亚光之别
	真石漆	模仿岩石质感，能做出浮雕效果
塑料	阳光板	中空，可弯曲，有多种色彩，加工简单，受规格限制，价格高，厚度有8mm、10mm、15mm，长度有3000mm、4000mm、6000mm
	有机板	有透明有机板和有色有机板，色彩局限在纯色和茶色，脆，易脏易损坏，规格1200×1800mm，厚度最薄0.4mm厚，常用2mm、3mm、4mm、5mm，单价60~70元(与玻璃一样)
	白有机板(片)	奶白片(乳白片)：透光，稍黄
		灯箱片：有多种颜色，透光漫反射
		瓷白片：不透光，用做贴面
	亚克力	透明亚克力(水晶效果)，彩色亚克力，亚克力灯箱(价格昂贵)。价格比有机板贵很多，但档次高很多，硬度高，不易碎，透光效果好
	塑胶PVC管	比铁管轻，便宜。有灰色和白色，加热时能弯曲，可用弯头、三通弯头对接。直径最小150mm，最大500mm，常用400mm

续表

材料大类	材料细分	材料名称与特性
合成材料	铝塑板	两层铝皮中间夹PVC塑料，可抗腐蚀
	防火板(纸制)	最厚2mm，常用1mm，0.8mm
粘合剂	万能胶；大力胶	粘防火板，一桶胶可粘3.5张板，铝塑板，防水
	乳白胶	粘木头，忌水
	玻璃胶	粘光滑物体，粘力强，防水
	瞬间胶	是以a-氰基丙烯酸酯为主要成分，粘金属、橡胶、塑料、玻璃、皮革、木材、陶瓷等
喷绘	喷绘布	宝丽布(无弹性)，最宽可达5000mm，18元/平方米；银雕布；网格布(纱网带眼半透明)
	写真喷绘	机器小，最宽1500mm，清晰点720点
	纸基	背胶相纸，可覆布纹膜、亚膜、亮膜，可粘于KT板上
	膜基	塑料；灯箱片(直接喷)

　　会展设计有临时性的特点，甲方投资一般不会太大，因此，一定要考虑制作成本、施工工艺、组装速度和控制预算等问题，设计师要站在企业和公司的立场上注意降低成本。以工程材料为例，在满足展示效果的前提下，应尽量选择表面质感好且相对价廉的材料，在放样下料中尽量用套料的方式提高板材利用率，并注意材料的适当回收与再利用等因素。企业参展的根本目的在于追求产品利润，而不是刻意追求最完美的艺术，因此任何设计都可以酌情更改，设计师应具备这种弹性控制效果的能力。

第五节　展示平面的设计

背景资料

　　平面设计(graphic design)泛指具有艺术性和专业性，以"视觉"作为沟通和表现的方式。透过多种方式来创造和组合符号、图片和文字，借此做出用来传达想法或信息的视觉表现。平面设计师可能会利用字体排印、视觉艺术和版面(page layout)等方面的专业技巧，来达成创作计划的目的，平面设计通常可指制作(设计)时的过程，以及最后完成的作品。

一、平面设计

　　平面设计包括以下几方面内容。

　　（一）基本概念

　　1. 平面设计的定义

　　平面设计泛指具有艺术性和专业性，以"视觉"作为沟通和表现的方式。透过多种方式来创造和组合符号、图片和文字，借此做出用来传达想法或信息的视觉表现。

如图5-17所示为香港设计师协会顾问韩秉华设计的上海市人民政府的对外宣传画册展示。韩秉华从事专业设计多年，在国际上获得多项大奖包括香港设计师协会金奖、美国创作力金奖，被纽约Phaidon出版社选为国际100名平面设计师等。

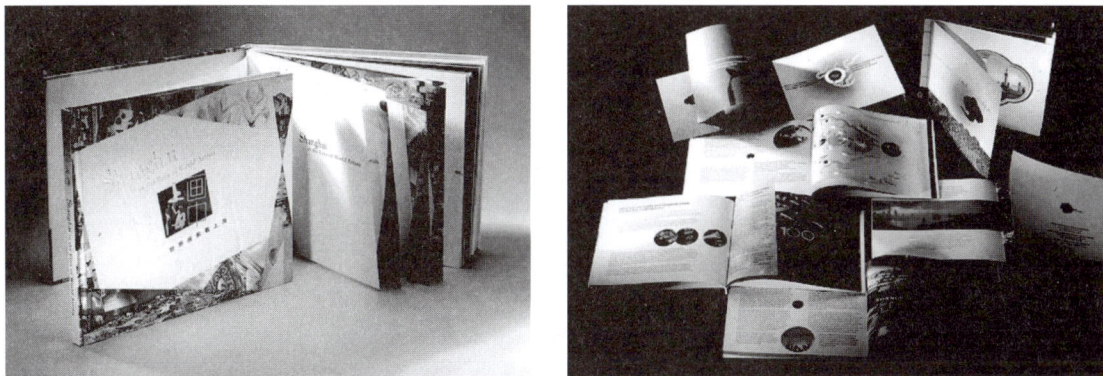

图5-17　香港设计师韩秉华设计的上海市人民政府的对外宣传画册

(资料来源：中国包装设计网，http://idea.chndesign.com/view/9004.html)

2. 平面设计包含的内容

平面设计师可能会利用字体排印、视觉艺术、版面等方面的专业技巧，来达成创作计划的目的，平面设计通常可指制作(设计)时的过程，以及最后完成的作品。

平面设计是将不同的基本图形，按照一定的规则在平面上组合成图案的。主要在二维空间范围之内以轮廓线划分图与地之间的界限，描绘形象。而平面设计所表现的立体空间感，并非实在的三维空间，而仅仅是图形对人的视觉引导作用所形成的幻觉空间。

图5-18为首届中国·长春创业(就业)博览会系列海报，海报主要采用字体和图像来表达会展的主题。

图5-18　首届中国·长春创业(就业)博览会系列海报

（二）相关术语

了解设计相关的专业术语，更加便于委托方和设计人员的沟通和交流。

1. 和谐

从狭义上理解，和谐的平面设计是统一与对比两者之间不是乏味单调或杂乱无章的；从广义上理解，和谐是在判断两种以上的要素，或部分与部分的相互关系时，各部分给我们的感觉和意识是一种整体协调的关系。

2. 对比

对比又称对照，把质或量反差很大的两个要素成功地排列在一起，使人感觉鲜明强烈而又具有统一感，使主体更加鲜明、作品更加活跃。

3. 对称

对称指假定在一个图形的中央设定一条垂直线，将图形分为相等的左、右两个部分，其左、右两部分的图形完全相等，这就是对称图。

4. 平衡

平衡从物理上理解是指重量关系，在平面设计中指的是根据图像的形量、大小、轻重、色彩和材质的分布作用与视觉判断上的平衡。

5. 比例

比例是指部分与部分，或部分与全体之间的数量关系。比例是构成设计中一切单位大小，以及各单位间编排组合的重要因素。

6. 重心

重心是画面的中心点，就是视觉的重心点，画面图像轮廓的变化，图形的聚散，色彩或明暗的分布都可对视觉中心产生影响。

7. 节奏

节奏是具有时间感的，用在构成设计上指同一要素连续重复时所产生的运动感。

8. 韵律

韵律指平面构成中单纯的单元组合重复易于单调，由有规律变化的形象或色群间以数比、等比处理排列，使之产生音乐的旋律感，成为韵律。

（三）设计的元素

出现在会展上的各类平面广告，会发现它们有一个共性：广告作品把一种概念、一种思想通过精美的构图、版式和色彩，传达给看到它的人。其实只要掌握一些平面设计的规律，灵活运用，我们也能做出精美的设计。平面设计是将不同的基本图形，按照一定的规则在平面上组合而成。

1. 概念元素

所谓概念元素是那些不实际存在的，不可见的，但人们的意识又能感觉到的东西。例如我们看到尖角的图形，感到上面有点，物体的轮廓上有边缘线。概念元素包括点、线、面。

2. 视觉元素

概念元素不在实际的设计中加以体现，它将是没有意义的。概念元素通常是通过视觉元素体现的，视觉元素包括图片、色彩和文字等。

3. 关系元素

视觉元素在画面上如何组织、排列，是关系元素来决定的。包括方向、位置、空间和重心等。

4. 实用元素

实用元素指设计所表达的含义、内容、设计的目的及功能。

二、平面设计的一般流程

平面设计的过程是有计划、有步骤的渐进式不断完善的过程，设计的成功与否很大程度上取决于理念是否准确、考虑是否完善。设计之美永无止境，完善取决于态度。

1. 前期调查

前期调查是了解事物的过程，设计需要的是有目的和较为完整的调查。包括背景调查、市场调查、行业调查(关于品牌、受众、产品、关于定位、表现手法……)。

2. 明确内容
内容分为主题和具体内容两部分，明确内容是设计师在进行设计前的基本材料。

3. 创作理念

创作理念指构思立意，它是设计的第一步，在设计中思路比一切更重要。理念一向独立于设计之外。也许在你的视觉作品中传达出理念是最难的一件事。

4. 调动视觉元素

在设计中基本元素相当于你作品的构件，每一个元素都要有传递和加强传递信息的目的。真正优秀的设计师往往很"吝啬"，每动用一种元素，都会从整体需要出发去考虑。在一个版面之中，构成元素可以根据类别来进行划分。可以分为标题、内文、背景、色调、主体图形、留白和视觉中心等。

调动视觉元素就是把不同元素进行有机结合的过程。例如，在版式当中常常借助框架(也叫骨骼)，就有很多种形式，规律框架和非规律框架，可见框架和隐性框架；还有在字体元素当中，对于字体和字形的选择和搭配的好坏就非常有讲究。

选择字体风格的过程就是一个美学判断的过程，还有在色彩这一元素的使用上，能体现出一个设计师对色彩的理解和修养。

色彩是一种语言(信息)，色彩具有感情，能让人产生联想，能让人感到冷暖、前后、轻重和大小等，善于调动视觉元素是设计师必备的能力之一。

05

5. 选择表现手法

表现手法即是技巧，在视觉产品泛滥的今天要想把受众打动已并非易事，更多的视觉作品已被人们的眼睛自动地忽略掉了。要把你的信息传递出去有几种方法：第一种是完整完美的以传统美学去表现的设计方式，会被受众欣赏、阅读并记住。第二种是用新奇的或出其不意的方式可以达到(包括在材料上)。第三种是疯狂的广告投放量，进行地毯式的强行轰炸。虽然三种方法都能达到目的，但它们的回报是不同的。

我们在三大构成中学过很多种图形的处理和表现手法，如对比、类比、夸张、对称、主次、明暗、变异、重复、矛盾、放射、节奏、粗细、冷暖和面积等形式。另外还有，从图形处理的效果上有手绘类效果，如油画、铅笔、水彩、版画、蜡笔、涂鸦……还有其他的如摄影、老照片等。那么你要选择哪一种呢？这取决于你的目的、目标群体以及你的设计水平。

6. 均衡画面

画面的均衡能带来视觉及心理的满足，设计师要解决画面当中力场的平衡，前后衔接的平衡，平衡感也是设计师构图所需要的能力，均衡与不均衡是相对的，以是否达到主题要求为标准。在处理画面的均衡感时，要处理包括点、线、面、色和空间在内的平衡关系。

7. 明确亮点

明确亮点是要为画面创造出视觉兴奋点，这样可以在较短的时间内吸引大众的视线。

8. 形成一定风格

形成一定风格指作为设计师应对作品的风格有一定的把握，类似的画面，相似的风格意味着自己作品的埋没，风格是一个设计师性格、喜好、阅历和修养的反映，也是设计师成熟的标志。

9. 制作检查

最后的流程为制作检查，检查项目一般包括图形、字体、内文、色彩、编排、比例、出血等。制作完成后，成品的理想效果为：画面同预期效果一样，要赏心悦目，同时易于被大众理解。

三、设计意义与特点

设计意义与特点包括以下内容。

（一）设计表现的意义

1. 设计师具备的能力

设计师的想象不是纯艺术的幻想，而是把想象利用科学技术使之转化为对人有用的实际产品。

(1) 具备良好的绘画能力。

具备良好的绘画能力就需要把想象先视觉化，这种把想象转化为现实的过程，就是运用设计专业的特殊绘画语言，把想象表现在图纸上的过程。所以，设计师必须具备良好的绘画基础和一定的空间立体想象力，设计师只有拥有精良的表现技术，才能在绘图时得心应手，才会充分地表现产品的形、色、质，引起人们感觉上的共鸣，绘图的意义就像音乐家手中的五线谱一样，一目了然，所以说，设计表现的表达能力是每一位设计者应具备的本领。

(2) 具备理性的思维能力。

具备理性的思维能力指设计师面对抽象的概念和构想时，必须经过具体过程。也就是把抽象概念转化为具体的塑造，才能把脑中所想到的形象、色彩、质感和感觉化为具有真实感的事物。设计的过程是非常微妙的，一个好的构想会瞬息即逝，设计师必须立刻捕捉脑中的构想才行。设计是一项为不特定的对象所做的行为，往往要超越国界、时空等距离。

(3) 良好的合作和沟通能力。

良好的合作和沟通能力指在设计师思考的领域里，采用的是集体思考的方式来解决问题，再说现代工业设计不同于传统的手工艺品的设计和制作，后者同出一人之手。现代工业生产的产品设计者和生产制造者不可能是个体，工业设计经常是一种群体性的工作。因此，产品造型设计师在构思制作产品之前，就必须向有关方面人员——企业决策人、工程技术人员、营销人员乃至使用者或消费者，说明该产品的有关情况，使该产品在政策不变的情况下，制造出最有利于生产、美观且受欢迎的产品。

产品在生产酝酿过程中，生产者对产品的了解程度愈高，就能愈好愈顺利地组合产品，并使其更具效率，这一系列的说明和陈述工作构成了设计的基本内容和任务。

2. 推销产品的武器

许多产品设计公司，在生产出新型产品时，要推销产品，运用摄影技巧，加上精美的说明文，做广告宣传。但是摄像机无法表现超现实的、夸张的、富有想象力的画面。这时运用绘画专业的特殊技法，效果上更突出。因为人类具有很强的表现能力，可以随意添加主观想象，将产品夸张或有意的简略概括。与摄像机相比，表现图比摄像机拍出的产品多了几分憧憬和神秘感。照相机技术无法满足无穷无尽的想象，所以说，设计表现图是推销产品的武器。

（二）设计表现图的特点

设计表现图是通过色彩、质感的表现和艺术的刻画达到设计的真实效果。表现图最重要的意义在于传达正确的信息，正确地让人们了解到新产品的各种特性和在一定环境下产生的效果，便于各种人员都看懂和理解设计。

1. 虚拟真实

虚拟真实是通过色彩、质感的表现和艺术的刻画达到产品的真实效果，表现图最重要的意义在于传达正确的信息。正确地让人们了解到新产品的各种特性和在一定环境下产生的效果，便于各种人员都看得懂，并理解，然而，用来表现人眼所看的透视图，却和眼睛所看到的实体有所差别。

透视图是追求精密准确的，但由于透视图与人的曲线视野有所不同，透视图往往是平面的。所以透视图不能完全准确地表现实体的真实性或忠实地表现设计的完整造型、结构、色彩和工艺精度，不能从视觉的感受上，建立起设计者与参观者之间的媒介。

2. 快速

快速指现代产品市场竞争非常激烈，有好的创意和发明，必须借助某种途径表达出来，缩短产品开发周期。无论是独立的设计，还是面对客户推销设计创意时，必须互相提出建议，把客户的建议立刻记录下来或以图形表示出来。快速的描绘技巧便会成为非常重要的手段。

3. 美观

美观指设计图虽不是纯艺术品，但必须有一定的艺术魅力，便于同行和生产部门理解其意图。优秀的设计表现图本身就是一件好的装饰品，它融艺术与技术为一体，表现图是一种观念，是形状、色彩、质感、比例、大小和光影的综合表现，设计师为使构想实现，被接受，还需有说服力。

同样表现图在相同的条件下，具有美感的作品往往胜券在握，设计师想说服各种不同意见的人，利用美观的表现图能轻而易举达成协议；具有美感的表现图干净、简洁有力，悦目、切题，除了这些，还代表设计师的工作态度，品质与自信力。

拓展知识

纸张常用尺寸

一般用于书刊印刷的纸张的规格有以下几种：787mm×1092mm、850mm×1168mm、880mm×1230mm和889mm×1194mm等。

其中787号纸张为正度纸张，做出的书刊除去修边以后的成品为正度开本，常见尺寸为：8开，368mm×260mm；16开，260mm×184mm；32开，184mm×130mm。

850号纸张为大度纸张，成品就为大度开本，如大度16开、大度32开等，常见尺寸为：8开，285mm×420mm；16开，210mm×285mm；32开，203mm×140mm。

其中8开尺寸如果用做报纸印刷的话一般是不修边的，所以要比上面给出的尺寸稍大。

880号和889号纸张，主要用于异形开本和国际开本。

印刷书刊用纸的大小取决于出版社要求出书的成品尺寸，以及排版、印刷技术。

(资料来源：蓝空商务印刷，http://www.3513.com.cn/knowledge8.htm改写)

本章小结

本章从展示设计的基本概念、展示空间的设计、照明的设计、展示工程的实施和平面设计五方面来帮助大家了解和认识展示设计。学生可以通过视觉来感知展示设计的元素和特点，了解并掌握展示空间与企业宣传的关系。

思考题

1. 展示设计的概念是什么？
2. 展览的类别有哪些？

3. 简述展示照明设计的新趋势？

4. 简述展示施工材料的种类有哪些？

实训课堂

为某科技会展制作一幅宣传海报

项目背景

海报设计属于平面广告的分支，其受众广、成本低廉又易于理解，是进行广告、大型活动宣传的重要手段。

项目要求

1. 以科技会展为主题，设计海报宣传此次活动。

2. 海报中要明确会展的时间、地点。

3. 海报的图形元素需体现此次会展的主题。

项目分析

针对科技类产品的会展海报设计，具有一定的共性。首先，在色彩体系的选择上应体现"科技"感，冷色及灰色更适宜体现这一主题；其次，在图形的设计上应避免过度的夸张、变形，而应趋于理性。

05

第六章

会展服务

学习要点及目标

- 通过对本章的学习，让同学们了解会展的几个阶段所需要的服务内容。
- 通过对本章的学习和训练，让同学们详细了解在会展开幕时所需要准备的工作。
- 通过对本章的学习，启发学生多角度观察和思考会展中所要面对的问题，从中找到自己的兴趣点，抓住机遇，为自己明天的事业规划一份蓝图。

本章导读

会展业是一个十分重要的现代服务业，其特点是信息量大、产品传播快。它的关键是人才、资源和创新，因此对服务的质量要求很高。

目前我国会展专业人才奇缺，大多数从业人员的专业技能和管理水平与会展业发达国家之间差距较大，会展业发达国家的优势在于管理经验、规范化服务标准和流程以及先进的人才机制。因此我国除了发会展展硬件建设外，还需制定行业标准、加强规范操作，更应该加强专业人才的培养。只有这样才能推动会展业向正规化方向发展。

引导案例

美容行业会展服务质量令人担忧

目前，国内的美容展总体规模偏小，质量不高，但是数量较多，已经处于比较泛滥的地步。有一些会展承办方为了能够获得高投资回报，在参展商的选择上往往不够严格，甚至是只要交参展费的都可以参展；同时，会展定位也不够准确，对美容行业的发展方向缺乏认识，大部分是盲目地招展，而宣传力度则不足，对于专业观众组织与服务的重视程度也存在着明显欠缺。

以上情况使美容行业会展在观众面前呈现出低档次的负面形象，这不仅损害了观众的利益，也使参展企业的长期利益受到影响。行业专家对于解决这些问题的主要观点是：①主办机构要对参展企业进行资质认定，检查控制参展企业情况，对参展产品严格把关，坚决杜绝"三无"产品进入馆内。②主办机构加强对现场的控制，不允许现场销售。如果会展在最后一天可以零售展品，主办方更要加强对会展现场的监控力度，严格查处假冒伪劣产品。③要对入场的观众进行认定，减少或者杜绝非专业观众入场。

(资料来源：杨劲祥. 会展实务. 大连：东北财经大学出版社，2008.97)

点评：

这一案例表明，一个会展的成功不仅要做好会展的定位、会展的招展招商工作，还有一个重要的工作就是要加强对会展的服务和管理。如果缺少这一环节，则无法保证会展的品质。主办方应着眼长远考虑，避免会展的粗制滥造，以质量把关为获取经济回报的前提保障。

第一节　仪　式

会展活动需要从事参与会展的人员和企业具有完善的自我形象。良好的个人形象是事业成功的前提，而现代礼仪具有塑造自我形象的功能。在商务会展中，恰如其分的礼仪可以在公众面前展示良好的个人形象和精神面貌，展示个人风采和魅力。

一、开幕式

开幕式是会展的重要仪式，也是重要的会展工作之一。举办开幕式的主要目的是制造气氛，扩大影响。开幕式常常和新闻发布结合来做，能产生更大的宣传效应。

1. 开幕式的邀请范围

开幕式应邀请有关行业的政府官员、参展单位的领导、相关行业协会负责人(如果是国际性展览还应邀请国际行会驻中国办事处负责人)以及新闻媒体记者。

被邀请的嘉宾本身就具有影响力，有很大宣传价值。一方面可以借助其影响，扩大媒体宣传力度，吸引更多的观众参观展览；另一方面，这些人都有一定的购买权和建议权，对会展的贸易效果有着直接的影响。

2. 开幕式时间的安排

开幕式要在会展第一天上午举行，但如果有重要领导人参加剪彩仪式，开幕式也可以错后，那么前几天展出可以称作"业内人士预展"或"贸易日"等。如果是面对普通观众开放的展览会，开幕式可以安排在节假日举行；若是贸易展览会，则可以安排在工作日举行。

3. 开幕式筹备工作

筹备工作首先要确定人员、事项和时间预算等管理方面的因素，以及开幕式的时间、地点和程序等基本事项。人员包括后台工作人员和前台司仪、发言人、剪彩人等。内部人员要明确分工，并做好应急预案。外部人员落实后，要落实发言稿，并告知活动细节，尤其要注意参展领导的名字以及职务，还需要展览组人员配合在休息室对嘉宾讲解展览情况，包括参展商及展品，并在开幕式后带领嘉宾参观并进行讲解。

首先由司仪宣布开幕式开始，主宾按顺序发言致辞，剪彩和参观展览。重要的领导要及早与他们商榷出席开幕式的时间，并在定好时间后，定时向他们汇报展览进程，以便领导对会展有所了解。在开幕式的前一天，要安排工作人员进行模拟走台，以确保活动的顺利进行。

如果选择的场地需要预约租用，就要尽早联系、协商确定。时间地点确定后，其他筹备工作才能展开，如现场布置、背板安置和灯光布置等。

第八届中国北京国际科技产业博览会开幕现场的剪彩仪式如图6-1所示，剪彩是具有中国文化特色的开幕仪式，大红的花球和彩带寓意本次活动的圆满成功。

如何邀请嘉宾参加活动

邀请出席嘉宾是筹备工作的重点。首先拟定邀请范围和名单，编印请柬，安排寄发。在请柬上注明"请确认"或者附上"回执"；要事先了解出席率，计算寄发数量；要控制好寄发邀请函的时间。另外，应与被邀请人或其助手提前商榷好发言稿，以便有时间修改打印，发言稿不宜过长，避免套话、废话，最好提前提供一个发言提纲给准备发言的嘉宾。

图6-1　第八届中国北京国际科技产业博览会剪彩仪式

（资料来源：http://www.sqkk.com/swly/fulc/hyqj/2010/0803/12973.html）

4. 开幕式会场布置

开幕式会场布置时要事先交代好横幅的用词、颜色、尺寸以及张贴位置，主席台上根据需要安排发言位置，麦克风数量。主席台上的座签一定要安排好顺序，并在坐椅上做好记号。如果主席台上人员一律站立，一定要考虑如何安排年老者。在走道上安排路标确立贵宾退场道路。如现场需要背景音乐，请让音响师安排好磁带的播放时间及音乐次序。如图6-2所示是第八届科博会的开馆仪式的现场布置。

图6-2　第八届中国北京国际科技产业博览会开馆仪式现场

选聘的主持人、礼仪人员和接待人员要事先进行培训和预演。设计背板，布置会场要充分考虑每一个细节，比如音响、放映设备，领导的发言稿，新闻通稿，现场的音乐选择，会议间隙时间的茶歇或娱乐安排等。

在会场入口处要设立签到处，签到处的作用是维持入场秩序、记录来宾情况。签到处的工作包括检查和收取请柬、索取来宾名片、要求来宾签字、发胸牌以及发资料等。签到处的用具主要有笔、签到簿、名片盒和胸牌等。签到处的人员一般安排外貌、礼仪俱佳的女士。

安排休息室供重要人物使用，尤其是主席台上的嘉宾，要在休息室聚齐后，再一起上台。要在签到处安排一名礼宾官，并事先让他了解出席人物的信息，只要这些人物一到，就立即引进休息室。

会展收到的花篮应布置在主席台上或开幕式会场入口处，以增加气氛。如花篮上有赠送人的名字，要注意排列顺序。

剪彩需要安排的工具主要有立杆、彩带、剪刀、手套和托盘等。引导人的任务是指挥剪彩人就位和开剪。托盘礼仪小姐要经过事先的彩排，内容包括等候排列、递剪刀、取回剪刀、下台的走向、节奏、步伐和立姿等。

开幕式的内容一般包括参观展览。参观路线应事先安排好，计算好时间。参观过程中谁引路，谁解说，谁陪同，如果有参观国外展台的环节则配备翻译两名。

开幕式活动要提前通知新闻媒体，并安排摄影报道人员。开幕式的效果很大程度上依赖新闻报道，要安排专门人员接待新闻媒体的采访，事先组织好有关此次展览内容介绍的新闻稿，并在新闻媒体发稿后把稿件进行收集和整理。

5. 做好礼品馈赠工作

根据常规，向来宾赠送礼品，应具备以下三个特征：一是宣传性。可选用本单位的产品，也可以在礼品及外包装上印上本单位的企业标志、广告用语、产品图案和开业日期等。二是纪念性。礼品应当具有一定的纪念意义，使拥有者对其珍惜、重视。三是独特性。礼品应当与众不同，具有本单位的鲜明特色。

二、观众的管理

对于会展里的观众一般要考虑流向、流量和流速三个因素。流量是租用场地面积因素之一，也是设计需要考虑的因素之一，设计师应当根据展位位置情况设计人流走向，使观众按展出者的意图参观展台。

（一）人流的种类

会展是个开放的空间，为参观者提供现场观看的环境，大多时候是参观者自由活动，人流自然形成汇集或分散状态，如图6-3所示。

1. 自然环境形成的人流

就展览会和展馆而言，在入口处和出口处人流比较明确，等待处人流流量比较集中。

图6-3　会展现场

2. 知名品牌展区内的特装展位引起的人流

大型品牌(尤其是民用产品)展览，为了突出品牌实力，一般要在展区范围内搭建特装展位，大型的展台以及声、光、电的电子特效会吸引大量观众驻足。所以，在布置展位时要注意大型特装展位的间距，并指派人员疏导。

（二）控制的方法

会展主办方会事先划分出参展展位的位置和通道，参展商为了获得最好展示效果，通过设计来引导参观者的关注和行走参观线路。

1. 人流动线设计

人流动线设计是指设计师根据展出目的，结合产品特征，以及展馆条件，通过巧妙的布局，清晰的标志直接或间接地引导人流。

2. 通过场地布局控制人流

通过场地布局控制人流是指利用封闭式或开放式设计以引导人流。

3. 通过指示标记控制人流

指示标记有场地示意图、图标、彩道和绳索等，可通过这些标记对人流进行控制。

小贴士

指示牌的重要性

会展上的观众经常在会场中迷路，或找不到自己感兴趣的参展商，这对双方都是一种损失。因此，要在人流密集的地方树立指示牌，指示牌为观众参观展览提供清晰指导，并且有利于人流的疏导。不同的地点指示牌的内容也随之变化，比如，在入口处等待进场的观众时间相对比较宽裕，这里的指示牌要做到大而全，"大"指的是面积要大，颜色要醒目；"全"指的是对展馆的参展内容要有全面的介绍。

在展厅内，由于观众急于了解会展信息，所以指示牌要做到简单明了，在内容上只显示区域展商位置以及公共设施位置。另外注意，指示牌一定要中英文对照，为国外厂商参展减少障碍。

三、现场后勤管理

现场后勤管理包括以下两方面内容。

1. 注册组

注册组人员应清楚以下几件事情：会议活动日程安排、一些必须安排场所的位置，如快餐、洗手间和复印室等；注册地点一定要有充足的会展介绍、地图和相关资料；确定大家的职责领域，重要工作人员要配备相应的通信工具；每个工作人员配备一份电话号码联络单，其中包括出租汽车公司和会展有关系方的电话号码；办公室里安排一名传达联络人员，负责会场外与会场内的人员联络工作。

2. 注册地点的设置

注册地点的标记应该至少高出地面2米，以便让嘉宾一目了然。大型的会展要安排两名工作人员在入口处接待，简单问候后接待人员把与会者进行分流，一般分为两类，参展者和媒体。

在注册时必须考虑人流量，如果与会者成批到达，高峰时就要增派人员，注册高峰按1∶75至1∶100的比例配备工作人员。在注册地点要安排资料的分发，以减缓人流量，保证会展秩序。

如图6-4所示为第八届科博会注册点的疏导措施，采用多服务窗口和"之"字人流疏导。"之"字人流疏导是目前针对人流较多时主要采用的形式。

图6-4　科博会用多个注册点疏导观众

四、突发事件

在会展前，组织者要做好突发事件的解决准备工作，以防措手不及。

1. 紧急医疗

紧急伤病事件随时都有可能发生，比较有可能发生的疾病是心脏疾病、急性肠炎和其他疾病。有些与会者因为改变饮食、喝酒或睡眠不足，引起疲劳，加上工作环境的变化会产生种种不适，需要得到更多的照顾。

饮食卫生要尤为注意，要谨慎选择餐饮合作对象，万一因为食物不洁造成食物中毒，将会带来无法挽回的损失，同时，也会给主办方带来信用危机。

2. 消防工作

会展开始前要注意检查消防工具，安全出口是否通畅，以防患于未然；贵重物品参加展览要登记，并做好标记。

需要动力电的大型机械展，拉电时要画好线路图，并要考虑到布线通过处观众的安全，不要有裸露的线头，并事先协商好用电度数。

在展览结束后要先安排好参展商的撤展问题，在保证他们的展品全部撤出后，再撤离工作人员。

案例6-1

中国北京国际科技产业博览会

1. 科博会主办方

中国北京国际科技产业博览会(简称科博会)是经国务院批准，由中华人民共和国科学技术部、商务部、教育部、信息产业部、中国贸促会、国家知识产权局和北京市人民政府共同主办，北京市贸促会承办，每年5月定期在北京举办的国家级大型科技博览会。

2. 科博会的发展历史

科博会创办于1998年，当时定名为"中国北京高新技术产业国际周"，从2002年第五届起正式更名为"中国北京国际科技产业博览会"，其宗旨是促进高新技术产业的商品化、市场化和国际化。科博会的创办符合国家经济发展方向，集中体现了北京的优势和特色。它既是我国政府实施"科教兴国"、"科技兴贸"战略的具体举措，又体现了大力发展以高新技术为核心的首都经济的战略要求。

经过十多年的积累和培育发展，科博会定位不断清晰，涉及领域不断拓宽，服务功能不断深化，国内外参与日益广泛，已成为我国开展国际科技经贸交流的重要活动之一，并逐步发展成为国内外展示最新科技成果、传播前沿思想理念、发布产业政策信息、促进国际经济技术合作的专业化、国际化水平较高的标志性品牌活动，显示出充足的创新活力和旺盛的生命力，产生了广泛的影响。

3. 科博会的主题与内容

科博会集展览、论坛会议和洽谈推介于一体，形成了展论谈紧密联系、相互呼应的运作体系。其中展览会展出的内容主要突出国家重点发展的高新技术及相关产业，形成了以电子通信技术、电脑网络、能源与环保、生物医药和汽车科技等为主题展示内容的集成(见图6-5)。

图6-5 科博会汽车展馆

(资料来源：百度百科，http://baike.baidu.com/view/896908.htm改写)

论坛会议依托北京的资源优势，集中体现思想性、前瞻性、国际性和权威性，形成了涉及自主创新、能源战略、创新型服务业、新技术与文化创意产业和循环经济等为主要内容的品牌活动。

洽谈推介注重将"请进来"和"走出去"有机结合，注重做好项目需求方的组织工作，注重突出洽谈推介的专业性，形成涉及国际投资项目、中国企业海外投资和省市代表团系列推介活动为重点的品牌活动。

科博会活动得到了国家领导的高度重视，也得到国际社会和国内外高新技术业界的广泛参与。党和国家领导人每届都出席科博会各类活动，通过参观展览、接见外宾和发表主题演讲，体现出党和政府对我国大力发展高新技术产业的决心。每届科博会期间，都有一批国际组织负责人、国外政府高层官员、国际知名专家、学者和企业家等在科博会论坛上发表演讲。

自第三届开始，国内31个省、自治区、直辖市和绝大部分计划单列市以及香港、澳门特别行政区和台湾地区每年都组织政府和科技经贸代表团参会。诺基亚、松下、三星、LG电子等国际知名高科技企业，以及联想、海尔、海信、长虹、首钢和四通等国内高科技骨干企业都连续多次参加了展览会。

4. 科博会的成效

科博会的举办和全面宣传推动了我国的高级别会展的发展政策和环境，推动了高新技术的商品化、产业化和国际化进程，带来了世界经济发展和技术革命的最新观念和理念，促进了区域经济的发展。

据统计，前十一届科博会累计签约项目3860个，协议总金额达463.03亿美元；参会国外政府和代表团组640个，参会人数近350万人次；展览总面积61万平方米，参展中外机构和企业1.8万余家；举办论坛会议159场，中外演讲人3543人；举办经贸洽谈活动111场，参加经贸洽谈活动的中外客商7.4万人。

5. 宣传组织

科博会组委会宣传部与网络业务部组建科博会新闻中心，其主要职责包括：制定和执行科博会新的宣传方案、搜集科博会新闻素材、发布科博会进展情况、编印科博会快讯、举办新闻发布会、负责媒体接待与合作、更新科博会网站、与主要媒体确定报道方案、记者注册和编印科博会会报等。

新闻中心编印的"科博会快讯"以新闻共享为目标，向新闻媒体、组委会各机构、参展商和社会公众提供科博会最新动态信息。

"新闻快讯"主要面向媒体，目的是便于媒体及时准确地了解科博会动态；"经贸快讯"主要面向参展单位，发布科博会的重要技术、项目、贸易和参会企业商务信息等，为相关企业机构提供决策参考。

第二节 新闻发布会策划流程

背景资料

新闻发布工作是宣传工作的一个重要环节。企业参加会展不但是为了通过会展进行技术交流，更重要的是通过展示活动找到买家，以及潜在的消费者，所以在会展召开时有多少对企业产品感兴趣的客户到来，成为了会展是否成功的关键。

广告对聚集会展人气有一定效果，但缺点是费用高，内容空泛，无法使观众对参展商的情况有深入了解。这时，会展新闻可以让观众对自己感兴趣的产品了解更多的信息，与动辄上万的广告费比，新闻稿费用比较低，新闻报道的可信性比较强，效果比广告好。

一、人员与媒体

下面介绍新闻发布会策划中人员与媒体的情况。

1. 内部指定新闻负责人

展出者首先要在内部指定新闻负责人，要与媒体建立和保持良好的关系，由于媒体的受众不同，因此要选择那些受众是目标观众并有可能报道的媒体。

对于贸易展出者，相关的媒体有经济报刊、商业类报刊、电子媒体、地方报刊以及采访展台的记者。

展览会组织者可以从展出地的新闻名录中查找合适的媒体，也可以询问当地的客户阅读哪些报刊，从中选择新闻媒体。

2. 与媒体保持长期良好的关系

新闻工作具有长期性，与媒体保持良好的关系是新闻工作成功的基本条件。媒体可以指单位，也可以指为媒体工作的人，包括新闻报道员、贸易专栏评论员、电视台和无线广播电台采访员、摄影师、编辑及其他舆论导向者。一定要登门拜访重要的媒体编辑，与有关编辑记者保持联系，邀请他们参观公司，良好的人际关系有助于获得媒体的最大支持并获得最高的报道率。

小贴士

会展新闻稿内容要求

新闻稿分综合新闻稿和专题新闻稿，新闻稿可以覆盖所有展品，但要有重点，要按一定的频率向媒体记者寄发新闻稿，对重点媒体可以直接联系并提供专稿。

展览开幕前，在展出地举办记者招待会，全面介绍展出情况，包括目的、展品和参展商等。招待会上要提供装有全套新闻资料的资料袋，如果有重要人物参观，要安排记者进行现场采访。

新闻报道的内容是由记者编辑决定的，他们一般对不寻常的活动感兴趣，因而展出者必须认识到这一点，向目标媒体提供恰当的信息，要挖掘新闻点、制造新闻效应，注意避免与重大新闻事件撞车。该步骤应在正式新闻发布会前20天完成，最迟15天，并在邀请函发布前预定会场，否则会影响下一步工作。

不同的媒体需要不同的信息。新闻稿必须有专业水平，一方面是为了确实引起新闻媒体和读者的兴趣，另一方面所提供的信息可以供记者直接使用或直接摘用。

(资料来源：博客营销，http://www.bokee.net/company/weblog_viewEntry/7079008.html改写)

案例6—2

北京国际汽车展览会举办期间，日产汽车品牌天籁新闻发布会新闻稿

4月28日闭幕的北京车展上最大的看点，或许不是概念车，不是豪华车，也不是从中国首发的各种车，而是从中国出发的全球战略车。因为，此次北京车展上最吸引人目光的就是以中国消费者需求为原点进行开发设计的全球战略车型——新一代天籁。

4月20日上午，日产-雷诺CEO卡洛斯·戈恩为新一代天籁揭开了面纱，完成了这款车的全球首度亮相。随即这款车成为了本届北京车展最大的明星，无论国内外媒体，还是业界，都争相目睹从中国出发的第一款全球战略车型。

从此次北京车展来看，世界汽车巨头们与世界汽车市场增长放缓、欲振无力的表现相比，中国年1000万辆的产销量和20%的增长率已成为全球汽车行业最强有力的驱动力。各大巨头动作频频，更无疑显露出中国在这一全球逐鹿中的利益交集地位。仅此次北京车展，就有包括日产旗舰新一代天籁等国际品牌全球首发车7款，亚洲首发车24辆，各大厂商均意欲通过"挟重器以制诸雄"而最终实现"挟中国而得全球"的目的。

如果说全球首发足以证明各大汽车巨头对中国市场的重视，那么从中国出发则更让人期待。长久以来，中国汽车市场充斥着几乎所有的世界汽车巨头，销售着几乎所有的全球最新车型，但在中国消费者心里仍然萦绕着深深的遗憾。究其原因，在于各大厂商习惯了把国外市场的成功车型照搬到中国，虽然不乏成功者，却让日系和欧美系的分野越走越远。而对"挑剔"的中国消费者而言，实现日系车舒适性和欧美系车优良的驾控性能的完美融合，才能真正满足他们"鱼与熊掌兼得"的挑剔需求。

这就要求各大汽车巨头在研发战略上必须以中国消费者需求为基点，进而走向全球。在汽车快速进入中国家庭的过程中，国内自主品牌近几年异军突起的表现便是明证。如今面对1000万辆的需求，中国市场具有了更强的话语权。自主品牌"突破中、高级车天花板"的第二次创业，汽车巨头巨资投入中国新产品的研发，以及合资企业创立自主品牌的一系列举动，均是追随这一话语权而进行的"抢先一步"。

而日产则更是其中洞察先机的代表，其在车展全球首发的旗舰车型——新一代天籁，凭借长达5年的研发工作，以中国消费者独特的审美文化和消费需求为设计原点，突破欧系车与日系车的固有界限，在更高的技术层面上将两者的优势进行有机融合，实现了安全操控与精致舒适的完美统一，树立了全球中高级轿车的新高度。

新一代天籁被日产定位为"C派新主流轿车"，"C"代表"China Standard(中国标准)"、"Central Stream(中坚主流)"、"Riding Comfort(舒适地享受驾乘乐趣)"，分别表示它的研发基准、市场定位和研发理念。

从这个定位中，可以清晰地看到新一代天籁的研发是从中国出发，也可以看到日产对中国市场所倾注的巨大心血。可以说，新一代天籁无疑是实现"从中国出发，走向世界"的最好例子。车市征战，中国战场生死攸关。从中国首发到中国出发，一场关系到全球汽车业格局振荡的大战业已悄然拉开了序幕。

(资料来源：汽车点评网，http://news.xgo.com.cn/10/108462.html)

二、发布会前的准备工作

新闻发布会又称记者招待会，是一个社会组织直接向新闻界发布有关组织信息，解释组织该重大事件而举办的活动，组织者需根据发布会的目的事先做好准备工作。

1. 确定组织者与参与人员

确定组织者与参与人员，包括广告公司、领导、客户、同行和媒体记者等，与新闻发布会承办者协调规模与价格，签订合同，拟订详细邀请名单、会议议程、时间表、发布会现场布置方案等。该步骤主要由主办方提出要求，承办方具体负责。在举行记者招待会前要编发系列新闻稿，提供照片，邀请主要的媒体记者参观展台，安排专访等。

2. 发送邀请函

按照邀请名单发送邀请函和请柬，确保重要人员不因自身安排不周而缺席发布会。回收确认信息，制定参会详细名单，以便下一步安排。该步骤一定要计划周密，有专人负责，适当放大邀请名单，对重要人物实施公关和追踪，并预备备用方案，确保新闻发布会参与人的数量和质量。

3. 工作人员提前到位准备

正式发布会开始前两个小时，工作人员就位，检查一切准备工作是否就绪，将会议议程精确到分钟，并制定意外情况补救措施。

三、按程序推进发布会

按程序推进发布会，每个程序负责要落实到具体人，这样整个团队工作人员相互清楚，方便发布会的正常进展，并在遇到突发事件时知道应该找谁汇报。

1. 所有工作人员清楚会议安排

按计划开始发布会，发布会程序通常为来宾签到、贵宾接待、主持人宣布发布会开始和会议议程、按会议议程进行、会后聚餐交流、有特别公关需求的人员的个别活动。

2. 责任到人

每个环节都要指定专人负责，并设置总负责人，一旦出现突发事件可以第一时间得到处理解决。

四、对媒体发布进行管理和监控

监控媒体发布情况，整理发布会音像资料、收集会议剪报，制作发布会成果资料集(包括来宾名单、联系方式整理，发布会各媒体报道资料集和发布会总结报告等)，作为企业市场部资料保存，并可在此基础上制作相应的宣传资料。

五、活动总结

活动结束后，评测新闻发布会效果，收集反馈信息，总结经验。

06

案例6—3

北京国际汽车展览会新闻媒体发布准备工作

1. 关于北京国际汽车博览会

2010北京车展由中国机械工业联合会、中国机械工业集团公司、中国国际贸易促进委员会、中国汽车工业协会主办；由中国国际贸易促进委员会汽车行业分会、中国汽车工业国际合作总公司、中国国际展览中心集团公司、中国汽车工程学会承办。

各承办单位组成了北京车展秘书处，负责组织、筹备2010北京车展的各项工作。

北京车展从创办至今的20年，适逢我国经济在改革开放政策指导下，全面进入高速发展时期。众多跨国汽车公司先后在中国设立合资、合作企业，把先进的技术和管理、制造经验带到中国，促进了中国汽车工业的蓬勃发展。特别是近几年，中国汽车工业自主创新势头强劲，自主品牌开始崛起。伴随着中国经济几十年来的高速发展，带动了中国汽车消费市场的持续繁荣。

2006年，中国已经成为世界第二大汽车市场、第三大汽车制造国，中国汽车业已在全球市场占据举足轻重的地位。今年一季度，我国汽车销量267.88万辆，汽车产量256万辆，持续保持平稳发展的势头。中国正向世界汽车产销第一大国快速迈进，成为跨国汽车巨头汽车销售业绩的主要增长点，是全球汽车市场中增速最快和最重要的新兴市场。

在此背景下，两年一届的北京国际汽车展览会受到中外汽车界、新闻界和社会各界的高度关注和积极参与，北京车展已成为中外汽车业展示企业形象、宣传推广品牌、实施战略发布、展现先进前沿技术和研发实力、沟通交流信息的有效平台。

20年来，北京国际汽车展览会不仅见证了中国汽车业飞速发展的历史，展览会自身也依托中国汽车产业的发展和广大市场，从小到大、秉承"展品精、品牌全、国际化"的办展理念和特色，从普通专业类展览会逐步成长为目前在国际会展业和汽车业有着广泛影响，具有品牌效应的重要汽车展览会，成为中外汽车业界每两年一次在中国的重要展事活动。

1990年的第一届北京车展有17个国家和地区的372家展商参展，会展面积2万平方米，10万名观众，273台展车。特别值得一提的是，在2004年的北京车展上，国际跨国汽车公司首次在中国的车展上展示了全球首发车，并把北京车展视为全球最重要的顶级汽车会展参加，从根本上提升了北京车展的水平。

第十届北京车展，更是创下多项北京车展和国内会展纪录：会展首次在中国国际展览中心新馆举行，使北京车展展览场地的硬件设施达到国际先进水平，总展览面积超过了18万平方米，是北京车展历史上规模最大的一次。参观总人数达到68万人次，其中有来自108个国家和地区的3万名海外观众；18个国家和地区的2100余家厂商参加了展出，其中包括225家海外厂商和1800余家国内厂商；有10 120名中外记者到现场参观、采访；共展示各种车辆890台，其中概念车55台，国际品牌全球首发车7台。

2008年的北京车展在会展规模、展馆设施、展品质量、安全保卫、新闻宣传、票证管理、现场服务、组织观众、技术交流和车展文化等诸多方面得以全面提升，向国际水平迈进了一大步，被参展商、新闻媒体及社会各界普遍认为已达到国际A级车展水平。

作为中国最具权威性、最有影响力的国际A级汽车展览会，北京车展为我国汽车工业的发展、汽车民族品牌的开发和研制发挥了重要作用，并为促进中外汽车业界的交流与合作，为我国会展经济的快速发展做出了积极的贡献。

2008年的北京车展首次在北京新国展举办。一年多来，新国展先后举办了超过10万平方米的超大型会展10余场。参展商数量近6000家，参观观众超过百万人次。为保证北京会展业的健康发展，地方政府已投入6亿多元用于改、扩建道路，修建停车设施和绿化周边环境等相关建设。新国展内设有10余家国内著名连锁快餐服务企业，为展商和观众提供餐饮服务，新国展20分钟车程范围内星级酒店所能提供的近百万张床位将为展商和观众提供便利。目前，新国展的周边环境、道路交通和会展配套设施已大为改善。

2010年北京车展将为促进中外汽车业界的交流与合作，为全球汽车制造企业搭建一个把握市场新机遇、应对新挑战的贸易平台，进一步推动我国汽车产业的调整、振兴和技术创新，展示我国汽车制造和消费市场的强大实力。

在此，我们真诚地感谢多年来关心并热心支持中国汽车工业发展的汽车界、新闻界及社会各界的朋友们，让我们共同携手，推动中外汽车工业的合作与发展，推动北京国际汽车展览会走向更为辉煌的未来。

为全面公正地报道会展实况，进一步增强会展的宣传力度，扩大会展在国内外的影响力，2004年的会展新闻发布会，北京国际汽车展览会除邀请在北京的国内新闻机构和部分外省市新闻机构外，还邀请了30余家国外媒体驻京机构。

据统计：Auto China 2000共有国内外260家媒体、700余名记者参加了会展的宣传、新闻报道工作。车展期间，会展与有关报刊合作，每天出一期快报——"每日展讯"，介绍会展重要活动、展览动态、展台新闻和展览信息等。同时还利用新兴的媒体网络，在互联网上介绍会展盛况。

总之，北京国际汽车展览会以简报、新闻发布会、展前广告、快报、专题及特刊报道、宣传画、海报、DVD和网络报道等各种形式全方位推动车展的宣传工作。此外，会展还在1号馆开设了会展新闻中心。根据这两年的实际操作看，新闻界比较关注，国内参展商新闻宣传资料较多，而国际参展商的宣传资料较少，这项工作要继续完善。

2. 新闻媒体发布安排

2010(第十一届)北京国际汽车展览会的新闻媒体日是2010年4月23日、24日，新闻发布会如图6-6所示，其间专门接待海内外记者参观；4月25日、26日是专业观众参观日；4月27日—5月2日为公共参观日。这样安排，是考虑到观众可以利用"五一"节假日期间来参观车展，为社会各界观众提供便利。

1) 新闻日的设立

安排新闻日，向电视台与平面媒体开放，为全国30多家省市电视台及近500家平面媒体的3000多名记者提供良好的宣传空间，对会展进行全方位的报道。

图6-6　2010北京国际汽车展览会新闻发布会现场

2) 新闻中心的建立

新闻中心将设置电脑、宽带网、电话等通信设施和办公设备，为记者提供工作便利。

3) 与中央电视台密切合作

中央电视台在会展每天黄金时段，录播会展盛况，宣传参展商的企业文化、形象及展品。

4) 与多家网络媒体合作

多家网络媒体将对会展进行全方位的网上宣传及网上直播。

5) 与报纸媒体合作

与《北京青年报》合作出版会展的每日快讯，将会展每一天的各种信息与动态及时传到全国各地。

6) 与广播媒体合作

北京交通台是北京有车一族最喜爱的电台，与其合作进行现场直播，使会展的信息直接有效地覆盖到北京地区的目标消费群。

7) 会展的相关活动

举行"汽车摄影大赛"、"车展模特大赛"等汽车文化活动，以增加车展的文化气氛。"车展模特大赛"是由现场观众与网络观众共同参与评选的汽车模特赛事，丰富的文化活动使观众与厂商产生了互动，缩短了高端品牌与观众的距离。

(资料来源：新浪网，http://auto.sina.com.cn/news/2010-09-14/1715653544.shtml)

点评：

鉴于北京国际汽车博览会成功的新闻运作宣传，在开展期间实行会展地区道路管制，参展和参观人数众多，使得该会展成为会展界的招牌会展。

第三节　会展组委会中的广告运作

背景资料

广告是会展内容宣传推广的重要形式，也是吸引目标观众的主要手段之一，会展广告范围可能覆盖已知和未知的所有目标观众，对于重要目标观众要在广告投放的基础上，直接通过电话和电子邮件进行联络。

如果预算充裕，可以在几家在当地影响力大、效果好的报刊上做广告。不少人错误地认为花钱越多，广告效果就越好，实际上广告开支与效果不一定成正比，选择合适的媒体，加强综合宣传才是提高广告效果的最好办法。

广告时间也需要安排，不要将广告集中在广告前几天，应该在3～4个月前就开始并持续刊登，时间间隔要安排好，连续刊登广告有利于加深客户印象。

一、宣传媒体的选择

信息爆炸的社会包括纸媒、电视媒体以及网媒，让我们选择什么呢？目前会展主要的宣传途径包括报纸、房会展、路牌条幅、互联网络、电视广播、宣传单页等。一般来说，参展商和参观者获取信息途径主要有：报纸、业内人士介绍、会展、路牌杂志、互联网、电视、广播等。报纸是房地产广告的主要媒体，而口碑即业内人士之间的推荐也有相当重要的地位，其他途径各具特色。

1. 媒体选择的原则

宣传媒体的选择主要看媒体的受众群，如果会展目标观众和媒体的受众群吻合，就是合适的媒体。

2. 各个媒体的特点

大众媒体覆盖面大，影响力大，但费用高，目标观众模糊；专业报刊、网站的宣传广告投资成本低，目标观众较明确；户外广告成本低，而且还能塑造一种气氛，但缺点是不够详细，户外广告方式有广告牌、广告条幅等；使用报刊广告的另一种形式是夹页，即在展览会召开的前夕，在重点刊物中设广告夹页，夹页广告上印有邀请函，供观众剪下使用。

小贴士

学生如何找到实习机会

一些即将毕业或准备假期实习的学生，经常会在电话中问同一个问题："老师，哪里有实习机会？"实际上每个大型会展的成功举办，无论是组织结构、展出场所还是服务机构，都会需要一批临时服务人员，学生只有拿出勇气打电话进行咨询，才能争取到实习机会，而这些单位的联系方式通常都可以通过网络查询得到。

二、与广告制作有关的部门

在第三章我们介绍了有关会展的部门，在这里我们将把与广告和宣传有关的部门列出，并详细介绍他们的职能。与广告公司中的其他广告相比，会展的广告有会展广告位、会展宣传和会场布置三个职能。广告制作的要求比其他形式广告对技术标准的要求高，而就文案而言，不仅仅是宣传这么简单，更注重商品推广和企业宣传。

（一）与广告文案有关的部门

1. 文书小组

文书小组负责展览期间审批手续填写、向上级汇报文件的草拟、招商书的编写、会展资料统筹、建档公函、信件往返的处理、会展记录整理和分送。它是文案组中最重要的部门，尤其是填写审批手续文件，公函的填写直接关系到会展审批流程的速度。

2. 报道小组

报道小组负责新闻媒体及刊物报道的接洽，电视、广播采访报道栏目的安排，新闻发布会的策划、会展新闻稿拟定和媒体报道后新闻简报的制作，以及会展推广步骤和观众宣传力度。

（二）与会展设计有关的部门

1. 设计印刷小组

设计印刷小组负责与文案组配合制作招商书和会展目录，与报道小组配合网页的设计与更新，以及报纸广告、宣传单页的设计，受参展商委托的展示喷绘，礼品、请柬、胸牌、刀旗、路牌和指示牌以及资料袋的设计制作等。

小贴士

给设计部的几点建议

由于设计部的工作比较繁杂，建议设计工作具体安排落实到人，并且鉴于会展的时效性强，所以设计工作一定要有时间计划性。对于招商书和会展目录这种大型的印刷制品，一定最少要有两套设计方案供领导挑选。为了节省时间，可以先设计几种风格迥异的样单，由领导确认并签字，再由专人负责印刷。

数据是会展目录内容的重要部分，在出菲林时，由于电脑字库问题会出现个别字符乱码，或数据的变化，避免的方法是通过拷贝自己电脑的字库到发排公司安装使用，并在发排前对照黑白稿进行校对。

会展的资料袋虽然只是设计制作的一个小环节，但选材不好会直接影响其质量。劣质的资料袋会在资料散发后开裂，散落在地上的资料一方面会影响展览环境，另一方面会使展商对组委会产生看法。所以在制作时要注意：①一定要打圆环垫气孔，以及用卡纸加固；②提绳用棉线绳，不要用尼龙绳，以防开扣。

（资料来源：中国会展网，http://www.expo-china/pages/news/201006/69800/改写）

2. 会场布置小组

会场布置小组负责开幕式会场布置以及展览会的广告位规划。

标准展位由专业的展具租赁服务企业负责完成，属展览展具租赁范围。通常由会展组织机构告知展览使用的标准展位数量与相关要求，由施工单位对标准展位进行安装。

展板可以使用木质结构、铝制结构、碳素结构和钢结构等多种材料作为主体支撑，通常使用易拉宝进行独立摆放，也可以使用挂钩将展板悬挂在某面墙上。展板画面则经过内容编辑、设计、出图和印刷等程序形成，然后粘贴在展板上。

标准展位基本配置包括展板、中英文名称楣板、两只射灯、一个插座、一张咨询桌、两把椅子和地毯。

展位安排的原则是：开放式特装展位优先；大展位优先；两个以上标准展位优先安排角位；相同性质展位先交费者优先。

电源插座为5A/220V，仅供电视机、录像机等使用，若需特殊照明或大型用电机械，需单独申请。

展板类型规格包括以下几种。

● 标准展板：900mm×1200mm。

● 非标准喷绘展板：1000mm×2400mm。

● 标准贴字展板：900mm×1200mm。

● 室内喷绘贴字灯箱：1m^{2}以上。

● 殿堂灯箱：300mm×1500mm。

如图6-7所示为北京国际科技产业博览会展馆前的多种广告形式和不同的广告位置。

图6-7　北京国际科技产业博览会展馆前的广告位

第四节　会展的后续工作

背景资料

　　是不是会展结束后，组委会的工作就告一段落了呢？事实上，还有另一桶金等待你来挖掘。一个会展之所以成功，不仅在于参展商的数量、会展的面积，更在于会展的服务。不管是展前、展中还是展后，对于主办方、参展商和买家都是重要的。而对于会展，参展商和买家都有丰富的经验，因此他们考虑问题更细致更成熟。因此，今天个性化服务成为了会展组织者竞争的领域。

一、会展闭幕后的工作

　　会展主办方在会展闭幕后还有几件事要做，它们是：监督摊位拆除、处理商机、寄出谢卡；会展的组织者为了帮助参展商进行会展评价，一般会提供有关会展与会者的统计信息。

1. 向客户邮寄会展总结并致谢

　　会展闭幕后要及时给所有参加会展的参展商和观众邮寄总结，并对他们参加会展表示真诚的感谢。不仅如此，对那些没有参加会展的目标参展商也要邮寄资料，这样做有助于下一次会展的招商。

对于一些重要的客户和机构，主办单位还可以派人亲自登门致谢。

2. 更新数据库

在市场经济中，客户是公司生存与发展的重要因素。客户名单按市场编制，同一市场的名单可以分为现有客户和潜在客户。现有客户是指有实际贸易关系的客户，对待这些客户会展公司要设法保持发展他们的关系。对待潜在客户，在通过核查他们的公司信息后，经过筛选，再进行重点攻关，争取他们成为公司的参展商。

会展期间重数量，而会展之后重质量，要加深与客户的相互了解，建立相互信任的关系，将认识关系发展成伙伴关系和贸易关系。

二、会展总结与信息汇总

会展主办方要对本次会展进行总结和信息汇总，为下一届的会展做好准备。

1. 进行会展总结性宣传

会展结束后，主办人应该就会展的情况准备一份总结性的新闻稿，提供给新闻媒体，并在媒体刊登后做好简报发给参展单位，为下一届会展做舆论准备。

2. 发展和巩固客户关系

会展期间，由于时间仓促，可能会遗留一些问题。如客户的展品没有处理完毕，尾款还没有结算，有些客户还需要商务考察等，要及时解决，不要让这些问题影响下一届会展。

小贴士

针对国外企业的技术售留服务

国外企业与国内厂家不同，国外企业在参加展览后，外商随之陷入去留两难的境地。回国，手中的技术尚"待字闺中"，毕竟来一次中国不容易；留下，人生地疏，前途渺茫，成功概率很低。这时，展览主办方有条件的话最好设立一个"技术售留"委托部门，帮助企业翻译产品资料，进行企业产品技术链接。

调查表明，如果在会展后继续与新客户沟通和交流，展出者的销售额可以提高2/3。这对展览公司和客户来说是一个双赢。提供售留服务对展览公司来说也是另一桶金。

(资料来源：http://www.chinavalue.net/Blog/21676.aspx改写)

3. 为下一届会展做准备

会展闭幕后，主办机构要开始着手下一届会展的准备工作：策划好下一届会展的宣传推广方案，编印下一届会展的招展书、观众邀请函和制定展区展位划分办法等。

其他行业的人员是按年来筹备业务事项的，但会展的工作是按届来计划和筹备其业务事项的。每成功举办一届会展，展览人的经验就增加一次，所以尽管业务不断轮回，但使每一届会展都进步一点，是每一个展览人的梦想。会展的营销不仅需要精益求精，还需要日新月异，这样才能有长足的发展。

小贴士

如何筛选潜在客户

只要潜在的客户参观了展台，就可以安排展台人员当晚寄发事先准备好的明信片和信函，对客户参观展台表示感谢。如果展台人员在跟客户沟通过程中答应提供资料样品和报价单等，不要等到展览会结束后再办理。如果感谢信和资料能在客户回到办公室时就出现在他的办公桌上，客户肯定会被展出者的效率和诚意所打动，并留下深刻印象。这将有助于后续工作的展开。

通过展后的拜访，可以了解潜在客户的公司成立年份、雇用人数、年销售额、供应商以及通过办公地址了解他的公司实力，从而成为判断客户重要性的重要依据。

(资料来源：广交会官网，http://guangjiaohui.china.cn/content/d952797.affcc7.6818_30694.html改写)

06

本章小结

本章从会展前期、中期和后期的服务管理入手，使学生初步了解会展服务的内容，掌握服务在会展的不同阶段的需求和服务范围，结合案例体会服务对会展成功与否的重要性。会展服务也是一个结合管理和会展专业的领域，需要培养良好的沟通能力和协调能力。

思考题

1. 新闻发布会的流程是什么？
2. 会展开幕仪式包括哪些内容？
3. 简述不同新闻媒体的特点。

实训课堂

策划一次读书会

项目背景

通过活动策划，巩固本章节的理论知识，并启发学生开动思维，模拟一个活动的策划、发布和开展等环节。

项目要求

在数字化高速发展的今天，如果读书会活动单指对书的阅读理解，就是片面的，一定要做出自己的活动特色。例如：专指某一类书籍的"英伦风情读书会"或"网络畅销小说读书会"等，所包含的内容有电影、旅游、小说、绘画和音乐等。

活动要包括活动前期准备、活动发布、活动进展和活动总结几个环节。

分小组完成项目，4~6人一组。

写策划时要考虑以下几个问题

1. 要不要请老师，请哪几位老师？

2. 要不要请外班同学，请哪几位，怎么请？

3. 饮食要安排几个人的量，准备哪些饮食？

4. 读书会进行时还要安排哪些互动活动？

5. 何时发布读书会信息，通过什么手段？

6. 基本开销是多少，经费从哪里来？

7. 在哪儿举办此类活动，活动的重点是什么？

8. 活动需要多少时间？

9. 整个活动都需要哪些人员配合，以及他们的职责是什么？

第七章

会展相关政策法规

学习要点及目标

- 通过对本章的学习，使同学们树立遵守法律、法规的意识。
- 通过对本章的学习，使同学们认识会展管理法规制度对会展业的制约作用。
- 通过对本章的学习，使同学们了解会展行业中应该注意和避免发生的问题。

本章导读

近年来，我国会展活动空前活跃，市场化和国际化水平不断提高。随着展览的专业化，为规范会展行业，促进我国会展业朝着健康有序的方向发展，我国制定了一系列相关的法律、法规。这些行业规范，不仅直接促进了经贸、科技、文化和体育等事业的发展，而且有力地带动了信息通讯、交通运输、城市建设、旅游休闲和广告印刷等相关服务行业的发展。

引导案例

参展合同出现纠纷怎么办

A公司(原告)是一家机械制造公司，B公司(被告)是一家展览公司。2001年2月，被告向原告发出邀请函，邀请原告参加被告2001年10月22日至25日在某市展览中心举办的第二届印刷、包装展览会，并向原告提供了展位平面图及往届参展企业名单等宣传资料。

2001年4月21日，双方签订合同，原告随后缴纳了参展费40 000元。2001年10月20日，原告进场布展，被告征得原告同意后代原告垫付了动力电安装费、场地使用费1280元。原告布展后，又认为整个展览中心没有都用来举办本次印刷、包装展览，且参展企业不多，与被告的宣传相差甚远，受到被告蒙骗，于2001年10月22日撤走展品。后原告以此为由向法院提起诉讼，请求判令退还参展费40 000元，赔偿损失70 945元。

B公司(即被告)的委托代理人代理被告提出如下答辩：(1)被告从未承诺整个展览中心都用来举办本次印刷、包装展览，也未承诺本次参展企业为数百家，合同对此也未约定，原告的主张没有事实依据。(2)被告已如期举办会展，已履行合同义务。(3)原告布展后又撤走展品，是自动放弃参展的行为，请求赔偿布展费用及广告费用没有事实和法律依据。本所律师同时代理被告提出反驳，请求判令原告支付拖欠的代垫费用1280元。

一审判决：一审法院经审理认为，原、被告签订的展览合同合法有效。被告收取原告展览费用并为原告提供展位，应视为已履行合同的主要义务。合同书、邀请函、展位平面图及往届参展企业名单等宣传材料不能证明被告曾向原告承诺整个展览中心只举办本次印刷、包装展览，也不能证明被告曾承诺本次参展企业为数百家。为此，原告主张被告构成欺诈和违约缺乏事实依据。

原告交纳参展费进场布展后没有实际参展，是原告自身所做出的行为，与被告没有必然的因果关系，原告认为被告应赔偿损失70 945元缺乏相应证据支持，不予采纳。因原告曾确认接受动力电安装费、场地使用费，所以对被告代垫的上述费用，原告应予返还。一审法院判决驳回原告的诉讼请求，判决原告向被告支付欠款1280元。

二审判决：原告不服一审判决，向二审法院提起上诉，要求撤销一审判决，二审法院驳回上诉，维持原判。

(资料来源：胡平. 会展案例. 上海：华东师范大学出版社，2008.P96-97)

点评：

会展是一种经济活动，经济合同纠纷是比较常见的，对此必须有心理准备和技术准备。作为参展商在决定参加某一展览前必须注意：①展览项目是否规范？是否经政府审批？②主办单位的知名度和办展能力如何？③展览项目效果如何？全国有数千个展览会，不乏有许多雷同的展览，希望做一个成熟的参展商。

第一节　会展管理法规制度

背景资料

2006年是"十一五"开局之年，对于会展业来说，这是不同寻常的一年，在《国民经济和社会发展第十一个五年规划纲要》中，中央政府第一次在全国范围对会展业发展提出了总体要求。全国各地把握中央指令开展"以区域为核心"的会展业政策法规出台完善，如厦门在2006年底推出的《厦门市展览会评估试行办法》、北京即将在下半年推出"会展知识产权保护办法"等，这些政策法规在完善整个会展经济大环境下，对于我国会展业发展势必引起历史上的新纪元。

一、会展组办单位的资格

我国政府对各类会展的组办单位资格有着严格的规定。目前，涉及会展管理的相关制度、法规主要包括以下内容。

1. 国内商品展销会举办单位的资格

根据《商品展销会管理办法》规定，商品展销会的举办单位应当具备下列条件。

(1) 具有法人资格、能够独立承担民事责任。

(2) 具有与展销规模相适应的资金、场地和设施。

(3) 具有相应的管理机构、人员、措施和制度。

从上述条件看来，对于国内的普通商品交易会或展销会的组办单位资格，国家并没有进行严格控制，目的是充分发挥市场的调节作用，以市场为导向进行资源配置，促进会展之间的竞争，进而通过竞争提高国内会展的竞争力。但对于涉及国外参展单位参展的对外经贸展览会及在国外参展、办展的组办单位资格，国家却有着严格的规定。

2. 境内举办对外经济技术展览会主办单位资格的规定

根据《关于审核境内举办对外经济技术展览会主办单位资格的通知》规定，举办对外经济技术展览会的境内主办单位应具有以下资格。

(1) 具有对外经济贸易合作部审核批准的主办资格。

(2) 除省级、副省级市人民政府或省级外经贸主管部门以及国务院部门以外的境内主办单位，应具备以下条件：具有组织招商招展能力和承担举办展览的民事责任能力；设有专门从事办展的部门或机构，并有相应的展览专业人员，具有完善的办展规章制度；曾参与承办或协办5个以上较大规模的国际性展览会。

(3) 上述境内主办单位，应按部门、地区和系统所属，分别向各自上级主管部门申请主办单位资格。

外经贸部对所报材料进行审核，对符合条件的主办单位授予其主办单位资格，并分期分批予以公布。凡取得外经贸部批准文件的主办单位，必须在取得批准文件之日起30日内，持批准文件到工商行政管理部门办理登记。

二、会展举办的申报及审批

目前，国内会展活动由"申报审批制"改为由政府主管部门按"大型活动备案制"管理；国际会展活动仍由商务部、科技部按"项目申报审批制"管理。

1. 国内展审批

以前国内办会展有四个审批渠道：贸促会、地方政府、经贸委和科委。有关审批办法规定，在国内举办超过1000平方米的国际性展览会均需审批。现在根据《国务院关于取消第一批行政审批项目的决定》(国发[2002]24号)文件精神，国内会展活动的"申报审批制"改为由政府主管部门按"大型活动备案制"管理。

2. 国际展实行分级审批

2004年6月17日，由中国贸促会、外交部、商务部、公安部和海关总署五部门会签了《关于进一步加强出国举办经济贸易展览会管理工作有关问题的通知》，该通知明确规定，具体举办单位需按举办会展的性质报商务部、科技部和贸促会等有关主管部门审批，海关凭主管部门批件办理相关手续。面积在1000平方米以下的国际展，各单位可自行举办，但需报有关主管单位备案，海关凭主管部门备案证明办理相关手续。

案例7—1

国际科技展览申报流程

根据科技部有关文件精神，在我国境内(不含港、澳、台地区)举办国际科技展览需根据展览规模向各级主管单位申报，具体流程如下。

确定展览名称、主题、时间和地点

未经科技部批准，任何国际科技展览名称不得冠以"中国"、"中华"和"全国"等字样，不得使用"中国国际××展览"及其他类似名称，但可使用中国地方性名称如"中国(地区名)国际××展览"。

同类展览原则上在同一省、自治区、直辖市、计划单列市及省会城市每年不超过两个；规模大、影响大、定期举办的会议、主办单位具有行业优势和举办经验的会议优先批准。

↓

确定主办单位是否具有举办国际科技展之资格

↓

向中国石油和化学工业协会上报申请材料
（一般提前6个月，规模较大会议提前12个月）

↓

展览面积1000平方米以上之展览 科技部审批、抄报海关总署及主管地海关，政府机构以外单位需具主办资格，报国务院审批。	展览面积1000平方米以下之展览 石化协会审批、抄报海关总署和主管地海关、报科技部备案。

具有以下情况的国际科技展览由科技部征求外交部意见后审批或由科技部审核后呈国务院审批

1. 涉及未建交国家或其他敏感议题。
2. 主题或内容涉及台湾问题。
3. 政府间国际组织在华举办的科技会议。
4. 其他重要会议。

↓

经审批部门批准后，如申请文件中所列内容有重大变更，应向审批部门办理变更或重新批准手续

↓

在展览结束两个月内向审批部门报送总结报告

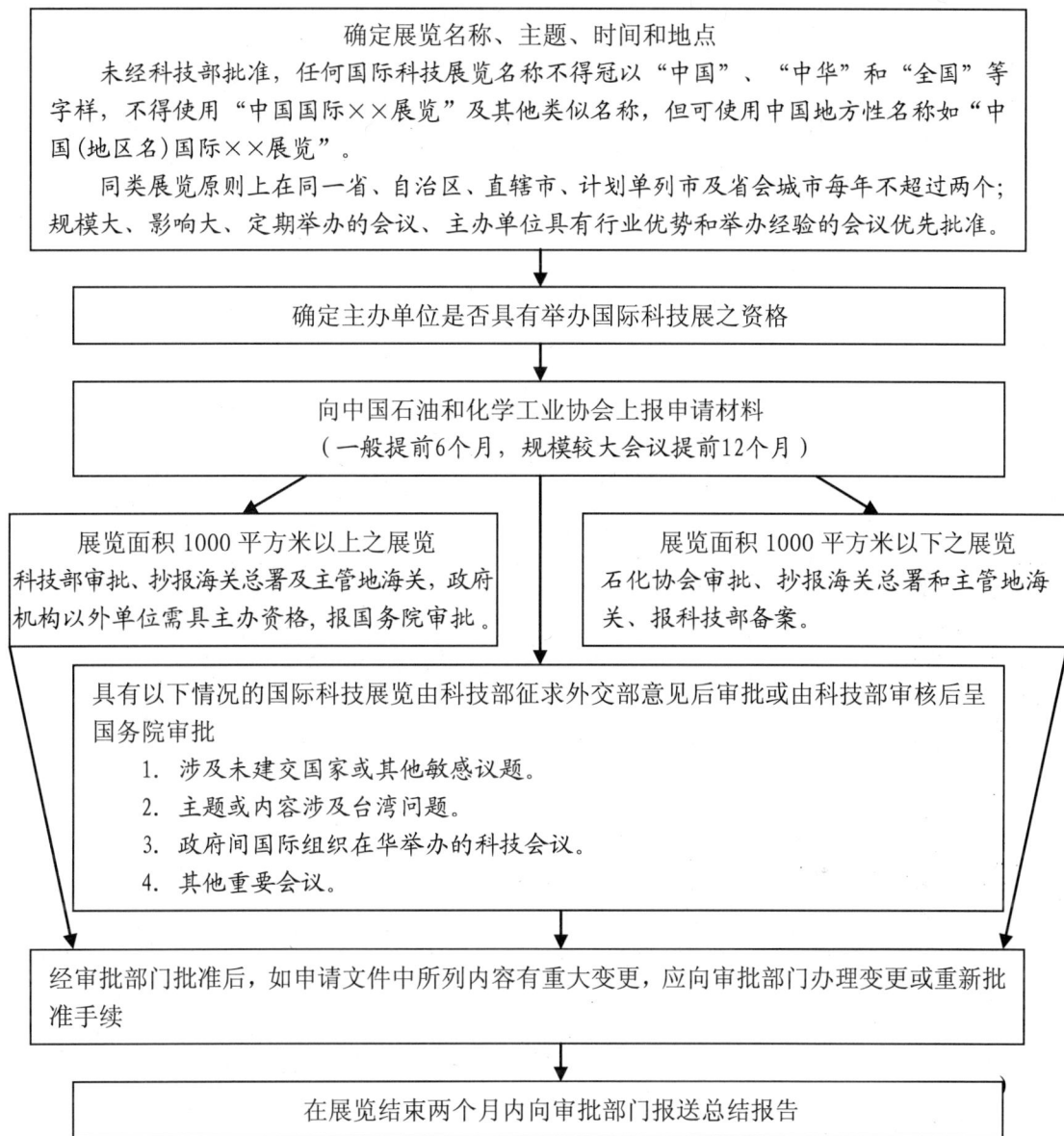

(资料来源：国家石油和化工网，http://chinasepa.com/picture/download/200810231426912.doc)

三、会展合同法

会展合同是指会展组织者与参展商之间订立的、约定会展活动中双方权利义务等事项的协议书，也称会展协议书。

（一）《合同法》基本原则

《合同法》的基本原则是合同当事人在合同活动中应当遵守的基本准则，也是人民法院、仲裁机构审理案件时应当遵循的原则。了解和掌握《合同法》的基本原则，对于正确理解其中的内容有着十分重要的意义。

1. 平等原则

合同当事人的法律地位平等，一方不得将自己的意志强加给另一方。法律地位平等，是当事人自愿协商达成协议的前提，当事人无论具有什么身份，在合同关系中相互之间的法律地位都是平等的，没有高低、从属之分，都必须遵守法律规定，都必须尊重对方当事人的意愿。

2. 自愿原则

合同自愿原则是《合同法》最重要的基本原则。其基本含义是：合同当事人通过协商，自愿决定和调整相互之间的权利义务关系。自愿原则体现了民事活动的基本特征，是民事法律关系区别于行政法律关系、刑事法律关系的特有的原则。民事活动除法律有强制性规定之外，一般由当事人自愿约定。

因此，《合同法》规定，当事人依法享有自愿订立合同的权利，任何单位和个人不得非法干预。当事人订立、履行合同，应当遵守法律、行政法规，遵守社会公德，不得扰乱社会经济秩序，损害社会公共利益。

3. 公平原则

我国《合同法》规定，当事人应当遵循公平原则确定各方的权利和义务。公平是法律最基本的价值取向。法律的基本目标就是在公平和正义的基础上建立社会的秩序。合同各方当事人都应当遵循公平原则，在不损害他人合法权益的基础上实现自己的利益，不得滥用自己的权利。

4. 诚实信用原则

诚实信用原则要求当事人在订立、履行合同中应当讲诚实、守信用，善意地行使权利和履行义务，不得规避法律合同规定的义务。具体包括：第一，在订立合同时应当善意行使权利，不得欺诈，不得假借订立合同恶意磋商或进行其他违背诚实信用原则的行为；第二，在履行合同义务时，当事人应当按照诚实信用的要求，根据合同的性质、目的和交易惯例，履行通知、协助、提供必要的条件、防止损失扩大和保密义务；第三，合同终止后，也应当根据合同约定或交易习惯，履行通知、协助和保密等义务。

5. 遵守法律，尊重社会公德原则

当事人订立、履行合同，应当遵守法律、行政法规，尊重社会公德，不得扰乱社会经济秩序，损害社会公共利益。

6. 合同对当事人具有法律约束力原则

订立不订立合同，与谁订立合同，合同的内容等，由当事人自愿约定。但是，依法成立的合同受法律保护，对当事人具有法律约束力。当事人应当按照合同的约定履行自己的义务，非依法律规定或者未经对方同意，不得擅自变更或者解除合同。

如果不履行合同义务或者履行合同义务不符合约定，就要承担违约责任。如果受损害一方请求法院或者仲裁机构予以救济时，有关机构应当依法维护守约一方的合法权益。这对提高合同信用、保障合同安全、促进合同履行和保护合同当事人的合法权益有着重要意义。

（二）要约和承诺

当事人订立合同的过程是对合同内容进行协商的过程。当事人订立合同采取要约、承诺的方式。

1. 要约的概念和条件

要约又称订约提议，或称发盘、出价地等，要约是指希望和他人订立合同的意思表示。该意思表示应当符合下列规定：内容具体规定；表明经受要约人承诺，要约人即受该意思表示约束。

在要约关系中，发出要约的一方称为要约人，接受要约的一方称为受要约人。要约通常向特定对象提出，在特定情况下也可向非特定对象提出(如悬赏广告等)。要约可以采取口头形式，也可以采取书面形式。

2. 要约的生效和有效期限

要约到达受要约人时生效。采用数据电文形式订立合同，收件人指定特定系统接收数据电文，该数据电文进入该特定系统的时间，视为到达时间；未指定特定系统的，该数据电文进入收件人的任何系统的首次时间，视为到达时间。

要约生效后，要约人在要约的有效期限内不得随便反悔。至于要约的有效期限，要约中确定承诺期限的，确定的期限即为要约有效期限；如果要约中没有确定期限，以对话方式做出要约的，受要约人应当即时做出承诺；要约以非对话方式做出的，受要约人应当在合理期限内做出承诺。

3. 要约的撤回

要约可以撤回。撤回要约的通知应当在要约到达受要约人之前或者与要约同时到达受要约人。

案例7—2

企业是否应承担责任

某企业在策划一次会展时看中A场馆，便向A场馆发出传真，要求确定租赁。传真发出后，企业收到了B场馆的广告，其价格比A场馆价格低6%。于是，企业立即要求B场馆预留席位。签订合同后，企业想起自己曾经答应过在A场馆租赁展区，便打电话通知取消。因电话没有打通，便派专人到A场馆联系取消场馆事宜。企业派出的人刚走，A场馆发来一传真，称同意企业意见，确定了展区位置。企业派出的人到后，A场馆的人表示不能取消预订。会展如期开始，可是企业拒绝参加，于是A场馆提起诉讼。

律师评析：

企业向A场馆发出的传真属于要约，A场馆发来的传真属于承诺，本案的要约和承诺均已生效，合同已经成立，企业不能单方面解除合同。

（资料来源：会展365，http://www.cce365.com/wenzhang_detail.asp?id=21765改写）

拓展知识

企业如何选择参加展览会

一般来说，企业在选择展览会时，应结合参展目的重点考虑以下几个因素。

1. 会展性质

每个展览会都有不同的性质，从展览目的可分为形象展和商业展；从行业设置可分为行业展与综合展；按观众构成可分为公众展与专业展；按贸易方式可分为零售展与订货展；按展出者划分，又有综合展、贸易展、消费展……凡此种种，不一而足。在发达国家，不同性质的展览会界限分明。但是在发展中国家，由于受到经济环境和展览业水平的限制，往往难有准确的划分。参展商应结合自身需要，谨慎选择。

2. 知名度

现代展览业发展到今天，每个行业的展览都形成了自己的"龙头老大"，成为买家不可不去的地方，如：芝加哥工具展、米兰时装展、汉诺威工业博览会和广州全国出口商品交易会等。通常来讲，展览会的知名度越高，吸引的参展商和买家就越多，成交的可能性也越大。如果参加的是一个新的展览会，则要看主办者是谁，在行业中的号召力如何。名气大的展览会往往收费较高，为节省费用，可与人合租展位，即使如此，效果也会好于参加那些不知名的小展览会。

3. 展览内容

现代展览业的一大特点是日趋专业化，同一主题的展览会可细分为许多小的专业展。例如，同样是有关啤酒的展览会，其具体的展出内容可能是麦芽和啤酒花，可能是酿造工艺，可能是生产设备，可能是包装材料或技术，也有可能是一场品牌大战。参展商事先一定要了解清楚，以免"误入歧途"。

4. 时间

任何产品都具有自己的生命周期。即新生、发育、成熟、饱和和衰退五个阶段。展出效率与产品周期之间也有一定的规律。对于普通产品而言，在新生和发育阶段，会展有事半功倍的效果；在成熟和饱和阶段，展出的效果可能事倍功半；到了衰退阶段，展出往往会徒劳无功。

5. 地点

参加展览会的最终目的是为了向该地区推销产品，所以一定要研究展览会的主办地及周边辐射地区是否是自己的目标市场，是否具有潜在购买力。必要时可先进行一番市场调查。曾经有一个商业案例，一家销售拖鞋的厂家，想当然地认为非洲天气热则非洲人一定需要他们的产品，到了那边才发现，天气热不假，但那里的百姓平时根本就不穿鞋。

(资料来源：FOB上海，http://bbs.fobshanghai.com/thread-367415-1-1.html改写)

第二节 进出口管理法律制度

背景资料

展品是会展的核心内容，随着改革开放的不断深入，与国际的会展交流日益增多，加强出入境商品检验与检疫对会展的每一步都将起到举足轻重的作用、产生深刻的影响。

一、进出口商品检验管理

进出口商品检验管理包括以下内容。

（一）进出口商品检验机构

进出口商品检验机构是进出口商品检验法律关系的主体之一，它依照我国《宪法》的规定行使进出口商品检验权。国家进出口商品检验局主管全国进出口商品检验工作，我国还设立了特殊性检验机构，如食品卫生检验所、药品检验所、动植物检验所、计量局、锅炉压力容器安全监察局以及船舶检验局等。

中国进出口商品检验体制由三个层次组成。

1. 国家商检部门

国家质量监督检验检疫总局，主管全国进出口商品检验工作。

2. 各地商检机构

国家质量监督检验检疫总局在各地设立商检机构，即出入境检验检疫机构，管理各所辖地区的进出口商品检验工作。

3. 检验机构

经国家商检部门许可的检验机构，即从事检验鉴定业务的机构，可以接受对外贸易关系人或者外国检验机构的委托，办理进出口商品检验鉴定业务。

（二）进出口商品的检验原则及分类

我国新《商检法》对进出口商品检验原则作了规定，即进出口商品检验应当根据保护人类健康和安全，保护动物或者植物的生命和健康，保护环境，防止欺诈行为，维护国家安全这五项原则进行。

进出口商品检验的分类如下。

1. 法定检验

对进出口商品划定一个必须进行检验的范围，对属于这个范围内的商品所实施的检验称为法定检验。必须实施法定检验的进出口商品目录是由国家商检部门依据法定目标制定、调整并公布实施的。凡是列入该目录的进出口商品，属于必须实施检验的商品，由商检机构实施检验。

2. 抽查检验

抽查检验是指按照法律规定对法定检验的商品以外的进出口商品由商检机构实施抽查检验。抽查检验的组织实施原则是：国家商检部门对抽查检验实行统一管理，负责确定相应的商品种类加以实施；各地商检机构根据商检部门确定的抽查检验的商品种类，负责抽查检验的具体组织实施工作。

（三）进出口商品检验监管制度

国家商检部门和检验机构通过出厂前的质量监管和检验制度，认证管理制度，验证管理制度，加贴商检标志和封识制度，复验、复议、诉讼制度对进出口商品检验活动进行监督管理。

进出口商品检验的监督管理工作，是对进出口商品执行检验把关和对收货、用货单位，生产、经营和储运单位，以及指定或认可的检验机构的进出口商品检验工作进行监督检查的重要方式，是通过行政管理手段，推动和组织有关部门对进出口商品按规定要求进行检验。其目的是为了保证出口商品质量和防止劣质商品进口。出入境检验检疫机构进行监督检查的内容包括。

(1) 对其检验的进出口商品进行抽查检验。

(2) 对其检验组织机构、检验人员和设备、检验制度、检验标准、检验方法以及检验结果等进行监督检查。

(3) 对其他与进出口商品检验有关的工作进行监督检查。对进出口商品实施质量认证、质量许可制度、加贴检验检疫标志或封识以及指定、认可、批准检验机构等工作，也属于进出口商品检验的监督管理工作范围。

案例7—3

忽略检验带来了什么

某年11月，某公司与香港一公司签订了一个进口香烟生产线合同，设备是二手货，共18条生产线，由A国某公司出售，价值100多万美元。合同规定，出售商保证设备在拆卸之前均在正常运转，否则更换或退货。设备运抵目的地后发现，这些设备在拆运前早已停止使用，在目的地装配后也因设备损坏、缺件根本无法马上投产使用。

但是，由于合同规定如要索赔需商检部门在"货到现场后14天内"出证，而实际上货物运抵工厂并进行装配就已经超过14天，无法在这个期限内向外索赔。这样，工厂只能依靠自己的力量进行加工维修。经过半年多时间，花了大量人力物力，也只开出了4条生产线。

点评：

该案例的要害问题是合同签订者把引进设备仅仅看作是订合同、交货和收货几个简单环节，完全忽略了检验、索赔这两个重要环节。特别是索赔有效期问题，合同质量条款订得再好，索赔有效期订得不合理，质量条款就成为一句空话。

大量事实说明，外商在索赔有效期上提出不合理意见，往往表明其质量上存在问题，需要设法掩盖。如果你只满足于合同中形容质量的漂亮辞藻，不注意索赔条款，就很可能发生此类事故。

(资料来源：河南经贸职业学院，http://jpkc.hnjmxy.cn/gmsw/onews.asp?id=292)

二、进出口货物海关监管制度

进出口货物海关监管制度包括以下内容。

（一）海关的组织和职能

海关是国家进出关境的监督管理机关，其基本职能是：进出关境监管，征收关税和其他税、费，查缉走私，编制海关统计，办理其他海关业务。我国实行集中统一的、垂直的海关管理体制，即海关的隶属关系、不受行政区域的限制，海关依法独立行使职权，向海关总署负责。

1. 海关总署

国务院设立海关的最高管理机关，即海关总署，统一管理全国海关。海关总署与全国的海关是领导与被领导、管理与被管理的关系。

2. 海关设置

海关设置分为直属海关和隶属海关两个层级，直属海关直接由海关总署领导，隶属海关由直属海关领导。

（二）海关监管

1. 海关监管任务

(1) 执行国家外贸管制法制，监督管理运输工具、货物、物品合法进出境，保证国家对外经济贸易政策的贯彻实施。

(2) 加强海关对市场经济的宏观监控，维护国家主权利益，促进经济、科技、文化交流。

(3) 为海关征税、统计、稽查和查私及时提供原始单证、资料和线索。

2. 监管对象与分类

(1) 货物监管：货物监管分为一般贸易货物进出境监管和特殊贸易货物进出境监管。

(2) 物品监管：进出境物品通常是非贸易性物品。携带、邮寄国家限制进出境物品、应税物品的，应当向海关申报，接受海关查验。

(3) 运输工具监管：进出境运输工具必须向海关申报，并接受海关检查。

第三节　交通运输管理法律制度

现代交通运输业极大地推动了会展业的发展。方便快捷的交通能够保障会展的有序进行，加速经济贸易合作、推广。由于会展行业对交通运输的特殊性要求，因此，提高会展多方位交通运输的能力，安全、合理的运输需要制定会展交通运输法规来进行调整和规范。

一、"会展交通运输法"的特点

会展交通运输法是调整发生在会展活动中各种关系的法律、法规和规章的总称。它具有以下特点。

1. 具有规范性

规范一词含有约定俗成或明文规定的某种规格、标准和准则的意思，指人们在一定情况下应该遵守的各种规则。

交通运输法律规范调整了交通运输关系的共同规则，才使交通运输法规中所规定的行为模式在实际生活中发挥规范性作用。

2. 具有强制性

会展交通法律离不开强制性，没有强制性，会展交通运输法规就可能是一个空架子，无法实现会展运输中权益的保障。

法律就是要通过它的强制机制的设定来保障并实现经济成本和道德成本。

3. 具有涉外性

会展交通运输中的国际航空、国际列车和远洋运输等，不仅与本国的权益和法律有关，而且还会涉及国际权益、国际公约和国际管理。

会展交通运输法同国际公法、国际私法、国际航空法和国际仲裁等的关系十分密切，因此会展交通运输法具有很强的涉外性。

4. 法律适用的专业性

法律适用的专业性首先体现在所适用的法律、法规具有专业性。

在民商法律方面，除了我国《合同法》分则第十七章"运输合同"、第二十章"仓储合同"外，还有众多的部门法对交通运输法律关系予以规范。属于法律层面的有：《中华人民共和国海商法》、《中华人民共和国民用航空法》、《中华人民共和国铁路法》和《中华人民共和国公路法》等；属于行政法规层面的有：《中华人民共和国国际海运条例》、《铁路运输安全保护条例》等。

交通运输领域民商法律适用的专业性还表现在具有特定的法律关系，主要有运输、包装、装卸搬运、流通加工、仓储和委托代理等法律关系。

二、会展交通运输法的立法概述

现代交通运输的发展大大缩短了会展参与人员与展览地之间的距离，对会展业的发展起到了极大的推动作用。

我国关于调整旅行交通法律关系的法律、法规主要有：调整航空运输的《中华人民共和国民用航空法》；调整铁路运输企业与旅客和托运人之间运输关系的《中华人民共和国铁路法》；公路运输方面的重要法规有《中华人民共和国公路法》；水上运输方面的重要法律法规有《国内水路货物运输规则》和《中华人民共和国内河交通安全管理条例》等。这些法律、法规和规则构成了我国的交通运输法律体系，其中包含了很多属于会展交通运输的条款。

第四节　知识产权法律制度

背景资料

会展的知识产权保护已成为会展的组织者和参与者为维护自身权益而密切关注的一个问题。由于我国有关知识产权工作起步较晚、基础较弱，不能满足国际经济一体化形式发展的需要；又由于利益驱动、监管不严等原因，知识产权侵权、假冒和盗用的现象时有发生，尤其在我国各类展览会中，涉及知识产权的问题更加突出。

这种知识产权侵权、假冒和盗用行为，不仅给知识产权所有者和广大消费者造成损害，而且还扰乱了会展行业的正常秩序。如何保护知识产权已经成为会展主办者必须面对和研究的一个课题。会展活动是展示创新成果、开拓产品市场、招商引资和促进生产力转化的重要环节与场所，是知识产权保护的重要领域之一。

加强会展业知识产权保护是整顿和规范市场经济秩序的重要内容，只有建立和完善会展知识产权保护规则，规范会展知识产权行为，营造良好的知识产权保护环境，才能更好地维护会展市场秩序，促进会展产业健康发展。

一、会展期间的专利保护

会展期间专利保护包括以下几方面内容。

1. 地方专利管理部门的职责

地方知识产权局在会展期间的工作包括以下几个方面。

第一，接受会展投诉机构移交的关于涉嫌侵犯专利权的投诉，依照专利法律法规的有关规定进行处理。

第二，受理展出项目涉嫌侵犯专利权的专利侵权纠纷处理请求，依照《专利法》第五十七条的规定进行处理。

第三，受理展出项目涉嫌假冒他人专利和冒充专利的举报，或者依职权查处展出项目中假冒他人专利和冒充专利的行为，依据《专利法》第五十八条和第五十九条的规定进行处罚。

2. 对侵权专利不予受理的条件

有下列情形之一的，地方知识产权局对侵犯专利权的投诉或者处理请求不予受理。

其一，投诉人或者请求人已经向人民法院提起专利侵权诉讼的。

其二，专利权正处于无效宣告请求程序之中的。

其三，专利权存在权属纠纷，正处于人民法院的审理程序或者管理专利工作的部门的调解程序之中的。

其四，专利权已经终止，专利权人正在办理全力恢复的。

3. 地方专利管理部门的调查职能

地方知识产权局在通知被投诉人或者被请求人时，可以立即进行调查取证、查阅和复制与案件有关的文件，询问当事人，采用拍照、摄像等方式进行现场勘验，也可以抽样取证。

地方知识产权局搜集证据应当制作笔录，由承办人员、被调查取证的当事人签名盖章。被调查取证的当事人拒绝签名盖章的，应当在笔录上注明原因；有其他人在现场的，也可同时由其他人签名。

二、会展期间的商标保护

会展期间的商标保护包括以下内容。

1. 地方工商行政管理部门职责

地方工商行政管理部门在会展期间的工作职责包括：接受会展投诉机构移交的关于涉嫌侵犯商标权的投诉，依照商标法律法规的有关规定进行处理；受理符合《商标法》第五十二条规定的侵犯商标专用权的投诉；依职权查处商标违法案件。

2. 地方工商行政管理部门受理范围

有下列情形之一的，地方工商行政管理部门对侵犯商标专用权的投诉或者处理请求不予受理。

其一，投诉人或者请求人已经向人民法院提起商标侵权诉讼的。

其二，商标权已经无效或者被撤销的。

地方工商行政管理部门决定受理后，可以根据商标法律法规等相关规定进行调查和处理。

三、会展期间的著作权保护

会展期间的著作权保护包括以下内容。

1. 地方著作权行政管理部门职责

地方著作权行政管理部门在会展期间的工作包括：

第一，接受会展投诉机构移交的关于涉嫌侵犯著作权的投诉，依照著作权法律法规的有关规定进行处理。

第二，受理符合《著作权法》第四十七条规定的侵犯著作权的投诉，根据《著作权法》的有关规定进行处罚。

2. 地方著作权行政管理部门的保护手段

地方著作权行政管理部门在受理投诉或请求后，可以采取以下手段收集证据。

手段一：查阅、复制与涉嫌侵权行为有关的文件档案、账簿和其他书面材料。

手段二：对涉嫌侵权复制品进行抽样取证。

手段三：对涉嫌侵权复制品进行登记保护。

四、投诉处理

投诉处理阶段包括以下内容。

（一）投诉机构的设置及职责

1. 投诉机构设置

会展时间在3天以上(含3天)，会展管理部门认为有必要的，会展主办方应在会展期间设立知识产权投诉机构。

设立投诉机构的，会展举办地知识产权行政管理部门应当派员进入，并依法对侵权案件进行处理。

未设立投诉机构的，会展举办地知识产权行政管理部门应当加强对会展知识产权保护的指导、监督和有关案件的处理，会展主办方应当将会展举办地的相关知识产权行政管理部门的联系人、联系方式等在会展场馆的显著位置予以公示。

2. 投诉机构组成及职责

会展知识产权投诉机构应由会展主办方、会展管理部门、专利、商标和版权等知识产权行政管理部门的人员组成，其职责包括以下几方面。

(1) 接受知识产权权利人的投诉，暂停涉嫌侵犯知识产权的展品在会展期间展出。

(2) 将有关投诉材料移交相关知识产权行政管理部门。

(3) 协调和督促投诉的管理。

(4) 对会展知识产权保护信息进行统计和分析。

(5) 其他相关事项。

（二）投诉的程序

1. 投诉的材料

知识产权权利人可以向会展知识产权投诉机构投诉，也可直接向知识产权行政管理部门投诉。权利人向投诉机构投诉时，应当提交以下材料。

(1) 合法有效的知识产权权属证明。涉及专利的，应当提交专利证书、专利公告文本、专利权人的身份证明、专利法律状态证明；涉及商标的，应当提交商标注册证明文件，并由投诉人签字确认，提交商标权利人身份证明；涉及著作权的，应当提交著作权权利证明，著作权人身份证明。

(2) 涉嫌侵权当事人的基本信息。

(3) 涉嫌侵权的理由和证据。

(4) 委托代理人投诉的，应提交授权委托书。

不符合上述规定的，会展知识产权投诉机构应当及时通知投诉人或者请求人补充有关材料。未予补充的，不予接受。

2. 投诉的受理

地方知识产权行政管理部门受理投诉或者处理请求的，应当通知会展主办方，并及时通知被投诉人或者被请求人。

在处理侵犯知识产权的投诉或者请求程序中，地方知识产权行政管理部门可以根据会展的展期指定被投诉人或者被请求人的答辩期限。

被投诉人或者被请求人提交答辩书后，除非有必要作进一步调查，地方知识产权行政管理部门应当及时做出决定，并送交双方当事人。

被投诉人或者被请求人逾期未提交答辩书的，不影响地方知识产权行政管理部门做出决定。

会展结束后，相关知识产权行政管理部门应当及时将有关处理结果通知会展主办方。

会展主办方应当做好会展知识产权保护的统计分析工作，并将有关情况及时上报会展管理部门。

3. 投诉的移送

投诉人提交虚假投诉材料或其他因投诉不实给被投诉人带来损失的，应当承担相应的法律责任。

会展知识产权投诉机构在收到符合规定的投诉材料后，应于24小时内将其移交有关知识产权行政管理部门。

五、法律责任

法律责任包括以下三方面内容。

1. 侵犯专利权的法律责任

对涉嫌侵犯发明或者实用新型专利权的处理请求，地方知识产权局认定侵权成立的，应当依据《专利法》第十一条第一款关于禁止许诺销售行为的规定以及《专利法》第五十七条关于责令侵权人立即停止侵权行为的规定做出处理决定，责令被请求人从会展上撤出侵权作品，销毁介绍侵权展品的宣传材料，更换介绍侵权项目的展板。

对涉嫌侵犯外观设计专利权的处理请求，被请求人在会展上销售其产品，地方知识产权局认定侵权成立的，应当依据《专利法》第十一条第二款关于禁止销售行为的规定以及第五十七条关于责令侵权人立即停止侵权行为的规定做出处理决定，责令被请求人从会展上撤出侵权展品。

在会展期间假冒他人专利或以非专利产品冒充专利产品，以非专利方法冒充专利方法的，地方知识产权局应当依据《专利法》第五十八条和第五十九条规定进行处罚。

案例7—4

会展知识产权侵权案例

某年，中国国际建筑贸易博览会第一天，会展主办方就收到了浙江某知名装饰品公司和德国某品牌卫浴公司的投诉公函，两家公司声称有十几家参展企业的产品侵犯了他们的专利权，要求主办方给予妥善处理。

界定：

主办方首先请两家公司出示他们的专利权属文件，两家公司出示的专利权属文件表明他们的专利均是外观设计专利。按照专利法的规定"外观设计专利权被授予后，任何单位或者个人未经专利权人许可，都不得实施其专利，即不得以生产经营为目的制造、销售、进出口其外观设计专利产品"。主办方律师认为参展企业单纯的展览商品属于许诺销售行为，是一种销售的要约邀请，并不在专利法明确禁止之列，而参展企业一旦在会展上与客户达成订单则属于销售行为，构成对专利权人的侵权。

处理：

鉴于此，如果两家企业与其他企业僵持下去，则两家企业暂时并不能控告其他企业侵权，任由其他企业大肆宣传产品，两家企业的利益显然将受到损害，而其他企业也不能在会展上销售其产品，一旦售出有动辄遭受侵权控诉之虞，处于进退两难之中。因此主办方建议两家企业邀请上海市知识产权局执法部门出面，与其他企业共同协商，由其他企业撤除在会展上可能侵权的产品，两家企业不在会展中追究其他企业的责任，最终事情得以妥善解决，会展圆满结束。

(资料来源：上海律师网，http://www.ch-lawyer.com)

2. 侵犯商标权的法律责任

对有关商标案件的处理请求，地方工商行政管理部门认定侵权成立的，应当根据《商标法》、《商标法实施条例》等相关规定进行处罚。

3. 侵犯著作权的法律责任

对侵犯著作权及相关权利的处理请求，地方著作权行政管理部门认定侵权成立的，应当根据《著作权法》第四十七条的规定进行处罚、没收和销毁侵权展品及介绍侵权展品的宣传材料，更换介绍展出项目的展板。

第五节　广告管理法律制度

背景资料

1994年10月27日，第八届全国人民代表大会第十次会议通过了《中华人民共和国广告法》，1995年2月1日起正式施行。我国的广告法是指广告主、广告经营者和广告发布者在从事广告活动中所发生的各种社会关系的法律规范的总称。

广告主是指为推销商品或者提供服务，自行或者委托他人设计、制作和发布广告的法人、其他经济组织或个人；广告经营者是指受委托提供广告设计、制作和代理服务的法人、其他经济组织或者个人；广告发布者是指为广告主或者广告主委托广告经营者发布广告的法人或者其他经济组织。《广告法》第二条规定，在中华人民共和国境内从事广告活动的广告主、广告经营者、广告发布者，应当遵守本法。

一、广告准则一般标准

广告准则的一般标准包括以下几方面内容。

1. 什么是广告准则

广告准则是指一切广告都应当遵循的广告发布标准，是发布广告的一般原则和限制，是判断广告是否能发布的依据。广告准则的一般标准就广告内容而言，《广告法》第七条作出了具体规定："广告内容应当有利于人民身心健康，促进商品和服务质量提高，保护消费者合法权益，遵守社会公德和职业道德，维护国家尊严和利益。"

2. 广告不得有下列情形

(1) 使用中华人民共和国国旗、国徽和国歌。
(2) 使用国家机关和国家机关工作人员名义。
(3) 使用国家级、最高级和最佳等用语。
(4) 妨碍社会安定和危害人身、财产安全，损害社会公共利益。
(5) 妨碍社会公共秩序和违背社会良好风尚。
(6) 含有淫秽、迷信、恐怖、暴力和丑恶内容。
(7) 含有民族、种族、宗教和性别歧视内容。
(8) 妨碍环境和自然资源保护。
(9) 法律、行政法规规定禁止的其他情形。

二、广告准则其他规定

广告准则其他规定包括以下内容。

1. 广告不得损害未成年人和残疾人的身心健康

(1) 关于涉及未成年人的规定。
未成年人是指未满18周岁的公民。
广告协会在对1996年10月的《广告宣传精神文明自律规则》解释中就提到："广告应当有利于儿童的身心健康，注意培养儿童优秀的思想品德，不能出现和含有任何不利于儿童成长的内容。"
(2) 关于涉及残疾人的规定。
残疾人是指在心理、生理或人体结构上，某种组织、功能丧失或者不正常，全部或者部分丧失以正常方式从事某种活动能力的人。

《广告法》规定，广告不得损害残疾人的身心健康，不得利用残疾人的心理和生理的残疾作为广告宣传的内容，这是为保障残疾人的合法权益和人格尊严，使其不因其身体、智力和精神上的缺陷而被人歧视、侮辱。

2. 广告中关于商品要客观真实

广告中对商品性能、产地、用途、质量、价格、生产者、有效期限、允诺或者对服务内容、形式、质量、价格和允诺有标示，应当清楚、明白。

广告中表明推销商品、提供服务时附带赠送礼品，应当标明赠送品种和数量。

3. 广告中禁止虚假信息

广告使用数据、统计资料、调查结果、文摘和引用语，应当真实、准确，并标明出处。广告中涉及专利产品或者专利方法，应当标明专利号和专利种类。

未取得专利权，不得在广告中谎称取得专利权。

禁止使用未授予专利权、专利申请和已经终止、撤销、失效的专利做广告。

案例7—5

违法广告案例

"苗毅韧牌胰衡片"食品广告(广告主：云南恩红药业有限公司)，该广告使用"大约有98.7%的糖尿病人病情得到控制，89%的糖尿病人胰岛功能有不同程度的恢复，持续用药6个月后，糖尿病惊现36%恢复正常"等易与药品相混淆的用语，属非药品宣传对疾病治疗作用，误导消费者，违反了《药品广告审查办法》第二十条的规定。

(资料来源：阳光中国，http://y.china.com.cn/info/120898改写)

4. 广告不得贬低其他生产经营者的商品或者服务

贬低广告是指在广告中采用不公正、不客观，捏造、恶意歪曲事实，影射和中伤等不正当手法，损害他人商业信誉和商品信誉，进而削弱其他竞争对手能力的广告。

5. 广告具有可识别性

广告应当具有可识别性，能够使消费者辨明其为广告。

大众传播媒介不得以新闻报道形式发布广告。

通过大众传播媒介发布广告应当有广告标记，与其他非广告信息相区别，不得使消费者产生误解。

第六节　消费者权益保护法律制度

我国的会展经济尚在起步阶段，展览会是以展示商品为主要目的经济活动，由于展览会的短期时效性，场地商又只能对展览期间的纠纷负责，参展商和消费者的正当权益难以得到有效保护。因此，只有通过法律保护参展商权益，保障消费者依法行使权利，维护会展主体和消费者的合法权益，才能避免无序竞争，规范经营行为，营造公平、公开、公正的市场环境，逐步形成符合市场经济要求的行业运行机制和行业自律机制，促进会展业的健康发展。

一、消费者的权利

根据《消费者权益保护法》，消费者有以下九项权利。

（一）安全权

1. 安全权的定义

消费者在购买、使用商品和接受服务时享有人身、财产安全不受损害的权利，简称安全权。

2. 安全权包括两方面内容

1) 人身安全权

人身安全权在这里是指生命健康权不受损害，即享有保持身体各器官及其机能的完整以及生命不受危害的权利。

2) 财产安全权

财产安全权，是指消费者购买、使用的商品或接受的服务本身的安全，并包括除购买、使用的商品或接受服务之外的其他财产的安全。

为了能使这一权利得到实现，消费者有权要求经营者提供的商品或服务符合保障人身、财产安全的要求。也就是说，有国家标准、行业标准的，消费者有权要求商品和服务符合该国家标准、行业标准。如家用电器不允许有漏电、爆炸和自燃等潜在危险存在。对于没有国家标准、行业标准的，必须符合社会普遍公认的安全、卫生要求。

（二）知情权

1. 知情权的定义

消费者享有知悉其购买、使用的商品或者接受的服务的真实情况的权利，简称知情权。

2. 知情权包括的内容

随着经济的发展，特别是现代科学技术的广泛应用，新的消费品品种日益增多，一些商品的使用要求越来越复杂，消费者需要对商品和服务作必要的了解。

他们有权根据商品或者服务的不同情况，要求经营者提供商品的价格、产地、生产者、用途、性能、规格、等级、主要成分、生产日期、有效期限、检验合格证明、使用方法说明书、售后服务，以及服务的内容、规格和费用等有关情况。

（三）自主选择权

1. 自主选择权的定义

消费者享有自主选择商品或者接受服务的权利，简称自主选择权。

2. 自主选择权包括的内容

消费者有权根据自己的消费愿望、兴趣、爱好和需要，自主地、充分地选择商品或者服务。主要内容有以下几方面。
(1) 有权自主选择经营者。
(2) 有权自主选择商品品种或服务方式。
(3) 有权自主决定是否购买或接受服务。
(4) 自主选择商品或服务时，有权进行比较、鉴别和挑选。

（四）公平交易权

1. 公平交易权的定义

消费者享有公平交易的权利，简称公平交易权。

2. 公平交易权包括的内容

消费者购买商品或接受服务，是一种市场交易行为，如果经营者违背自愿、平等、公平和诚实信用等原则进行交易，则侵犯了消费者的公平交易权。消费者的公平交易权主要表现在：一是有权获得公平交易条件，如有权获得质量保障、价格合理和计量正确等交易条件；二是有权拒绝经营者的强制交易行为，如强迫消费者购物、接受服务或强迫搭售等。

（五）依法求偿权

1. 依法求偿权的定义

消费者享有依法获得赔偿的权利，简称依法求偿权。

2. 依法求偿权包括的内容

消费者在购买、使用商品或接受服务时，既可能是人身权受到侵害，也可能是财产权受到侵害。人身权受到的侵害，包括生命健康权，人格方面的姓名权、名誉权和荣誉权等受到侵害。财产损害，包括财产上的直接损失和间接损失。

直接损失，指现有财产上的损失，如财物被毁损，伤残后花费的医药费等。

间接损失，指可以得到的利益没有得到，如因侵害住院而减少的劳动收入或伤残后丧失劳动能力而得不到劳动报酬等。

3. 享有求偿权的受害者

享有求偿权的主体，是指因购买、使用商品或者接受服务的受害者。受害者包括：

(1) 购买者，即购买商品为己所用的消费者。

(2) 商品的使用者，即不是直接购买商品为己所用的消费者。

(3) 直接接受服务者。

(4) 第三人，即在别人购买、使用商品或接受服务的过程中受到人身或财产损害的其他消费者。

（六）结社权

1. 结社权的定义

消费者享有依法成立维护自身合法权益的社会团体的权利，简称结社权。

2. 结社权包括的内容

虽然我国有很多政府机关从不同的侧面履行保护消费者权益的职责，但是消费者依法成立维护自身合法权益的社团组织仍有不可替代的重要作用。

在我国，目前消费者社会团体主要是中国消费者协会和地方各级消费者协会(或消费者委员会)。

消费者依法成立的各级消费者协会，使消费者通过有组织的活动，在维护自身合法权益方面发挥着越来越大的作用。

（七）有关知识权

1. 有关知识权的定义

消费者享有获得有关消费和消费者权益保护方面的知识的权利，简称有关知识权。

2. 有关知识权包括的内容

消费者获得有关知识的权利，有利于提高消费者的自我保护能力，而且也是实现消费者其他权利的重要条件。特别是获得消费者权益保护方面的知识，可以使消费者合法权益受到侵害时，有效地寻求解决消费纠纷的途径，及时获得赔偿。

（八）受尊重权

1. 受尊重权的定义

消费者在购买、使用商品和接受服务时，享有其人格尊严、民族风俗习惯得到尊重的权利，简称人格尊严和民族风俗习惯受尊重权。

2. 受尊重权包括的内容

市场交易过程中，消费者的人格尊严受到尊重，是消费者应享有的最起码的权利。人格尊严指人的自尊心和自爱心。

其权利包括消费者的姓名权、名誉权、荣誉权和肖像权等。民族风俗习惯受尊重的权利，关系到各民族平等，加强民族团结，处理好民族关系，促进国家安定的大问题，对此，必须引起高度重视。

（九）监督权

1. 监督权的定义

消费者享有对商品和服务以及保护消费者权益工作进行监督的权利，简称监督权。

2. 监督权包括的内容

消费者监督权具体表现为：有权检举、控告侵害消费者权益的行为；有权检举、控告消费者权益的保护者的违法失职行为；有权对保护消费者权益的工作提出批评、建议。

二、经营者的义务

《消费者权益保护法》第三章规定，在保护消费者权益方面，经营者负有下列义务。

1. 守法和守约的义务

经营者向消费者提供商品或者服务，应当依照《中华人民共和国产品质量法》和其他有关法律、法规的规定履行义务。

经营者与消费者有约定的，应当按照约定履行义务，但双方的约定不得违背法律、法规的规定。

2. 接受监督的义务

经营者应当听取消费者对其提供的商品或者服务的意见，接受消费者的监督。

3. 保证消费者安全的义务

经营者应当保证其提供的商品或者服务符合保障人身、财产安全的要求。对可能危及人身、财产安全的商品和服务，应当向消费者做出真实的说明和明确的警示，并说明和标明正确使用商品或者接受服务的方法以及防止危害发生的方法。

经营者提供的商品或者服务存在严重缺陷，即使正确使用商品或者接受服务仍然有可能对人身、财产安全造成危害的，应当立即向有关行政部门报告和告知消费者，并采取防止危害发生的措施。

4. 真实信息告知义务

经营者应当向消费者提供有关商品或者服务的真实信息，不得作引人误解的虚假宣传。经营者对消费者就其提供的商品或者服务的质量和使用方法等问题提出的询问，应当做出真实、明确的答复。

商店提供商品应当明码标价。

5. 真实标识义务

经营者应当标明其真实名称和标记。租赁他人柜台或者场地的经营者，应当标明其真实名称的标记。

6. 出具单据的义务

经营者提供商品或者服务，应当按照国家有关规定或者商业惯例向消费者出具购货凭证或者服务单据；消费者索要购货凭证或者服务单据的，经营者必须出具。

7. 保证质量的义务

经营者应当保证在正常使用商品或者接受服务的情况下，其提供的商品或者服务应当具有的质量、性能、用途和有效期限。但消费者在购买该商品或者接受该服务前已经知道其存在瑕疵的除外。

经营者以广告、产品说明、实物样品或者其他方式表明商品或者服务的质量状况的，应当保证其提供的商品或者服务的实际质量与表明的质量状况相符。

8. 售后服务义务

经营者提供商品或者服务，按照国家规定或者与消费者的约定，承担包修、包换、包退或者其他责任的，应当按照国家规定或者约定履行，不得故意拖延或者无理拒绝。

9. 禁止经营者以告示免责

经营者不得以格式合同、通知、声明和店堂告示等方式做出对消费者不公平、不合理的规定，或者减轻、免除其损害消费者合法权并应当承担的民事责任。格式合同、通知、声明和店堂告示等含有前款所列内容的，其内容无效。

10. 禁止侵犯消费者人身权

经营者不得对消费者进行侮辱、诽谤，不得搜查消费者的身体及其携带的物品，不得侵犯消费者的人身自由。

本章小结

会展政策法规是我国社会主义市场经济法律体系的重要组成部分，其对规范市场经济中正快速发展的会展业有至关重要的作用。本章从进出口管理、交通运输管理法律制度、知识产权法律制度和广告管理法律制度等几个方面向大家展示了会展政策发展、完善的历程。

思考题

1. 会展交通运输法有哪些特点？
2. 消费者有哪些基本权益？
3. 讨论题：你如何看待明星代言广告现象。

实训课堂

违反知识产权法律的案例收集

项目背景

与有形财产权相同，知识产权也是一种专有权，就是说，不经财产权的权利人许可，其他人不能使用或者利用它。通过收集违反知识产权法律的案例，深入了解相关内容，为从事会展相关工作打下法律、法规的基础。

项目要求

收集会展活动中违反知识产权法律的案例，学生每3~5人分为一组，将收集的资料以PPT的形式加以阐述。

项目分析

参展商品的包装、装潢设计、促销商品的广告(包括广告画、广告词和广告影视等)都有版权保护问题，在收集案例时，如有涉及到上述方面的内容，应对案例目标做较深入的分析。

07

附

录

附录1 世界博览会举办历史简介

说明：

按照国际展览局的规定，世界博览会按性质、规模、展期分为两种。

1. 注册类(也称综合性)世博会，展期通常为6个月，从2000年开始每5年举办一次。

2. 认可类(也称专业性)世博会，展期通常为3个月。

下表中，粉红色栏为综合性世博会，深红色栏为专业性世博会。

时间	举办地点	名称及内容简介
1851年	英国/伦敦	万国工业博览会
1855年	法国/巴黎	巴黎世界博览会
1862年	英国/伦敦	伦敦世界博览会
1867年	法国/巴黎	第2届巴黎世界博览会
1873年	奥地利/维也纳	维也纳世界博览会
1876年	美国/费城	费城美国独立百年博览会
1878年	法国/巴黎	第3届巴黎世界博览会
1883年	荷兰/阿姆斯特丹	阿姆斯特丹国际博览会
1889年	法国/巴黎	世界博览会1889
1893年	美国/芝加哥	芝加哥哥伦布纪念博览会
1900年	法国/巴黎	第5届巴黎世界博览会
1904年	美国/圣路易斯	圣路易斯百周年纪念博览会
1908年	英国/伦敦	伦敦世界博览会
1915年	美国/旧金山	旧金山巴拿马太平洋博览会
1925年	法国/巴黎	巴黎国际装饰美术博览会
1926年	美国/费城	费城建国150周年世界博览会
1933年	美国/芝加哥	芝加哥世界博览会 主题："一个世纪的进步"
1935年	比利时/布鲁塞尔	布鲁塞尔世界博览会 主题："通过竞争获取和平"
1937年	法国/巴黎	巴黎艺术世界博览会 主题："现代世界的艺术和技术"
1939年	美国/纽约	纽约世界博览会 主题："建设明天的世界"
1958年	比利时/布鲁塞尔	布鲁塞尔世界博览会 主题："科学、文明和人性"

续表

时间	举办地点	名称及内容简介
1962年	美国/西雅图	西雅图世界博览会 主题："太空时代的人类"
1964年	美国/纽约	纽约世界博览会 主题："通过理解走向和平"
1967年	加拿大/蒙特利尔	加拿大世界博览会 主题："人类与世界"
1968年	美国/圣安东尼奥	圣安东尼奥世界博览会 主题："美洲大陆的文化交流"
1970年	日本/大阪	日本世界博览会 主题："人类的进步与和谐"
1971年	匈牙利/布达佩斯	世界狩猎博览会 主题："人类狩猎的演化和艺术"
1974年	美国/斯波坎	世界博览会1974 主题："无污染的进步"
1975年	日本/冲绳	世界海洋博览会 主题："海洋——充满希望的未来"
1982年	美国/诺克斯维尔	诺克斯维尔世界能源博览会 主题："能源——世界的原动力"
1984年	美国/路易斯安那	路易斯安那世界博览 主题："河流的世界——水乃生命之源" 吉祥物：Eymour D. Fair
1985年	日本/筑波	筑波世界博览会 主题："居住与环境——人类的家居科技"

时间	举办地点	名称及内容简介
1986年	加拿大/温哥华	温哥华世界运输博览会 主题："交通与运输" 吉祥物：Expo Ernie
1988年	澳大利亚/布里斯本	布里斯本世界博览会 主题："科技时代的休闲生活" 吉祥物：Expo Oz
1990年	日本/大阪	大阪世界园艺博览会 主题："人类与自然"
1992年	意大利/热那亚	热那亚世界博览会 主题："哥伦布——船与海"
1992年	西班牙/塞维利亚	塞维利亚世界博览会 主题："发现的时代" 吉祥物：Curro

时间	举办地点	名称及内容简介
1993年	韩国/大田	大田世界博览会 主题："新的起飞之路" **吉祥物：梦精灵** 大田世界博览会吉祥物"梦精灵"是一个能施展各种本领的宇宙小精灵的形象，表达了人类对科学技术的梦想。
1998年	葡萄牙/里斯本	里斯本博览会 主题："海洋——未来的财富" **吉祥物：吉儿**
1999年	中国昆明	昆明世界园艺博览会 主题："人与自然，迈向二十一世纪" **吉祥物：灵灵** 灵灵，云南特有的动物——滇金丝猴形象。"灵灵"喻指集天下万物之灵气，也指云南风光秀美，人杰地灵。灵灵憨态可掬，手持鲜花，欢迎来自世界各地的朋友。

时间	举办地点	名称及内容简介
2000年	德国/汉诺威	汉诺威世界博览会 主题："人类-自然-科技-发展" 吉祥物：Twipsy 小精灵Twipsy，色彩满身，有着一只男人的脚，一只女人的脚。夸张化的大手，热忱地欢迎来自170个国家的游客。
2005年	日本/爱知	爱知世界博览会 主题："自然、城市、和谐——生活的艺术" 吉祥物：森林小子(Kiccoro)和森林爷爷(Morizo) 森林精灵"Morizo"——和蔼可亲的爷爷熟知森林内任何事情，具有奇妙的力量，爷爷希望吹拂起的微风和透过树叶的阳光能抚慰疲劳者的心。 森林精灵Kiccoro(森林小子)——森林小子喜欢到处乱跑，他精力旺盛，总想观看这、尝试那，他特别希望在爱知世博会上结交许多新朋友。
2008年	西班牙/萨拉戈萨	萨拉戈萨世界博览会 主题："水与可持续发展" 吉祥物：Fluvi Fluvi是2008年萨拉戈萨世博会吉祥物。它是个水生物，身体呈半透明胶状。它能够净化清洁并滋养它所触碰到的任何东西。它是Poi家族的一分子。能够快速地移动，所到之处都会留下一串晶莹的水珠。Fluvi纯洁，慷慨，热爱大自然，它的脚印可以让土壤变得更加肥沃，富有生机。

时间	举办地点	名称及内容简介
2010年	中国/上海	上海世界博览会 主题："城市，让生活更美好" **吉祥物：海宝** 吉祥物海宝的整体形象结构简洁、信息单纯、便于记忆、易于传播。虽然只有一个，但通过动作演绎、服装变化，可以千变万化，形态各异，展现多种风采。 "上善若水"，水是生命的源泉，吉祥物的主形态是水，它的颜色是海一样的蓝色，表明了中国融入世界、拥抱世界的崭新姿态。 海宝体现了"人"对城市多元文化融合的理想；体现了"人"对经济繁荣、环境可持续发展建设的赞颂；体现了"人"对城市科技创新、对发展的无限可能的期盼；也体现了"人"对城市社区重塑的心愿；它还体现着"人"心中城市与乡村共同繁荣的愿景。海宝是对五彩缤纷生活的向往，对五光十色的生命的祝福，也是中国上海对来自五湖四海朋友的热情邀约。
2012年	韩国/丽水	丽水海洋世界博览会 主题："生机勃勃的海洋及海岸：资源多样性与可持续发展"
2015年	意大利/米兰	米兰世界博览会 主题："给养地球：生命的能源"

附录2　世界博览会申办程序简介

序号	步骤	具体内容
一	申请	按BIE(Bureau of International Expositions，国际展览局)规定，有意举办世博会的国家不得早于举办日期的9年，向BIE提出正式申请，并交纳10%的注册费。申请函包括开幕和闭幕日期、主题，以及组委会的法律地位。BIE将向各成员国政府通报这一申请，并告知他们自通报到达之日起6个月内提出他们是否参与竞争的意向。
二	考察	在提交申请函的6个月后，BIE执行委员会主席将根据规定组织考察，以确保申请的可行性。考察活动由一位BIE副主席主持，若干名代表、专家及秘书长参加，所有费用由申办方承担。考察内容是：主题及定义、开幕日期与期限、地点、面积(总面积，可分配给各参展商面积的上限与下限)、预期参观人数、财政可行性与财政保证措施、申办方计算参展成本及财政与物质配置的方法(以降低各参展国的成本)、对参展国的政策和措施保证、政府和有兴趣参与的各类组织的态度等。
三	投票	如果申办国的准备工作获得考察团各项的支持，全体会议将按常规在举办日期之前8年进行投票选择。如果申办国不止一个，全体会议将采取无记名方式投票表决，若第一轮投票后，申办国获三分之二票数，该国即获得举办权；若任何申请均未获三分之二票数，将再次举行投票，每次投票中票数最少的国家被淘汰，随后仍按三分之二票数原则确定主办国。当只有两个国家竞争时，根据简单多数原则确定主办国。
四	注册	获得举办权的国家要根据BIE制订的一般规则与参展合约(草案)所确定的复审与接纳文件，对展览会进行注册。注册申请应在开幕日之前五年提交给BIE，这也是主办国政府开始通过外交渠道向其他国家发参展邀请的时间。注册意味着举办国政府正式承担其申请时提出的责任，认可BIE提出的标准，以确保世博会的有序发展，保护各成员国的利益。BIE在收到注册申请时，将向举办国政府收取90%的注册费，其金额按BIE全体会议通过的规则确定。

附录3　国外会展分类简介

机构或国家	分类原则与条目	
国际展览联盟 (UFI)	国际展览联盟(UFI)把展览会分为A、B、C三个大类，在大类中再分不同的小类。	
	大类	小类
	A. 综合性展览会	A1：技术与消费品展览会 A2：技术展览会 A3：消费品博览会
	B. 专业性展览会	B1：农业、林业、葡萄业及设备展览会 B2：食品、餐馆和旅馆业、烹调及设备展览会 B3：纺织品、服装、鞋、皮制品、首饰及设备展览会 B4：公共工程、建筑、装饰、扩建及设备展览会 B5：装饰品、家庭用品、装修及设备展览会 B6：健康、卫生、环境安全及设备展览会 B7：交通、运输及设备展览会 B8：信息、通讯、办公管理及设备展览会 B9：运动、娱乐、休闲及设备展览会 B10：工业、贸易、服务、技术及设备展览会
	C. 消费性展览会	C1：艺术品及古董展览会 C2：综合地方展览会
美国	美国的展览会分类是按照行业和产品来划分的。	
	礼品展	工业电子展
	玩具展	电器用品展
	五金展	运动器材展
	汽车展	文具展
	游艇展	酒店餐厅用品展
	计算机展	纪念品展
	成衣展	办公用品展
	时装展	杂货展
	食品糖果展	赠品展
	消费电子展	处理品展
英国	英国的展览会分类标准首先是按照行业分为16个大类，然后再分不同的小类。	
	大类	小类
	1. 服务业及相关行业	(1)工商广告：直接发函、运输、特许经营、市场营销、奖励、职业服务和不动产

机构或国家		分类原则与条目
英国		(2) 娱乐业：游艺、设备
		(3) 银行业：银行技术和系统、金融、保险、投资、福利
		(4) 图书：图书馆设备、出版
		(5) 商用设备：办公技术、办公室用品、文具
		(6) 会议设备及服务：显示设备、展示设备及服务、商店装饰品
		(7) 教育：职业、招聘、培训
		(8) 印刷业：书画刻印技术、贺卡、设计、包装、纸张
		(9) 旅游业：节假日、旅游、度假
		(10) 零售业：药品化妆品店用品、车库用品、杂货店用品、贩卖机
	2. 农业、畜牧业、林业及渔业	(1) 农业：农用机械、牲畜饲养、驯马、农作、牲畜、兽医
		(2) 渔业
		(3) 林业
		(4) 园艺
		(5) 烟草业：烟草加工
	3. 烹调、食品生产及加工、饮料	(1) 烹调：面包饼干、饮料、糖果点心、即食食品、精制食品、旅馆及餐馆设备、肉类加工
		(2) 食品加工：冷冻、食品包装
		(3) 酒：啤酒、烈酒、葡萄酒
	4. 汽车、飞机、船舶及防务	(1) 航空航天：飞机、航空设备、航空港设备、飞行技术
		(2) 汽车：汽车配件及服务、商用汽车、轮胎
		(3) 自行车、摩托车
		(4) 航海：船舶、海运设备、航行设备、海洋学、海洋技术、码头设备、船舶制造、水下技术
		(5) 防务：军用设备、海军设备
	5. 服装、纺织品	(1) 服装：婴儿鞋、童装、时装、时装设计、服装饰件、帽、少年时装、内衣和胸衣、成衣
		(2) 针织品：针织品、编制品
		(3) 纺织品：制衣机械、纤维织品、针织机械、纱线、纤维
		(4) 鞋：皮革、鞋、制鞋机械
	6. 艺术品、爱好品、娱乐、体育用品	(1) 古董、仿古家具及附属品
		(2) 艺术：现代艺术、临摹画、雕塑
		(3) 手工艺品：花草、农艺、手工制品、模型、模具
		(4) 露营：露营车、露营设备
		(5) 音乐、表演业、电影院、戏院
		(6) 宠物、宠物店设备
		(7) 集邮
		(8) 运动：钓鱼、打猎、消闲、娱乐、运动设备
		(9) 游泳池

机构或国家	分类原则与条目	
	7. 广播电视、计算机	(1) 广播电视：音像设备、电缆、电唱机、收音机、电信设备、电视机、录像机
		(2) 计算机：计算机技术、计算机工艺、信息技术、大型系统、网络、个人计算机、软件、数据保护
		(3) 电子：自动化、光电技术、激光、机器人
		(4) 摄影：商业摄影、摄影设备、照相器材
	8. 建筑、施工、采矿、公共服务	(1) 空调设备、供暖设备、铅管材料、冷藏设备、卫生设备、换气设备
		(2) 建筑：建筑材料、水泥、施工、施工设备、电气工程、照明、油漆、项目管理、运动设施建造
		(3) 采矿：采矿设备、掘井设备
		(4) 公共服务：地方政府、街道设备、城市规划、交通工具
	9. 工业化工	(1) 工业化工：黏合物、腐蚀物、实验室设备、石化产品、塑料、橡胶、实验仪器、表面处理
		(2) 玻璃艺术、陶瓷
英国	10. 维修、保养、保护、保卫	(1) 清洁：保养、干洗、染色、清洗、环境保护、维修、服务管理
		(2) 防火、健康与安全、工业保护、职业健康、政策、保卫
	11. 药品、保健、制药	(1) 保健：残疾人用品、牙科设备、医院设备、医疗设备、药品、护理、齿科学、眼科学、光学设备、健美
		(2) 矿泉疗治、顺势疗法
		(3) 制药
	12. 家庭生活方式	(1) 美容品：化妆品、美发用品、香水
		(2) 装饰：地毯、地面覆盖物、家具、庭院用品、家庭用品、室内设计、油漆、照明用品、墙纸
		(3) 母亲与孩子：保育、结婚用品
		(4) 家庭用品：小五金、家用器皿、家庭用品
		(5) 礼品：瓷器、玻璃器皿、首饰、纪念品、床上用品、钟表
	13. 工业制造	(1) 工程技术：铸造、机床、机械工程、金属加工、焊接、电线、电缆、木工加工
		(2) 材料处理：控制和调节设备、液能、流体和液体处理、材料测试
		(3) 分包：产品精加工、加工工程
		(4) 技术转让：工业及工程设计、再生、技术应用、发明
	14. 船泊、电力、水	(1) 电力和能源供应：电力工程、天然气工程、核电工程、发电站设备
	15. 综合贸易博览会	
	16. 国际博览会	

附录4　会展分类情况

划分标准	分类细则
展览内容	**综合性展览：** 综合性展览通常是指所有行业或多个行业共同参加的展览会，又称横向展览会。这类展览会规模一般都比较大，展品既含工业品，又含消费品，因此，参加的人数也比较多，有工商业人士参加，也有众多的消费者参与。展区是按照不同的行业来划分和管理的。这种大型综合展览会不仅能展现一个地区全面的工业以及经济实力，而且还能通过良好的带动效应来促进地方经济的发展。因而地方政府对这类综合性的展览非常重视，往往在基础设施建设上会优先安排和重点支持。所以，在某一个地区举行大型的综合性展览会促进该地区的基础设施建设速度，提升该地区的基础设施水平。 **专业性展览：** 专业展览会通常是指由某一行业或者某几种产品参加的展览会。这种展览会由于专业性强，所以能够吸引一些专业人士参加，与此同时，这类专业展览会还伴随着讨论会、报告会以及新产品、新技术推介会。 按照国际会展局的划分，专业性展览可以分为以下几种行业。 1. 农业、林业、葡萄业及设备展览会。 2. 食品、餐馆和旅馆业、烹调及设备展览会。 3. 纺织品、服装、鞋、皮制品、首饰及设备展览会。 4. 公共工程、建筑、装饰、扩建及设备展览会。 5. 装饰品、家庭用品、装修及设备展览会。 6. 健康、卫生、环境安全及设备展览会。 7. 交通、运输及设备展览会。 8. 信息、通讯、办公管理及设备展览会。 9. 运动、娱乐、休闲及设备展览会。 10. 工业、贸易、服务、技术及设备展览会。
展览区域	**国际展览会：** 国际展览会就是指那些参展企业和参观人群具有国际性的展览会。至于参展企业和参观人群的国际性程度如何，每个国家和地区都有不同的标准。国际展览局在其公约中规定了国际展览会的标准：20%以上的参展企业来自国外，20%以上的观众来自国外，20%宣传费用的使用在国外，俗称"三个20%"，符合这样的标准就可称为国际展览会。随着经济全球化、贸易自由化和信息网络化趋势的日益形成，国际展呈现出快速增长的态势。国际展览会已经被公认为是开拓国外市场最有效、成本最低的方式和途径，国际展览会更适用于公司进行市场调查，更适合于企业，特别是跨国公司建立销售渠道。尽管举办或参加国际性的展览会需要大量的资金和人才，但出于企业长远发展的战略考虑和占领更多市场份额的需要，许多企业还是乐此不疲的。 全球最高级别的国际综合性展览是世界博览会，它不同于一般的贸易促销、经济招商和技术展示，它是动员全国力量、全方位展示本国政治、经济、社会、技术、

划分标准	分类细则
展览区域	文化和教育成就和前景的最好机会。举办世界博览会，不仅能给参展国家带来发展机遇，促进经济发展，还能给举办国创造巨大的经济效益和社会效益，提升举办国以及举办城市的国际知名度，促进社会的繁荣和进步。因此，世界博览会一直由世界各国和国际大都市争相承办。 **国家展和地区展：** 参展企业内容和参观人群从属于某一国家或地区的具有地域性的展览。 **地方展：** 虽然地方展览会的参展企业和参观人群相对国际展受地域的限制，规模很有限，但有其特殊的优势：一是地方展览会的费用相对较低，有利于参展企业和参观人群节约费用；二是地方展览会可以为中小企业提供更多的机会，这些机会包括与潜在客户直接接触，以及与大企业进行公平竞争。 **公司展：** 公司展览会不仅使公司具有自行选择展览时间、地点和观众的便利条件，而且还能使公司充分发挥设计潜能，突破常规展览会的规定和限制，从而达到常规展览会不能达到的展览效果。公司展览会的费用一般比较低，一些大型的跨国公司往往更加喜欢这种展览形式，因此，公司展览也是一个迅速发展的展览形式之一。大多数的公司展览会选择在酒店、宾馆内举行，而选择在展览馆举办的公司展览会一般是世界知名的跨国公司，因为只有这些公司才具有这样的实力和影响力。公司展览会可与研讨会、报告会和订货会等形式结合起来一起举办，这样更加有利于公司与客户进行互动。在一些大公司的总部里，一般都有常设展厅，在常设展厅里除了陈列产品之外，还可以安排一些特殊的操作和测度窗口，这样可以让参观者对一些关键产品和零部件有一个近距离的亲密接触。与此同时，公司展览会还可以采用多媒体的方式展览公司的历史、发展前景和重大成就。由于来公司总部洽谈业务和参观学习的人员较多，且这些人又是极具市场号召力的，所以，公司总部的常设展厅能起到市场营销、公共关系、信息交流和培训职工等作用。
展览性质	**贸易性展览会：** 所谓贸易性展览会，就是指那些为促进工商企业的供销活动而举办的展览。展览的主要目的是交流信息、洽谈贸易、组织货源、建立渠道和销售产品。贸易性展览会的参展企业和参观人群主体是商人。他们参观这类展览会的目的不尽相同，有的是进行市场调研的，有的是来开拓销售渠道的，有的是为了树立公司和产品的形象的，有的是为了组织货源采购的，有的是为了销售产品的。但不管是采购商还是销售商，其最终的目的只有一个，那就是达成最终的贸易协定，实现贸易目标。 **消费性展览会：** 消费性展览会是指那些直接面对消费者而举行的展览。这类展览会具有明显的地域性特点。消费性展览会都是综合性的，这样才能包容更多的客户和消费者。消费性展览会为了吸引更多的参会人员和消费者，举办方往往会通过各平面和网络媒体进行广泛的宣传和报道，以达到家喻户晓的目的，从而吸引更多的观众参加。
展览时间	**定期展览会：** 定期展览会有两年一次、一年一次、一年两次和一年四次等不同形式，这主要取决于市场容量的大小和人们的习惯形成。在市场容量较大的中心城市，定期展览的密度可以加大一些，而在一些中小城市，由于市场容量有限，所以展览的密度就不宜过密。

划分标准	分类细则
展览时间	**不定期展览会：** 不定期展则是视需要而定，长期或短期。长期展可以是三个月、半年，甚至常设；短期展一般不超过一个月。 不定期展还包括流动展。
展馆性质	**专馆展览：** 所谓专馆展览就是指那些使用专用展览场馆而举行的展览。目前，大多数的展览都是在专用展览场馆举行的，只有少部分采用了流动展览的形式。展览场馆又分为室内场馆和室外场馆，室内场馆多用于展览常规展品，而室外馆则多用于展览体积超大和大吨位的展品。 **流动展览：** 所谓流动展览是指那些在不同场所展示同一类产品的展览，也称巡回展。流动展览在国外已存在几个世纪，它是一种使用飞机、轮船、火车、拖车或组合房屋等作展馆，在不同地点、不同时间展出内容相同的展览会。流动展的展览时间比较长，长的达几个星期、几个月、甚至几年。
展览技术	**传统展览：** 传统展览是指那些现场展览，人们通常将展品放在一个固定的场所，在固定的时间和空间中供参观者选择和观赏。在传统展览会中，人们不仅可以和展品进行零距离的接触，还可以同相关人员进行近距离的信息交流。 **虚拟展览：** 虚拟展览是指那些利用网络技术在互联网上进行的展览。通常是将参展单位及其产品的各种信息以电子多媒体的形式放在国际互联网的某个服务器里，随时随地供各国商人和客户查阅和浏览。这些公司和产品的相关信息包括文字、图片、声音和动态录像资料，其内容大致有：公司的详情介绍、联系方式和地址、电话和传真、邮编和电子信箱、产品的种类、产品的性能、产品的销售价格、产品的销售方式和销售的结算方式等。而作为虚拟物举办方光有企业和产品的信息还远远不够，要想成功地举办虚拟展览，还必须提供展览所需要的其他相关服务，如，总体策划展示，网络宣传计划，招展招商信息发布，反馈信息整理，产品网络展示，用户界面设置，资料下载保存以及可视会议畅通等。相对于传统展览，虚拟展览完善和补充了传统展览的不足，在未来是大有可为的。

附录5 会展场馆分类情况

分 类	分类细则			
	类 型	建筑面积	功能空间及构成	实 例
展出规模	国际博览会	10万 ~ 30万 m²	展览馆(多处)、广场、商店、餐饮设施、游乐设施。	英国伦敦万国博览会 加拿大国家博览会
	国家级、国际性展览馆	3.5万 ~ 10万 m²	展览厅、会议中心。一般附有剧场、商场、饭店和球类馆等公众设施。	北京国际展览中心 纽约Jacob K. Javits会议中心
	省级展览馆	1万 ~ 3.5万 m²	展览厅、会议室等。	济南国贸中心
	地市级展览馆	2000 ~ 1万 m²	展厅、会议室等展厅应可同时用于地市级政治、经济、文化集会。	无锡市展览馆 常州工业展览馆
	展览室	200 ~ 500m²	多用于城市中的商业性展览，如服装、家电和美术作品等。	苹果社区今日美术馆

续表

分　类	分类细则		
	类　型	展出内容	实　例
展出性质	专业性展览馆	展出内容局限于某类活动范围，如工业、农业、贸易、交通、科技和文艺等。	北京全国农业展览馆
	综合性展览馆	可供多种内容分期或同时展出。	北京国际展览中心
	国际博览会	展出多个国家的产品和技术，也是各参展国最近建筑技术与产品的展示。	日本筑波国际科技博览会 上海世博园

(资料来源: 建筑设计资料集4)

参 考 文 献

[1] 郭国庆. 市场营销教程及学习指导[M]. 北京：高等教育出版社，1999.

[2] 杜莹芬. 知识经济与企业管理[M]. 广州：广东经济出版社，1999.

[3] 甄明霞. 会展经济——城市经济的助推器. 上海：《上海经济研究》2001年第6期.

[4] 胡晓. 会展经济与城市发展.《经济问题探讨》2002年第6期.

[5] 张水清. 会展经济特性与都市功能的提升[M].《地域研究与开发》2002年第3期.

[6] 邹树梁. 会展、会展业与会展经济的演进分析[M].《湖南社会科学》2003年第4期.

[7] 大卫·奥格威. 一个广告人的自白[M]. 北京：中国物价出版社，2003.

[8] 王起静. 会展项目管理[M]. 北京：中国商务出版社，2004.

[9] 胡晓晖. 市场营销理论与实训[M]. 上海：华东理工大学出版社，2005.

[10] 胡平. 节约型社会中的绿色展览发展路径分析[M]. 中外会展论述[M]. 上海：上海人民出版社，2006.

[11] 孙明贵. 会展经济学[M]. 北京：机械工业出版社，2006.

[12] 王伟芳. 广告概论[M]. 北京：高等教育出版社，2006.

[13] 王晓欧. 新时期我国会展中心建设发展述评[M]. 中外会展论述[M]. 上海：上海人民出版社，2006.

[14] 凯西·布莱顿. 中外会展论述[M]. 上海：上海人民出版社，2006.

[15] 邹树梁. 会展经济与管理[M]. 北京：中国经济出版社，2007.

[16] 李名亮. 广告传播学引论[M]. 上海：上海财经大学出版社. 2007.

[17] 刘松萍. 会展营销与策划[M]. 北京：首都经济贸易大学出版社，2009.

[18] 刘晓广. 会展概论[M]. 北京：化学工业出版社，2009.

[19] 赵国祥. 广告策划实务[M]. 北京：科学出版社，2009.

[20] 杨顺勇. 会展项目管理[M]. 上海：复旦大学出版社，2009.

[21] 胡平. 会展案例[M]. 上海：华东师范大学出版社，2009.

[22] 徐力. 展示设计[M]. 上海：华东理工大学，2010.

读者回执卡

清源 QING HUA WEN YUAN

欢迎您立即填妥回函

您好！感谢您购买本书，请您抽出宝贵的时间填写这份回执卡，并将此页剪下寄回我公司读者服务部。我们会在以后的工作中充分考虑您的意见和建议，并将您的信息加入公司的客户档案中，以便向您提供全程的一体化服务。您享有的权益：

★ 免费获得我公司的新书资料；　　　　　　★ 免费参加我公司组织的技术交流会及讲座；
★ 寻求解答阅读中遇到的问题；　　　　　　★ 可参加不定期的促销活动，免费获取赠品；

读者基本资料

姓　　名＿＿＿＿＿＿＿＿　性　别□男　□女　年　龄＿＿＿＿＿＿＿
电　　话＿＿＿＿＿＿＿＿　职　业＿＿＿＿　文化程度＿＿＿＿＿＿
E-mail＿＿＿＿＿＿＿＿　邮　编＿＿＿＿＿＿＿
通讯地址＿＿＿＿＿＿＿＿＿＿＿＿＿＿＿＿＿＿＿＿

请在您认可处打✓（6至10题可多选）

1、您购买的图书名称是什么：＿＿＿＿＿＿＿＿＿＿＿＿＿＿＿＿＿＿
2、您在何处购买的此书：＿＿＿＿＿＿＿＿＿＿＿＿＿＿＿＿＿＿＿
3、您对电脑的掌握程度：　　□不懂　　　　□基本掌握　　　□熟练应用　　　□精通某一领域
4、您学习此书的主要目的是：□工作需要　　□个人爱好　　　□获得证书
5、您希望通过学习达到何种程度：□基本掌握　□熟练应用　　　□专业水平
6、您想学习的其他电脑知识有：□电脑入门　　□操作系统　　　□办公软件　　　□多媒体设计
　　　　　　　　　　　　　　□编程知识　　□图像设计　　　□网页设计　　　□互联网知识
7、影响您购买图书的因素：　□书名　　　　□作者　　　　　□出版机构　　　□印刷、装帧质量
　　　　　　　　　　　　　　□内容简介　　□网络宣传　　　□图书定价　　　□书店宣传
　　　　　　　　　　　　　　□封面，插图及版式　□知名作家（学者）的推荐或书评　　□其他
8、您比较喜欢哪些形式的学习方式：□看图书　□上网学习　　　□用教学光盘　　□参加培训班
9、您可以接受的图书的价格是：□20元以内　□30元以内　　　□50元以内　　　□100元以内
10、您从何处获知本公司产品信息：□报纸、杂志　□广播、电视　□同事或朋友推荐　□网站
11、您对本书的满意度：　　□很满意　　　□较满意　　　　□一般　　　　　□不满意
12、您对我们的建议：

请剪下本页填写清楚，放入信封寄回，谢谢！

100084

北京100084—157信箱

读者服务部　　　　收

邮政编码：□□□□□□

贴邮票处

技术支持与资源下载：http://www.tup.com.cn　http://www.wenyuan.com.cn

读 者 服 务 邮 箱：service@wenyuan.com.cn

邮 　购 　电 　话：(010)62791865　(010)62791863　(010)62792097-220

组 　稿 　编 　辑：章忆文

投 　稿 　电 　话：(010)62770604

投 　稿 　邮 　箱：bjyiwen@263.net